第二心灵

一位人类语言学博士的随笔

To have another language is
to possess a second soul

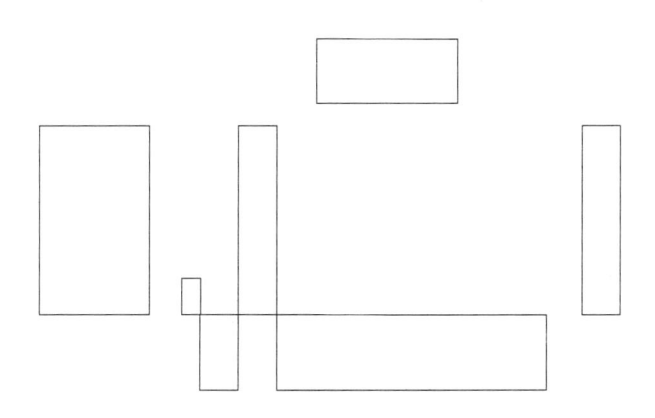

何勇 著

南京大学出版社

图书在版编目(CIP)数据

第二心灵:一位人类语言学博士的随笔/何勇著.
—南京:南京大学出版社,2020.10
ISBN 978-7-305-23317-3

Ⅰ.①第… Ⅱ.①何… Ⅲ.①人类语言学—研究
Ⅳ.①H0

中国版本图书馆 CIP 数据核字(2020)第 105219 号

出版发行	南京大学出版社		
社　　址	南京市汉口路 22 号	邮　编	210093
网　　址	http://www.NjupCo.com		
出 版 人	金鑫荣		

书　　名　第二心灵——一位人类语言学博士的随笔
著　　者　何　勇
责任编辑　张淑文
照　　排　南京紫藤制版印务中心
印　　刷　江苏凤凰通达印刷有限公司
开　　本　635×965　1/16　印张 19.75　字数 230 千
版　　次　2020 年 10 月第 1 版　2020 年 10 月第 1 次印刷
ISBN 978-7-305-23317-3
定　　价　80.00 元

发行热线　025-83594756
电子邮箱　Press@NjupCo.com
　　　　　Sales@NjupCo.com(市场部)

* 版权所有,侵权必究
* 凡购买南大版图书,如有印装质量问题,请与所购
　图书销售部门联系调换

前　言

　　这是一本我三十多年前就想写而没有写的书。当时我在国内高校教英语,学校图书馆订有《纽约时报》的周日版。周日版每周一份,星期天出版,可以单独订阅。周日版有100多页,含负有盛名的《纽约时报书评》《纽约时报杂志》和十多个专版。20世纪80年代,我们不大能看到关于美国时政的报纸杂志,我看到《纽约时报》的周日版可以说是如获至宝,往往是从头到尾看一遍,不漏一页。最吸引我注意的是《纽约时报杂志》里的语言专栏("On Language"),专栏作家是《纽约时报》的著名记者威廉·萨菲尔(William Safire)。他每周发一文,谈美国社会上热门词语的词源和美国英语的故事,这些热门词语常常跟当下美国发生的一些大事有关。语言专栏始于1979年,一直由萨菲尔主笔,直到他2009年去世。30年间他一共写了1 300篇。其中一部分被分类收集成几本书出版。我是80年代中期才开始看的,后来学校来了美国外教,我就请他们从美国代购了萨菲尔语言专栏的文集。萨菲尔的文章对我产生了两个影响,一是引起我对美国语言和社会的强烈兴趣,所以我在申请来美留学时就很明确地申请了语言学专业。我在申请哥伦比亚大学时给语言学系的一位教授附了封信,说我看到他的研究方向是社会语言学,非常希望能做他的学生。他后来欣然录取了我。萨菲尔对我产生的第二个影响是使我当时就萌生了写一本关于美国语言和社会的书的念头,甚至把书名也想好了——《从语言看美国》。我申请美国留学时也在申请信里写了此计划。有的学校在回信时还鼓励我做此研究,说可以跟美国某些高校的出版社联系。

  《从语言看美国》终未写成。当时曾听一位外国专家讲了一番话,至今记忆犹新。他说:一个人如果没有去过中国可以写一本书,那么,他去中国待一个月只可以写一篇文章;如果在中国待一年,就什么也写不出来了。他的意思是,一个人一旦深入中国社会,就会发现面临的课题非常复杂,他的知识就越发有限而写不出任何东西了。他的这番话用来说明我这本书当时没有写成的原因非常贴切。今天回想起来,当年我没来过美国就想写一本关于美国社会与语言的书确实是"胆大妄为"。1986年来美国后,一方面因为学业和毕业后的工作都很紧张,无暇写跟自己工作没有特别直接关系的书,另一方面是一旦成为局内人,生活在美国社会,我觉得需要了解的东西就更多,需要有长时间的观察和研究才能着手。所以此书就一直搁置下来。虽说是搁置,但我并没有忘记和放弃。到2019年,我来美国已经33年了。我觉得我在美国生活已经超过那位外国专家说的一个月和一年了,大概也有资格写这本书了吧。

  我的一生都和语言有关。我20世纪70年代初在知识青年"上山下乡"的大潮中在农村自学英语,后来以工农兵学员的身份上大学学英语专业,毕业后留校任教。1986年赴美留学,在哥伦比亚大学学人类语言学,毕业后在纽约的新学派大学(New School University)教中文,后转去纽约的华美协进社(China Institute,直译是"中国学院")任教学部主任。2002年入职联合国,负责总部的中文教学。2017年起在纽约大学翻译专业教汉英对比。所以语言是我津津乐道的。

英语里常常把语言说成是一个 miraculous gift,直译就是"奇迹般的礼物"。"奇迹"我是完全同意的。世界上的每一个人,只要他出生后不是被遗弃在荒野而终身不与人类接触,就有说语言的本事。他不会因为出生低贱而被剥夺这一能力,他也不需有任何权贵的恩赐才能张口说话。一个社会底层的平民和一个至高无上的君主,尽管地位不同,但说的是同一种语言,在这个层次上他们是平起平坐的,难道这不是人间最大的奇迹吗?语言是"奇迹般的礼物",那么这件礼物是谁馈赠的呢?是上帝、神灵,还是人类自己呢?这个问题学界已经争论了几百年,但还是各持己见,莫衷一是,以至于巴黎语言学学会于1866年成立时在章程里明文规定会员不得再讨论语言起源的问题。此事消停了近一百年。20世纪50年代末语言学家乔姆斯基(Chomsky)提出"普遍语法"的概念,认为人生来大脑就具备语言习得机制,从而又掀起了对语言起源和特性的热议,但结果还是仁者见仁,智者见智。英文的 gift 还有一个意思,就是"天赋"。那我们权且把 miraculous gift 理解为"奇迹般的天赋"吧。

语言是宇宙间的神奇之物,为人类独有。它充斥我们生活的每个时空乃至梦境,让我们用有限的形式表达无限的意念。这正如著名语言学家吕叔湘先生说的:"语言之妙,妙不可言。"我在一本书里看过这样一句话"The beauty of language is the earliest and finest beauty that the human race has ever made.",中文的译文是"语言美是人类所创造的最初始也是最精妙的美"。书中说这是公元前约300年在爱琴海边的迈锡尼古庙墙壁上发现的刻字。文中没给出处,我找了很久也没有找到原文的出处。不过我宁信其有,不信其无。我看到过有人说中文之美,也看到有人说英文之美、法文之美、意大利文之美、日文之美,总之语言之美应该是不会有人否认的。

　　我的专业背景是人类语言学。国内好像还没有这个专业，很多人也不太清楚人类语言学研究的究竟是什么，详细解释的话需要一些篇幅。简单地说，人类语言学是用人类学的方法来研究语言。我这里只想讲人类语言学的三个显著特点：第一，人类语言学最重要的研究方法是"田野调查"（fieldwork）和"参与性观察"（participant observation），就是要到特定的人群和社区中以参与者的身份进行观察与研究。第二，人类语言学的最终研究目的不是语言，而是语言所处的社会与文化。第三，人类语言学家凡事都喜欢问个究竟。人类语言学家认为人的具体言语行为采用一种形式而不是另一种形式都"事出有因"，形式不同意义也不同。人类语言学家要探索的就是人们言语行为的"理据"（motivation）。本书有 30 个话题，都是我过去 30 多年里在美国生活中观察到的语言使用情况，有不少事件也是我亲身经历和参与过的。虽不是人类学真正意义上的调查，我自觉与不自觉地采用了人类语言学的视角，特别是在"语言与社会文化"和"语言文化差异对比"部分。还需说明的是，我在书里说的美国的语言使用情况，指的不只是英语，还包括中文和其他一些语言的情况。我在联合国总部的语言部门工作过多年，我也谈了一些跟联合国语言有关的话题，因为联合国总部设在纽约，所以也符合本书的主题范围。

　　语言跟人类的关系如此之近，我们似乎已把语言当作自然界的一部分，如同我们须臾不可或缺的空气一样。正像人们很少会对空气好奇而发问一样，很多人也许会觉得探讨语言比较枯燥无味。考虑到这一点，我尽量用通俗有趣的语言来谈语言，书中的大部分话题都是以故事的形式引入的。在美国谈语言谈得多的自然是英语，但读者阅读本书时并不需要懂英语。我的目的是通过语言来看美国的社会与文化,文中引用英语和其他语言只是为了举例,读者如果不懂英语和其他语言的话可以忽略不看。

书名《第二心灵》取自欧洲洛林帝国的查理大帝(Emperor Charlemagne)在八世纪所说的,"学得一门外语就等于获得了第二心灵"(To have another language is to possess a second soul)一语。我写此书的目的之一是鼓励读者——特别是年轻的学子——多学外语。我在书中反复强调学习外语的必要性和益处,也分享了我自己学习英语的经历和觉得行之有效的方法。1918年联合国的前身国际联盟(The League of the Nations)组织了一次国际会议,会上的一个花絮传为美谈。一位名叫哈罗德·威廉斯(Harold Williams)的新西兰记者用每一位与会代表的母语跟他们交谈。威廉斯会说58种语言(包括中文),是史上会最多语言的人,也是我们语言工作者和语言学生的楷模。文化心理学家玛丽安娜·珀葛珊(Marianna Pogosyan)博士写过一篇关于学外语的文章,文字优美,意境深远。题目是《学习一门新语言就像一场不伦之恋》,全文见 https://bit.ly/384jTNq,在此想给读者引用此文的前三段。我原想自己翻译,后来发现已有现成的译文,译者是崔颖女士,就直接引用她的译文了。我也附上英文原文,懂英语的读者可以对译文自行评判:

  学一门新语言和交一个新朋友大有异曲同工之处。有人会成为挚交好友;有人并肩作伴则是拜微积分公式和期末历史考试中的年表所赐,这情分会随着你踏出校园那日,一道淡出记忆。但有时,不管是因缘偶然还是终生相伴之果,有的语言会把你带到爱的边缘。

那些耗你心力的语言，无人可避之，正如你倾尽全力学它那样。你剖析句法结构，你背下动词变位，你用数不尽的新单词填满了一本本笔记。你的笔尖一次次摹过那些字母的弧线拐点，就像你的指尖滑过爱人的脸颊眉眼。字词繁盛于纸间，音位错综成旋律，即使它们滑出你的唇舌时毫无优雅可言，像陌生符号筑就的块块青砖，但那词句仍在你口中回甘。你记下篇篇诗行、句句歌词和新闻标题，待太阳西沉再升的日日夜夜，把它们反复品读于唇间。

动词复副词，名词又代词，你们之间的关系愈发深入。然而，走得越近，你越警醒横亘于你们之间那海市蜃楼般的虚空。这知识的虚空广袤无边，要你一生横渡。但你毫无惧色，因为这通向爱人的路途满载着未知的好奇与奇妙，你不愿稍作耽搁。你将在新的字母与音律中发现何等真理？关于世界的吗？还是关于自己？

Learning a new language is a lot like entering a new relationship. Some will become fast friends. Others will hook their arms with calculus formulas and final-exam-worthy historical dates, and march right out of your memory on the last day of school. And then sometimes, whether by mere chance or as a consequence of a lifelong odyssey, some languages will lead you to the brink of love.

Those are the languages that will consume you—all of you—as you do everything to make them yours. You dissect syntax structures. You recite conjugations. You fill notebooks with rivers of new letters. You run your pen over their curves and cusps again and again, like you would trace your fingers over a lover's face. The words bloom on paper. The phonemes interlace into melodies. The sentences taste fragrant, even as they tumble awkwardly from your mouth like bricks built of foreign symbols. You memorise prose and lyrics and newspaper headlines, just to have them at your lips after the sun dips and when it dawns again.

Verbs after adverbs, nouns after pronouns, your relations deepen. Yet, the closer you get, the more aware you become of the mirage-like void between you. It's vast, this void of knowledge, and you need a lifetime to traverse it. But you have no fear, since the path to your beloved gleams with curiosity and wonder that is almost urgent. What truths will you uncover amid the new letters and the new sounds? About the world? About yourself?

语言是文化的载体,身份的标示,知识的结晶。美国19世纪作家拉尔夫·爱默生(Ralph Emerson)说过,"语言是石化的诗歌"(Language is fossil poetry)。乔姆斯基曾说:"语言不只是单个的词语。语言是一种文化,一个传统,一个凝聚的社区和创造此社区方方面面的全部历史。"看到此,你还不动心学上一两门外语吗?

掩卷交稿之际,我要向南京师范大学国际文化教育学院的杨娟老师表示感谢之意。我在写作过程中，得到杨老师的悉心协助。我写完一章她就看一章。杨老师做了一些文字修改并提了不少有益的建议。其中相当一部分是在2020年一、二月国内抗疫的时期进行的。我们在这长宅在家的日子里就共同感兴趣的语言问题进行切磋，颇有"明月照深林"之境。杨老师目前在做汉字方面的研究，颇有成果，去年出版了一套两本关于汉字的专著《汉字和汉字故事》。期待今后与杨老师进一步切磋与交流。

　　书中有些图表是西南交通大学的蒋维老师协助制作的，在此也向她表示感谢。

目录

前言	001
美国的语言	001
世界上的语言	003
美国的语言	014
美国的外语教学	031
中文在美国	042
美国的拼写大赛	051
美国法庭的翻译	057
美国的语言组织	063
联合国里的语言	069
联合国里的语言	071
联合国里的中文教学	080
联合国的语言纪念日	086
联合国同传的故事	094
语言与社会文化	105
美国的"独尊英语"思潮	107
They 为什么是美国的年度热词和年代热词？	116
语法性别之纠结	126

美国政府为什么立法禁用Oriental一词？	142
英语里威力最大的小词	152
互联网对英语的影响	158
玫瑰与名字	174
社会思潮的风向标	186

语言文化差异对比   193

中国人的数学为什么略胜一筹？	195
为什么英语里问不了这样的问题？	211
语言的强制观察和文化关注	221
打顿多寡	229
曲与直	237
小叙聊	252

获取第二心灵   259

获取第二心灵	261
追寻哲人	271
美国外交官的外语能力是在这里练成的	280
费希平的故事	287
汉字叔叔的故事	297

美国的语言

世界上的语言
美国的语言
美国的外语教学
中文在美国
美国的拼写大赛
美国法庭的翻译
美国的语言组织

世界上的语言

在说美国的语言之前,我们先来看看世界上的语言(见图1),原因之一是书中的不少话题涉及与美国语言使用有关的其他一些语言。

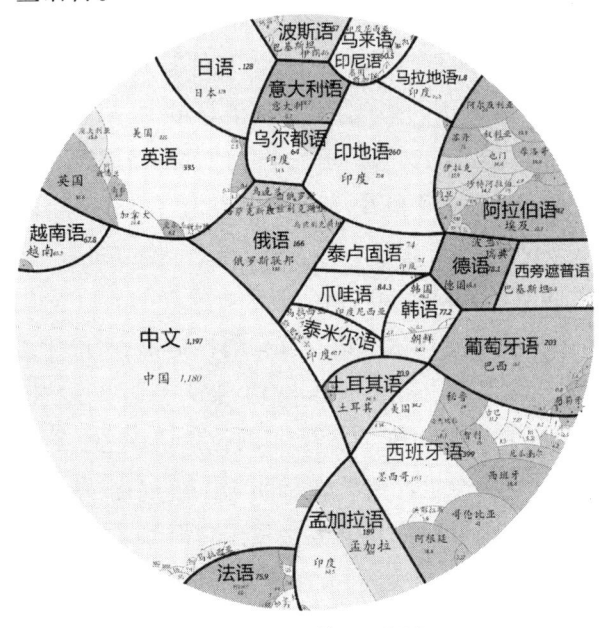

图 1　世界上的主要语言

(数据来源:https://www.scmp.com/infographics/article/1810040/infographic-world-languages)

我在国内外做过很多次跟语言相关的讲座，每次我都会问学生或听众：“全世界一共有多少种语言？"鲜少有人能回答正确，有说几百种，有说几千种的。其实也没人能报出一个精确的数字，因为这个数字跟华尔街道琼斯指数一样，几乎每天都会变。联合国教科文组织有个统计数字说，全世界约有 7 000 多种语言，我今天写到此时，统计数字是 7 102 种，但等本书出版时数字肯定不一样了。语言总数不断变化的原因是，大约每两个星期就会有一种语言消亡。面临消亡的语言叫濒危语言。据统计，现有 2 895 种语言属濒危语言，占全世界语言的 41%。有预测说，到 21 世纪末世界上一半的语言将不复存在。在网站的互动地图（https://www.ethnologue.com/guides/how-many-languages-endangered）上可以查得这 2 895 种濒危语言的名字和它们的状况描写。

全世界 7 000 多种语言在各大洲的分布并不均衡，语言最集中的是我们亚洲，有 2 301 种；接下来是非洲 2 138 种；太平洋群岛 1 313 种；美洲 1 064 种。欧洲的语言最少，只有 286 种。世界上语言密度最大的国家是南太平洋西部的岛国巴布亚新几内亚，该国人口只有 800 多万，却有 840 种语言。一个小国家的语言竟是欧洲所有语言总和的近 3 倍之多。

当今世界的人口有 70 多亿，但三分之二的人口只说以下 12 种语言：中文、印地-乌尔都语、英语、阿拉伯语、西班牙语、俄语、孟加拉语、葡萄牙语、德语、日语、法语、意大利语。这些语言之半数，是联合国使用的六种官方语言：阿拉伯语、中文、英语、法语、俄语、西班牙语。全世界 96%语言的使用者只占世界人口的 4%。

仔细看一下这 12 种语言就会发现它们都是东亚、南亚和欧洲的语言，没有一个是美洲、大洋洲和非洲的本土语言。需要说明的是阿拉伯语。我们不能说阿拉伯语是非洲本土语言，因为它的使用范围多在阿拉伯半岛和中东。但北非的一些国家也使用阿拉伯语,如埃及、阿尔及利亚、乍得、利比亚、摩洛哥等。如果我们把名单扩大到世界上使用者最多的20种语言,就会包括斯瓦西里语、马拉地语、泰卢固语、土耳其语、泰米尔语、韩语、越南语和爪哇语。扩大后出现了非洲的一门本土语言——斯瓦西里语,其余的均为亚洲语言。值得注意的是,与前20名无缘的美洲、大洋洲和只有一门语言"入围"的非洲却正是世界上语言密度最高的地方。这三大洲共有4 515种语言。

　　语言的传播是语言学家和语言政策制定者所关心的问题。我们如带着历史的眼光再进一步看一下这12门语言就会发现,其中一半是通过它们母国在过去500年里殖民、侵略或领土扩张才取得今天的地位的。这六门语言是:英语、西班牙语、俄语、葡萄牙语、德语和法语,清一色的欧洲语言。其中的英语、西班牙语、俄语和法语是联合国的官方语言,占三分之二。这些语言的母国中葡萄牙率先殖民。它借助自己漫长的海岸线于1415年就开始殖民北非和西非。1494年占据了新大陆的巴西,使巴西成为葡萄牙以外使用葡萄牙语的最大国家。事实上,现在巴西说葡萄牙语的人口(2亿多)远远超过葡萄牙(1 000万)。西班牙紧随其后。意大利航海家哥伦布1492年受聘于西班牙国王抵达美洲的巴哈马群岛和古巴,此后西班牙语便成了美洲大陆占主导的语言。美洲大陆现在说西班牙语的人口为4.7亿,而说英语的人口为3.17亿。继葡萄牙和西班牙之后,规模最大的殖民国便是英国。英国从16世纪末向外殖民,到鼎盛时期殖民地扩张到世界五大洲,成为日不落帝国。英国的最大战利品是现今的美国。最早到达这片新世界的殖民者是在1607年。1776年随着美国的建立,英国失去了这块殖民宝地,却留下了英语,让其自生繁衍,到20世纪时美国英语成为世界上最具影响力的英语种类。法国的殖民始于16世纪,德国大规模的殖民始于18世纪。殖民的目的可以总结为三个G,即God(上帝)、Gold(黄金)、Glory(荣耀)。God指的是传教,要把基督教传播到世界上的其他国家;Gold指的是要开发或掠夺其他国家的财富;Glory指的是列强争霸,看谁可以做霸主。俄语的传播在很大程度上源自17世纪初。俄罗斯逐渐蚕食中亚地区,吸收其成为俄罗斯帝国领土,并广泛拓展了俄语在这一地区的使用。英国语言学家尼古拉斯·奥斯特勒(Nicholas Ostler)把通过大规模移民和殖民方式的语言传播叫作"猎人式"(the Hunter's Way)或"兼并收购式"(Merger and Acquisition),而把像中文、印地文这样在本国的土地上靠自己的文明和文化滋养成长的语言叫作"农夫式"(Farmer's Approach)或"有机成长式"(Organic Growth)。前面没有提到阿拉伯语,其实阿拉伯语的对外传播也是始于7世纪开始的伊斯兰化、军事征服、贸易,以及阿拉伯半岛的人跟外部非阿拉伯人通婚的结果。这样看来,联合国的六种官方语言里就只有中文是在本土成长壮大的语言了。

从母语者人数来看,全世界母语使用者最多的十种语言如图2(图中的单位为百万):

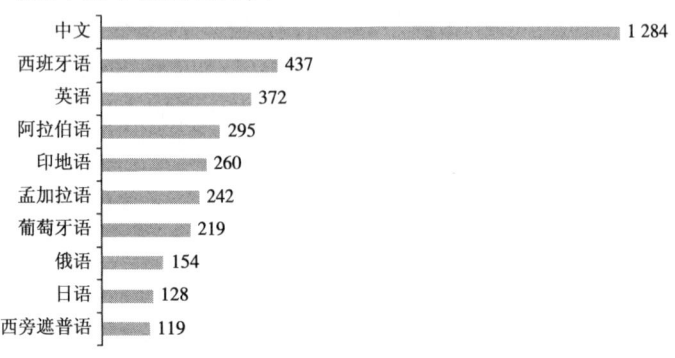

语言	人数(百万)
中文	1 284
西班牙语	437
英语	372
阿拉伯语	295
印地语	260
孟加拉语	242
葡萄牙语	219
俄语	154
日语	128
西旁遮普语	119

图2 世界上母语使用者最多的十种语言
(数据来源:https://www.ethnologue.com)

读者可能会感到惊讶,西班牙语的母语者竟然超过英语的母语者。事实的确如此,全世界有 20 个国家都是西班牙母语国,美属波多黎各自治邦也说西班牙语。国内不少高校把西班牙语叫作"小语种"是很不对的。上图 2 列出的第十大语言是西旁遮普语。西旁遮普语是旁遮普语的一个分支,主要流通于巴基斯坦的旁遮普省。

母语和官方语言不是同一个概念。母语又叫第一语言,是一个人最早习得的语言。而官方语言是一个国家宪法规定使用的正式语言,它可以是其公民的母语,也可以不是。一个国家可以有一种以上的官方语言,如新加坡就有四种官方语言:中文、英语、马来语和泰米尔语。拥有最多官方语言的是非洲的津巴布韦。津巴布韦有 16 种官方语言,毗邻的南非有 11 种官方语言。与此相反,全世界至少有五个国家没有官方语言,它们是澳大利亚、英国、美国、墨西哥和哥斯达黎加。这些国家没有官方语言指的是它们的宪法上没有具体规定,它们当然有自己的通行语言。澳大利亚、英国和美国的通行语言是英语,墨西哥和哥斯达黎加的通行语言是西班牙语。现今世界上有 67 个国家和 27 个地区宣布英语为自己的官方语言。

毋庸置疑,英语是二语学习者人数最多的语言。如图 3 所示,全世界有 15 亿人在学习英语。2011 年 7 月 26 日,美国前犹他州州长、前驻华大使洪博培(Jon Meade Huntsman)以共和党总统参选人身份出席在达特茅斯学院举行的选民见面活动。活动中一位去过中国的听众问了他一个跟语言学习有关的问题:"中国有千百万人在学英语,但学中文的美国学生却寥寥无几,你对此有何评论?"洪博培的回答是:"你想要我用中文还是英文回答?你也许不知道吧,现在世界上最大的说英语的国家是中国。"洪博培接着又说他访问过很多中国大学,每到一处他都

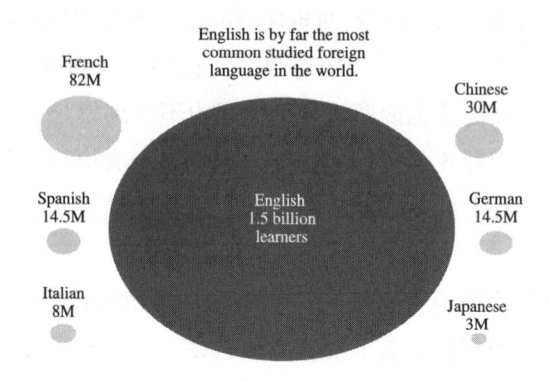

图 3　世界上主要语言的二语学习者人数
（数据来源：https://www.scmp.com/infographics/article/1810040/infographic-world-languages）

发现中国的大学生对英语、对美国的政治体系和经济体系都非常感兴趣。为了获取这些知识，学生们必须学好英语。他发现中国的中小学学生学英语的兴趣也很浓厚。他关于中国说英语的人超过美国说英语的人的一番话自然是语惊四座。会后有记者向他求证。洪博培的发言人援引了剑桥大学出版社发表的一份报告，报告说中国英语学习者的人数在 2.5 亿到 3.5 亿之间。无论是取低限还是高限，都证明洪博培没说错，因为美国英语母语者的人数是 2.3 亿。

　　如果留意一下上图，我们还会有个有趣的发现：现在说英语的非母语者已经大大超过了母语者。全世界英语母语者有 3.72 亿人，说英语的非母语者有 15 亿人，如图 3 所示。负责英语国际推广的英国文化教育协会（British Council）的统计数字显示，英语非母语者现已达 17.5 亿人，2020 年将达到 20 亿。从某种意义上来说，英语已不再专属于英国、美国、加拿大、澳大利亚、新西兰这些国家了。作为事实上的国际通用语，非母语的人在学英语、用英语的过程中已不再只是被动地接受。他们也不断地创造新词,改变词义,同时也把自己语言里的一些元素引入英语,从而打造带有自己语言特点的新式英语。这样的做法往往也为英语母语国所接受。2020年新年伊始,《牛津英语词典》收入了尼日利亚人新创的29个新词新义,如表示官员贪污的动词 chop、表示"摩的"的 okada(尼日利亚第一大城市拉各斯惯见的交通工具)和表示"反复"词义的 severely(severely 原来在英语里的意思只是"厉害",没有"反复"的意思)。《牛津英语词典》编委在收入这些新词时说:"尼日利亚人把英语占为己有并把英语作为自己表达思想的媒介,他们已经并将继续为作为全球语言的英语做出独特的贡献。"此外,挪威人把 boxing(拳击)拼成 boksing,西班牙人把 goal(目标)拼成 gowl。由此产生的结果是母语者在海外跟非母语者用英语进行交流的时候往往会遇到很多障碍。2016年英国的 BBC 以《你需要重回学校学英语》("You need to go back to school to relearn English")为题发表文章,并以醒目的字体写道:"说英语的非母语者已超过母语者。母语者要接受再教育,学会如何在国际社区里说自己的语言了。"文中举了一些美国人去欧洲工作,当地人却听不懂他们的英文的例子。有趣的是,现在的趋势不是非母语者要适应母语者,而是母语者要主动想办法改变自己的言语方式来适应非母语者。现在美国的一些跨国公司为母语是英语的工作人员提供在职培训,使他们能够有效地与非母语者交流。培训的内容包括让母语者放慢语速、少用缩略式、不用美语中的俚语和成语、了解新"品种"英语的特点。对于母语者来说,放慢语速特别重要。有人做过调查,母语者平均每分钟可说 250 个词,而非母语者平均每分钟只能说 150 个词。让母语者放慢语速不是一件容易的事,往往需要 6—12 个月才能养成习惯。BBC 的文章中还专门提到了中式英语和德式英语。英语是欧盟的官方语言之一。有趣的是，在欧盟会议上，非母语者常跟母语者说："你能不能像我们一样（正常地）说英文？"他们之所以理直气壮要母语者注意自己的语言是因为他们阵容庞大，有17亿伙伴。此外，非母语者在语法方面比母语者更胜一筹。因为除非是经过专门的学习和培训，母语者一般解释不清自己语言的语法，而常常要求教于非母语者。对世界范围内不同种类的英语有兴趣的读者不妨参考一下美国劳特里奇（Routledge）出版社2019年出版的第三版《世界英语种种》（World Englishes）一书。

语言学家们根据世界上语言之间的亲缘关系区分出七大语系：印欧语系、汉藏语系、闪含语系、阿尔泰语系、乌拉尔语系、高加索语系和达罗毗荼语系。语系下又区分出若干语族，语族下分语支，语支下有若干语种。我们在本书中主要谈论的英语属于印欧语系里的日耳曼语族。此族里还有德语、荷兰语、丹麦语等。我在书中的某些章节里也援引了法语和西班牙语的例子，它们也属印欧语系，不过跟英语不属同一语族。法语、西班牙语、意大利语、葡萄牙语和罗马尼亚语同属罗曼语族。印欧语系里约有445种语言，是世界上最大的语系。我们说的中文属汉藏语系。汉藏语系约有400种语言，是世界第二大语系。汉藏语系里使用人数最多的语言就是汉语，其他的有藏语、缅甸语、泰语等。属于同一语系的语言都具有一些共同的特点，印欧语言的共同特点是：它们源自同一祖先语言，在词汇上有很多同源词，在语法上有不同程度的词形变化。这种词形变化在语言学上也叫"屈折变化"，具体表现为性、数、格、人称、时态、语态、语气、形容词的比较级和最高级等的形式变化。值得注意的是，在欧洲语言中，英语现在已经演化成形式最简单的语言了。现代英语里已经没有很多屈折变化，更没有复杂的名词变格和动词变位了。从形式上来说，英语现在越来越接近中文这样的"分析性"语言了。中文所属的汉藏语系有三大特点:一是有声调,二是有类词(很多人称"量词"),三是单音节。所谓单音节指的是一个词由一个音节构成。中文和英文很大的一个不同是中文里还有一个字的单位。古汉语基本是单音节语言,一个字就是一个词。现代汉语已经演变成双音节的语言了,但构成汉语词的两个音节,即两个字,一般情况下是两个语素,都在很大程度上保留了自己的原义,在一定情况下还可以拿出来单用或跟别的音节组合成新词。例如,组成"白菜"的"白"和"菜"就能单用;组成"休息"的"休""息"还能分别组成"休止""休整"与"鼻息""栖息"等词。

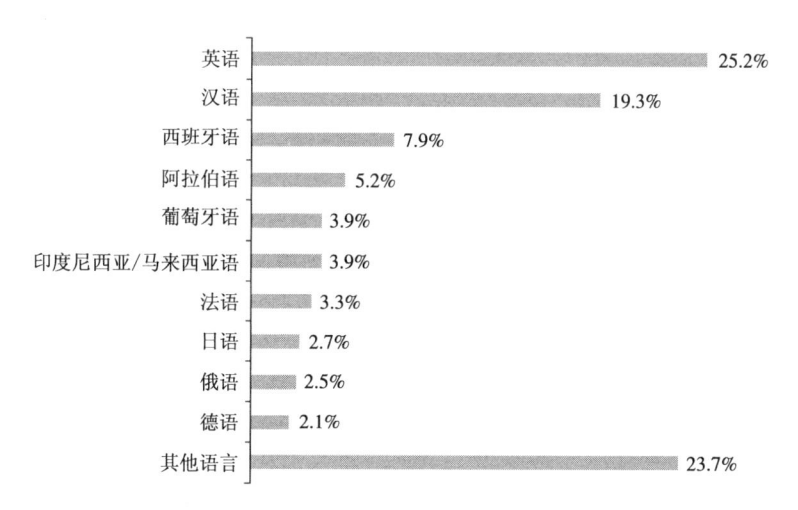

语言	比例
英语	25.2%
汉语	19.3%
西班牙语	7.9%
阿拉伯语	5.2%
葡萄牙语	3.9%
印度尼西亚/马来西亚语	3.9%
法语	3.3%
日语	2.7%
俄语	2.5%
德语	2.1%
其他语言	23.7%

图4 世界十种主要语言及其在互联网上所占比例
(数据来源:https://www.internetworldstats.com/stats7.htm)

互联网也是当今世界语言较劲的战场,图4显示了世界十种主要语言及其在互联网上所占的比例。这十种语言依次是英语、汉语、西班牙语、阿拉伯语、葡萄牙语、印度尼西亚语/马来西亚语、法语、日语、俄语和德语。值得注意的是英语

(25.2%)和汉语(19.3%)相差已经不是很远了。难怪美国的布隆伯格咨询公司早在2011年就宣称中文是仅次于英语的最有用处的商业语言。

人们对自己的语言总是充满感情的,在谈论语言孰优孰劣时一般总会说自己的语言是最优秀的。比如我看到有一篇谈论中文洋洋万言的文章,开篇便是自问自答的一句:"——汉语和英语那种语言更先进?——答案是汉语。汉语是人类有史以来最先进的语言,没有之一。"同时我也看到其他国家的人盛赞自己的语言。美国作家凯瑟琳·吉尔达诺(Catherine Giordano)在她的一本书里列举了四大理由,说英语是世界上最伟大的语言。夏威夷大学的韩裔教授孙浩敏(Sohn Ho-min)在美国出过一套19卷的韩语教材,为美国800所大学使用。他在首尔的一次会议上说韩语是世界上最科学、最优越的语言。英文版的《也门观察家报》前主编扎伊德·阿拉亚阿(Zaid Al-Alaya'a)曾撰文说世界上任何其他语言都不如阿拉伯语优越。他是这样描写其他语言的:"那些语言的词语可以描写为蹩脚、残废、失明、聋哑和麻风病,完全没有自然形态。"法国作家莫里斯·德鲁昂(Maurice Druon)曾担任过法国文化部长和法兰西学院的书记长,他建议把法语作为欧盟的主要法律语言。他认为法语的逻辑性和精确性使其成为司法语言的首选。这样的例子还可以举出很多。他们热爱自己的语言是可以理解的,但表达的观点都甚偏颇,甚至可以说是语言沙文主义。你如罗列数十条你的语言优越之处,别人也能列出他们的语言同样数目的优越之处。历史上不时有人提出一些语言优于另一些语言的观点,但他们列出的优越语言都是自己的语言,劣等的语言都是别人的语言。19世纪时就连公认为现代语言学之父的洪堡特也说过分析性的语言(如中文)劣于综合性的语言(如洪堡特自己的语言德语)。现在已经没有语言学家持这种没有科学依据的偏激观点了。很少会再有语言学家否认每个语言都能让它的母语者充分表达自己的思想和感情。我们应该有这样一个共识:语言之间没有好坏,只有不同。而正是这种不同才使得我们的精神世界和物质世界更丰富。我一直记着哥伦比亚大学人类学系的一位元老——爱德华·萨丕尔(Edward Sapir)说过的一番话。这位著名的人类学家和语言学家在他的《论语言》一书中说:

> 当我们意识到一个受过良好教育的日本人如果不用中文就很难造出一句有文学色彩的句子时……我们就可以看到中国的早期文化、佛教和地中海古文明对世界历史的意义。作为文化的载体,世界上只有五种语言具有不可逾越的重要地位。这就是古汉语、梵语、阿拉伯语、希腊语和拉丁语。与这些语言相比,希伯来语和法语等具有重要文化意义的语言也要屈居次要地位。

萨丕尔是德裔美国人,他在这番话里没有提到德语,也没有提到英语。五种语言里既有分析性语言(中文),也有综合性语言(其他四种)。他的话还是很有说服力的。

多彩的世界需要多姿的语言。

美国的语言

如果问"美国的官方语言是什么"这个问题,读者一定觉得很奇怪。不就是英语吗?如果这是考卷上的一个问答题,你这样回答就错了。虽然英语是美国的通行语言,却不是美国的法定官方语言。有某些法律条款规定在某些特殊的、有限的场合必须用英语,如飞行交通控制、商品标签、警示标志、移民入籍,不过没有一条法律规定英语是美国的官方语言。官方语言的地位是需要由宪法确认的,而美国宪法里并没有这一条。有趣的是,英国的宪法里也没有规定英语是英国的官方语言。由于这一点,现今美国社会上出现的"独尊英语"的势力就没有了法律依据。我在本书第三部分会专门谈这个话题。需要说明的是,美国是个联邦制国家,各州都有自己的法律。英语虽然不是联邦的官方语言,却有32个州把英语法定为官方语言。正因为英语不是美国法定的官方语言,美国的法律规定选举时用的选票和宣传材料都得根据当地居民的族裔构成,用数种语言印制,供当地选民使用。联邦政府每年要将150种各类表格翻译成150种语言。

美国的国土面积与中国接近,但人口是中国的一个零头,只有约 3.29 亿。美国所处的地理位置是北美，同在北美的国家还有加拿大和墨西哥。欧洲人 15 世纪后期殖民北美的时候，这块土地上已有人居住一万多年了。居住在北美的原住民就是我们现在所说的印第安人。哥伦布 1492 年来到这片新大陆的时候，北美的印第安人约有 400 万，使用的语言有 1 000 多种。美国的很多地名源自印第安人的语言，如"阿拉斯加"（伟大的国家）、"芝加哥"（野洋葱）、"密西西比"（父亲河）、"田纳西"（蜿蜒的河流）。就连"加拿大"一词也来自印第安语言，意思是"棚屋群"。美国境内现存 573 个印第安部落，有 250 种印第安语言还在使用中，其中只有 8 种拥有相当数量的使用者。使用人数最多的印第安语言是纳瓦霍语（Navajo），现有 17 万人在使用。

　　北美的殖民者来自欧洲若干国家，所以英语并不是殖民者使用的唯一语言。早期使用的语言有西班牙语、荷兰语、法语、德语等。17 世纪初，荷兰的西印度公司沿着今天纽约州的哈德逊河建立了一个贸易区，起名为 Nieuw Nederland，首府为 Nieuw Amsterdam（新阿姆斯特丹，有别于荷兰本土的阿姆斯特丹）。此贸易区后来发展成殖民地，名为 Nieuw，也就是后来的 New York（纽约）。现在纽约州的很多地名都出自那段历史，如 Brooklyn（布鲁克林，源自荷兰的城市 Breukelen）、Wall Street（华尔街，源自荷兰语 wal，指为防御印第安人袭击而建的栅栏）、Harlem（哈莱姆，源自荷兰一个城市 Haarlem）。17 世纪末法国人在南部的路易斯安那建了一个殖民地，首府在新奥尔良，使用的语言自然是法语。路易斯安那就是以法国国王路易十四的名字命名的。1803 年美国从法国人手中买下了这块殖民地，但法语并未因此而销声匿迹，一直在当地广泛使用。17 世纪末，基督教贵格会（Quaker）开始殖民宾夕法尼亚，吸引了大批的德国人。今天在宾州的中部还有人说属高地德语的宾夕法尼亚荷兰话。18世纪,西班牙的殖民者占据了现今美国的西部和西南部。美国的州名加利福尼亚(California)和佛罗里达(Florida)就来自西班牙语,意思分别是"人间天堂"和"鲜花之乡"。得克萨斯(Texas)、洛杉矶(Los Angeles)、拉斯维加斯(Las Vegas)这些地名都来自西班牙语。在所有外来语言中,西班牙语是除英语外影响最大的语言。在今天的美洲大陆,说西班牙语的人口(4.69亿)远远超过说英语的人口(2.5亿)。

英国人不是最早来北美的殖民者,他们16世纪末才到。第一批殖民者于1584年来到现今的北卡罗来纳落脚。1609年,他们在弗吉尼亚的詹姆斯敦(Jamestown)建了第一个殖民地。此后他们在东海岸陆续建立了13个殖民地。分散在这13个殖民地的移民来自英伦三岛不同的地方,所以他们也把家乡的方言带到美国。这也是美国现今各种英语方言的缘由之一。1774年,13个殖民地的代表齐聚费城召开第一次大陆会议,要求英国给予更多的权利和利益,被英国断然拒绝。1775年,独立战争爆发。1776年7月4日,13个殖民地的代表在费城召开了第二次大陆会议,会议上通过了《独立宣言》,正式宣布美利坚合众国成立。这一天从此就成为美国的国庆——独立日。英语自此就在美国占据了主导地位。其实在此之前另有几种语言都曾有成为美国"国语"的可能。独立战争前后的反英情绪致使一些人提出美国应使用英语以外的语言。有人建议用希伯来语,因为18世纪的许多语言学家认为希伯来语是伊甸乐园的语言。还有人提出用希腊语,因为他们觉得希腊语体现了民主的精神。另有人提出用法语,理由是法语是理性的语言。然后还有一些人提出与此相反的观点,那就是美国人应该使用英语,要逼迫英国人去使用希腊语,以接受民主的教育。当时西班牙语和德语也曾是候选"国语",当然这一切都是历史了。英语在美国建国之初被选为"国语"的一个重要原因是使用者的人数。自17世纪初大批欧洲人来到北美后,英国的殖民者一直矢志不渝要在这个新世界扎根,而法国人、荷兰人、西班牙人等只是对这块土地上的自然资源感兴趣,并没有做长期定居的打算。和其他欧洲列强不同,英国政府在美国独立战争之前一直积极鼓励自己的国民大批移民北美。由于英国政府的支持,来自英国的移民超过其他任何国家的人。早在1660年,北美的英国人就达7万。1700年达25万。到1860年,来自英伦三岛的英国人占美国外裔人口的53%。

在美国使用的英语是英国本土之外最早形成的一个英语种类,正式名称是美国英语(American English),简称为"美语"。率先使用"美语"一词的是美国的辞典编纂家诺亚·韦伯斯特(Noah Webster)。独立战争于1783年结束,6年后的1789年韦伯斯特便向英国的"国王英语"(King's English)宣战。他在当年发表一篇"檄文",文中说:

> 作为一个独立的国家,我们的自尊要求我们不但有自己的政府,还要有自己的语言。我们虽是英国的子孙,说的是英国的语言,但英国不应再是我们的标准。这是因为英国作家的品味已经被破坏,英国的语言在走下坡路。

韦伯斯特指出当时美国使用的语言教材深受英国贵族的影响,里面充斥着法语和古典文学的内容。他认为美国需要自己的语言和自己的语文教材。他从1780年底便开始编写适用于美国的语文教材。与此同时,他发起了拼写改革运动。我们今天熟晓的有别于英国英语 colour(颜色)、humour(幽默)、centre

（中心）、traveller（旅人）等的美式拼法 color、humor、center、traveler 都是韦伯斯特独创的。他于 1806 年出版了美国第一部词典——《简明英语词典》（*A Compendious Dictionary of the English Language*）。1828 年他的巨著《美国英语词典》（*An American Dictionary of the English Language*）出版，奠定了美国词典编纂的基石。此部词典里收入大量在美国独有的词汇并正式公布了有别于英国英语的美式拼写法。在此之前，韦伯斯特还于 1783 年出版了《美语拼法》（*American Spelling Book*）一书，1784 年出版了一本语法书，1785 年出版了一本读物。值得一提的是，韦伯斯特的《美语拼法》先后出过 385 版，共销售 8 000 万册。词典的作用一般是记录和描写语言使用的现状，但韦伯斯特却是单枪匹马地通过他的词典引导美国语言的前进方向，这是词典编纂界不多见的现象。由于美国在国际上的地位、美国流行文化在世界范围的传播以及美国科技的发达，美语已成为国际上最有影响力的英语语种。韦伯斯特对于建立美语的地位是功不可没的。

人们时常把英国英语和美国英语加以对比，不禁使我想到英国剧作家萧伯纳（George Bernard Shaw）说过的一句话 "Britain and America are two nations divided by a common language."（英国和美国是两个被同一语言分割的国家）。另一位英国作家奥斯卡·王尔德（Oscar Wilde）说过："We really have everything in common with America nowadays except, of course, language."（我们现在跟美国一切相同，唯一的区别当然就是语言）。美国作家埃德温·纽曼（Edwin Newman）20 世纪 70 年代出过一本谈美国语言的畅销书，书名赫然是 Strictly Speaking: Will America Be the Death of English?（《严格地来说：美国会是英语的墓地吗?》），他在书中不无伤感地给了肯定的答复。这些名家说的是美国英语和英国英语有巨大的区别。我觉得他们是在说笑,我并不以为美国英语和英国英语有太大的差别。这两支英语在发音、词汇和语法上稍有区别,但完全不会妨碍交流。我在出国前跟英国老师学的是英国英语,来到美国后学的和用的自然就是美国英语。我并没有感到有什么不适应。英国语言学家大卫·克里斯特尔(David Crystal)说美国英语和英国英语的差异只占英语整体的 2% 左右,所以区别不是太大。接触过美国英语和英国英语的读者应该知道以下这些词,如 schedule、tomato、leisure、either、neither、route、vase、herb 的发音在这两种英语里是很不一样的。美国英语里有很多词语是英国英语里没有的,这是因为早期来美洲这片新大陆探险的不只是英国人,还有来自德国、荷兰、法国、西班牙等国的人。来自其他国家的殖民者在使用英语时自觉或不自觉地把自己语言里的词语掺杂在美语中。贩卖黑奴的交易开始后又有大批非洲语言的词语进入了美语。此外,早期殖民北美的欧洲人来到这块新大陆,生活在全新的生态环境中,看到很多从未见过的动植物,目睹原住民奇特的社会活动,英国英语没有词语表达这些生活经历和名称,所以他们得自创。这些我们都可以举出大量的例子,但是我觉得美国英语和英国英语最大的不同是美国英语更为简洁和更有规律性。美语更加简洁,也许是因为美国人的生活节奏快,语言必须跟上吧。具体的表现是美语更多地使用短词、短的拼写形式和短的句法形式,如 fridge—refrigerator, gas—gasoline, coke—Coca-Cola; color—colour, honor— honour; I'll see you Monday—I'll see you on Monday(前者为美语,后者为英国英语)。联合国用的是英国英语的拼写法和表达法,也是我们这些长期生活在美国的工作人员不太适应的地方。如我们部门的名称是"中文组","组"在美语里的拼法是 Program,但在英国英语里要拼成 Programme，也就是：Chinese Language Programme。表示日期的时候，美语的顺序是月-日-年，而英国英语则是日-月-年。英语有很多动词的过去式和过去分词有两种形式，一种是"规则的"（即在动词原形后加-ed），一种是"不规则的"，如 burn、burned/burnt，learn、learned/learnt，英国英语更倾向用不规则的形式，而美国英语则倾向用规则的形式。美语和英国英语的区别只要稍加学习和留意是不难掌握的。由于美国在 20 世纪的崛起、美国文化的对外输出，特别是二战时期 160 万的美军长期在英国驻扎，美国英语也极大地影响了英国英语。现在英国英语里也充斥着原先只见于美国英语的一些词语和习语，越来越多的英国青少年也开始操美国口音了。克里斯特尔教授说，现在美国英语对英国英语的影响大大超过英国英语对美国英语的影响。如 schedule 一词，他发的是英国音/ˈʃɛdʒul/，但他所有的孩子都发美国音/ˈskɛdʒul/。2020 年 7 月英国一个颇有影响、专门刊登讽刺性文章的网站 Daily Mash（https://www.thedailymash.co.uk）以《最后一个纠正孩子用美国词语的妈妈放弃了》(Last mum to correct her children's Americanisms gives up) 为题发文（https://bit.ly/3jR2k2F），谈到一位叫卡罗琳·瑞安（Carolyn Ryan）的英国母亲在家试图维护英国英语的纯正，不让她的两个女儿用美国词语，但她屡屡失败。两个孩子经常这样问她：

"Can we watch a **movie**? (我们可以看电影吗?) Can I have some **candy**? (我能吃块糖吗?) Can I have a **cupcake** with **frosting**?" (能给我一个上面加糖霜的纸杯蛋糕吗)?

妈妈听了这些话后总是严厉地纠正她们："No, but you can watch a **film** with some **sweets**, or a fairy cake with **icing**."

但是无济于事，孩子们听不懂妈妈的话。movie（电影）、

candy（糖果）、cupcake（纸杯蛋糕）、frosting（糖霜）都是美国用语，但现在英国的儿童已普遍用这些词语取代英国英语的 film、sweets 和 icing 了。妈妈万般无奈只能放弃，自己跟女儿们也说起美国英语来："Let's go to the **store** for **cookies**. Put your **sneakers** on."（我们去商店买饼干吧。穿上你们的运动鞋）。这里的 store（商店）、cookies（饼干）、sneakers（运动鞋）都是美国用语，相应的英国用语是 shop、biscuits 和 trainers。

语言学家艾伯特·马克伍德（Albert Marckwardt）在他的《美国英语》（*American English*）一书里提出一个"殖民滞后"（colonial lag）的假说，指的是一种语言从母国被输送到他国后，由于距离和交流的阻碍，发展常常会滞后于母国语言。也就是说在某种程度上会更加守旧。如 apartment 一词在17世纪的英国指的是"公寓"，到了18世纪，意思就变为公寓里的一间屋。"公寓"的意思转由 flat 表示。但美国英语至今还是用 apartment 表示"公寓"。同样，到17世纪中叶，"秋天"在英国英语里是 fall，但此后 fall 不再用来指"秋天"，而被 autumn 取代，而美国英语则没跟上，至今还是用 fall。情态动词 can（能）和 may（可以）原来在意义上是有严格区别的，但在英国英语里 can 逐渐获得了 may 的意义，而美国英语还基本上保留原来的区别。马克伍德的这个假说引起热烈的讨论，但多数语言学家认为他所举的例子很有限。

同世界上大多数语言一样，美语也有地方话之分。采用不同的标准，划出的方言区多少也不尽相同，少的有三个，多的有24个。但大多数语言学家都同意美国大陆48个州（不包括夏威夷和阿拉斯加）可以划分出四大方言区：北部、中部、南部和西部，如图5所示。北部、中部和南部方言区都沿大西洋海岸——早期英国移民的登陆点。这批移民来自英国不同的地

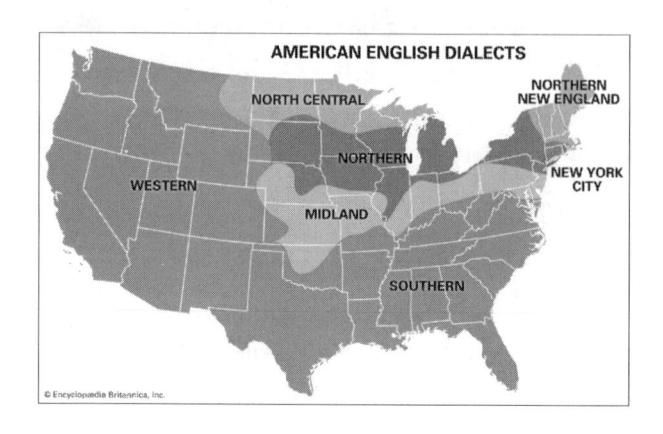

图 5　美国方言地图
（数据来源：《大英百科全书》）

方，这也是美东地区方言的主要起因。密西西比以西在地理上是美国的西部，共有十个州：亚利桑那、加利福尼亚、爱达荷、蒙大拿、内华达、新墨西哥、俄勒冈、犹他、华盛顿和怀俄明。西部是 1840 年后才正式开发的，所以方言的种类不多，趋于一致。

　　美国方言在口音上的区别不太大，三分之二国土上占全国人口 80% 的人口音基本一样。口音上的区别主要表现在元音上，但是差别不会大到影响理解。此外各地方言在词汇方面也有程度不同的差异。各方言都有其独特的"土话"，同样的东西在不同的方言区有不同的说法，这些只要稍加了解就不难掌握。

　　方言研究中的一个热门话题是一门语言里哪些方言是"优势方言"（prestige dialect）。所谓"优势方言"一般被认为是更标准的方言，其实就是占社会和经济主导地位的阶层所使用的方言。在美国不存在特别的"优势方言"，大多数人说的是美国"通用美语"（General American），但一般人都认为中西部这几个州的英语最标准：俄亥俄、密西根、印第安纳、威斯康星、堪萨斯、密苏里、内布拉斯加和东部的宾夕法尼亚。这几个州处于美国的中部。与此相反,美国有两个地区的方言经常受到其他地区人士的揶揄和调侃,这两个地区一个是纽约市,一个是南部。纽约市因为移民高度集中,形成了自己独特的口音,与美国其他地区的美语发音不尽相同。其典型的特征是普通话里的清音和浊音 th-被代之以 t-和 d-,另外词中的 r 音也常常不发。下面这两句打油诗很能形容纽约市的口音:

T'ree little boids sittin' on a coib (Three little birds sitting on a curb) ,

Eatin' doity woims and sayin' doity woids (Eating dirty worms and saying dirty words).

在美国的所有方言里,南部方言是被嘲讽最多的。南部方言区覆盖美国的东南部和中南部,包括:阿拉巴马、佐治亚、田纳西、密西西比、弗吉尼亚、北卡罗来纳、南卡罗来纳、路易斯安那、阿肯色、得克萨斯的西部和西南部地区、俄克拉荷马、西弗吉尼亚、佛罗里达的中北部。南方口音有三大特点:一是 drawl,即元音拖得很长;二是 twang,即鼻音很重;三是语速慢。南方话也有不少自己独特的词汇。美国前总统克林顿的南方口音就很重,他在竞选总统时还特别训练了自己的口音,以更接近普通话。南方话常被人讥笑也有其历史原因,南方大部分是农业区,经济落后,民众的教育水平普遍不如北方。

对美国方言有兴趣的读者可参考哈佛大学出版社出版的《美国地区英语词典》(*The Dictionary of American Regional English*),也可访问 https://aschmann.net/AmEng,网上有一个互动地图,点击并放大某个州便能听到当地方言的发音。

说到美国的语言和方言就不能不提一下美国的黑人英语。

黑人英语在美国叫作 Ebonics，也可以直接说成是 African American English 或 African American Vernacular English。美国黑人英语跟美国黑人的历史密不可分。和美国的其他外裔群体不同，非洲裔的黑人当初都是被作为奴隶直接从非洲或间接从加勒比海等转运点贩到美国的。在奴隶制时期，白人奴隶主和黑奴之外还有一类"契约奴工"或"契约劳工"（indentured servants）。这类人和黑奴的区别是他们是来自欧洲（主要是英国）的白人。因为家境贫穷，他们与雇主签订雇佣协议，其后或是随雇主来美或是被派送来美。这些契约奴工大多来自英国的穷乡僻壤，说各自的方言。黑奴在日常生活中除跟奴隶主打交道外，更多的是跟这些契约工厮混一处，久而久之受到他们方言英语的影响。黑奴效仿白人说的英语时常常也会夹杂着自己语言的成分。此外，被贩到美国的黑奴来自不同的非洲国家，他们原先就说不同的语言，无法根据自己的母语形成一个有效的言语社区。奴隶主怕黑人谋反，也禁止他们用自己的语言相互交流，有时还把说同一语言的奴隶分开。长期的种族隔离和缺乏正规教育的机会导致形成了一种独特的美国英语的变体——黑人英语。黑人英语是美国不同种类英语中最有争议的。我们前面说到美国英语可以分出 24 个方言区。对这些方言，一般民众只是说它们不同，并不说它们有什么不对，但是对黑人英语却有一片反对声。这是因为黑人英语里有很多不符合规范英语语法的地方，如用双否定（I don't want none）、特殊的动词形式（如用 done 表示过去时：She done the work；用 be+done 表示将来完成时：My ice cream be done melted by the time we get there）、第三人称单数现在时不加-s（如 He understand what I say）、现在时不用动词（如 John trippin、They allright）、不按人称和时态变化动词 be（如 They be goin to school every day），以及大量独特的词汇等。1996

年加州奥克兰市的教育局决定在其公立学校里接纳黑人英语,随即在全国范围内引起哗然。在这种情况下,美国语言学会站出来表态说:"用下面的字眼描写黑人英语都是不对和带有侮辱性的:俚语、懒惰、残缺、不合语法、蹩脚英语。"美国语言学会引用其他国家的研究证据提出,在课堂上允许学生使用黑人英语反倒会帮助学生掌握标准的美语。我们需要知道的是,并不是所有的黑人都用黑人英语。生活在美国的华人一般很少会接触到黑人英语,因为黑人英语一般只用于黑人社区,并用于非正式的场合。黑人牧师、喜剧演员和歌手常常会在他们的言谈和演唱中植入一点黑人英语,以制造特别的效果。

美国是个移民国家,移民来自世界各地。各国的移民也自然地把自己的语言带到这个新的国度。第一代移民大多希望自己的语言和其所承载的文化通过自己的子女传承下去。据美国人口普查局的统计,在美国使用的语言达 430 种,其中 176 种是原住民(印第安)语言,其他则是移民语言。但是最近有调查显示,仅在纽约地区就有 637 种语言,证明纽约是世界上语言聚集最密的城市之一。美国使用得最多的 20 种语言如下表 1:

表 1　美国人在家使用的主要语言

排位	语言	使用人数	百分比
1	英语	231 122 908	82.12%
2	西班牙语	37 458 470	11.46%
3	中文	2 896 766	0.89%
4	法语和法国克里奥尔语	2 047 467	0.63%
5	塔加拉语	1 613 346	0.49%
6	越南语	1 399 936	0.43%
7	韩语	1 117 343	0.34%

续 表

排位	语言	使用人数	百分比
8	德语	1 063 773	0.33%
9	阿拉伯语	924 374	0.28%
10	俄语	879 434	0.27%
11	意大利语	708 966	0.22%
12	葡萄牙语	693 469	0.21%
13	印地语	643 337	0.20%
14	波兰语	580 153	0.18%
15	日语	449 475	0.14%
16	乌尔都语	397 502	0.12%
17	波斯语	391 113	0.12%
18	古吉拉语	373 253	0.11%
19	希腊语	304 932	0.09%
20	孟加拉语	257 740	0.08%

(数据来源:https://www.worldatlas.com/articles/the-most-spoken-languages-in-america.html)

如上表所示,美国母语为英语的人口占82.12%,其余近18%是母语为不同语言的人口。美国政府每10年实施一次人口普查。普查表上有3个关于语言使用的问题:(1)你在家说不说英语以外的语言?(2)如果是的话,说的是什么语言?(3)你的英语能力如何(选项是:很好、较好、不好、根本不会)。最近一次的人口普查显示在美国3.29亿总人口中有6 700万人在家不说英语,约占22%。在美国的前五大城市中,平均有近一半(48%)的人在家不说英语:纽约和休士顿为49%,洛杉矶为59%,芝加哥为36%,凤凰城为38%。

美国有85个城市的大部分居民在家都不说英语。最特别的是佛罗里达的海厄利亚市(Hialeah),全市竟有95%的人口在家不说英语。美国人口最多的州是加州。该州有1 650万的居民在家不说英语,占全州人口的44%。全美的公立中小学现有5 000万学生,其中四分之一的学生在家说的不是英语。值得注意的是,在这些中小学生(5—17岁)中,有85%是出生在美国的。其实在美国只有在人口稀少或偏远地区才只使用英语一种语言。

那么这6 700万在家不说英语的大人和孩子说的是什么语言呢?他们绝大多数说的是西班牙语,占44%,其次是中文(350万)、菲律宾语(170万)、越南语(150万)、阿拉伯语(120万)、法语(120万)、韩语(100万)。

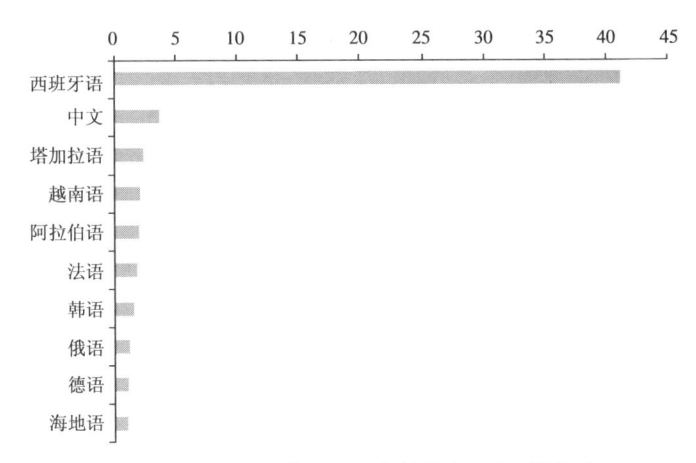

图6 目前美国除英语外使用最多的十大语言(单位为百万)
(数据来源:美国人口普查局)

如图6所示,中文是除英语外使用第二多的语言。第一大语言的宝座毋庸置疑当属西班牙语。这是因为美国绝大部分的移民来自说西班牙语的墨西哥和拉丁美洲国家。每年来自这些国家的移民接近100万。英语里专门有个词形容来自这些国家的人，叫 Hispanic（西裔），这里的"西"是指"西班牙语"，而不是"西班牙"。来自这些国家的人常常也被称作 Latinos（拉丁裔）。美国的西裔人口 6 060 万，约占总人口的 18.5%。在美国南部的一些州，如佛罗里达、得克萨斯、新墨西哥和加利福尼亚，西裔占总人口的 20% 以上，其中不少完全不会说英文。最近几年我每年都会去佛罗里达州一次，有时在住的宾馆里甚至找不到一个会说英语的服务员。由于西班牙语的这个地位，美国中学开设的外语课很少不包括西班牙语。国内时常有学生问我，他们如果要学第二外语应该学哪种外语，我总是跟他们说，如果日后要来美国学习或工作，应该首选西班牙语。说到这儿，我还想就西班牙语的另一个情况发表点儿意见。国内的不少高校把除英语以外的语言都列为"小语种"，其实这是大错特错的。以西班牙语为母语的人并不少于以英语为母语的人。官方的统计数字显示世界上母语为西班牙语的人口超过母语为英语的人口。现在全世界有 101 个国家把英语列为自己的官方语言之一，但这并不表明这些国家的人都是英语母语者。

中文在五个州中是除英语和西班牙语外最大的语种。这五个州是：纽约州、华盛顿州、阿肯色州、密苏里州和犹他州。说中文的人口在 300 万左右。

美国人口普查局的网上有个互动式地图，参见 https://www.census.gov/hhes/socdemo/language/data/language_map.html，地图上标注了美国使用的各种语言在全国的分布。地图上列出的语言有西班牙语、法语、法国克里奥尔语（French Creole）、意大利语、葡萄牙语、德语、俄语、波兰语、波斯语、中文、日语、韩语、越南语、他加禄语（Tagalog）及阿拉伯语。在此网页上点击选择某种语言，就会看到说此语言的人口在美国的密度，见图 7。如果聚焦放大，还可以查看地域内某个具体社区的情况。这份地

图 7　除英语和西班牙语之外美国各州最大的语种
（数据来源：https://www.businessinsider.com/what-is-the-most-common-language-in-every-state-map-2019-6）

图对各界人士都很有用，比如商家要想向说某一语言的族裔推销某个产品，就可以向集中说此语言的地区邮寄促销广告；政府部门可以根据说不同语言的族裔分布来提供社会服务；美国司法部也可以根据此地图决定用什么语言向某地的新移民告知他们的权利和义务。此地图还可以帮助学外语的学生不出国就找到语言实践的机会。

美国目前语言最集中的地方是纽约市的皇后区，那儿的居民说500多种语言，包括59种濒危语言。被誉为"美国华人首都"的法拉盛也在皇后区。

2010年到2017年之间在美国使用人数增幅最大的十种语言里有七种是亚洲的语言：泰卢固语、孟加拉语、泰米尔语、印地语、乌尔都语、旁遮普语和中文，见图8。泰卢固语是印度南部的一种语言，其增幅最大，原因是说此语言所在的海得拉巴（Hyderabad）地区与美国的工程界和科技界在美国合作了很多项目，吸引了这个地区大批的软件工程师和留学生来美定居和学习。

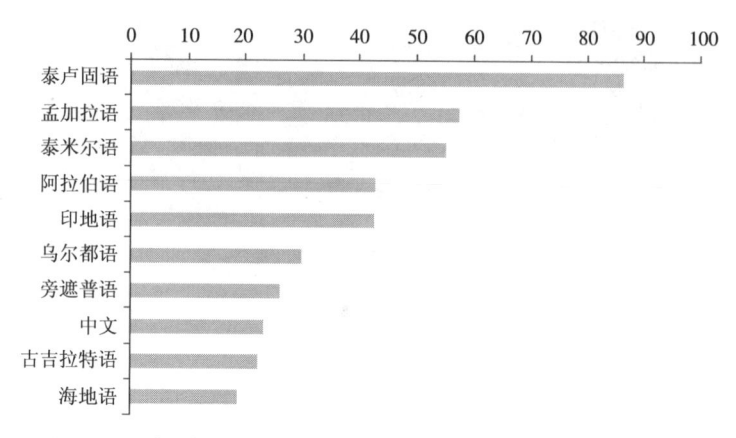

语言	数值
泰卢固语	~85
孟加拉语	~57
泰米尔语	~55
阿拉伯语	~42
印地语	~42
乌尔都语	~30
旁遮普语	~25
中文	~22
古吉拉特语	~22
海地语	~20

图8　2010年到2017年之间在美国使用人数增幅最大的十种语言
（数据来源：美国人口普查局2017年资料）

英裔美国思想家托马斯·佩因（Thomas Paine）曾说过："如果在世界上找一个众人对'一致'期待值最小的国家，那就一定是美国。美国人来自不同的国家，习惯于不同的政体和其运作方式，说不同的语言，遵循迥然不同的信仰方式。"美国不仅是个移民的大熔炉，也是语言的大熔炉。有人以为新移民进入美国这个大熔炉后，自己的语言就会被熔化而丢失，其实绝大部分移民在学习和使用英语的同时，仍很好地保持着自己的语言。很多国内的人来美后的一个感觉是，不少美国人甚至包括学校的老师说的英语不是很标准，原因就是他们并不是土生土长的美国人。你如果在国内把英语学好了，你说的英语没准儿比他们还标准呢。

美国的外语教学

在美国的语言学界我们常常会问这个脑筋急转弯的问题:
"If you can speak three languages, you're trilingual. If you can speak two languages, you're bilingual. If you can speak only one language, you're _____?"(如果你会说三种语言,你是三语者。如果你会说两种语言,你是双语者。如果你只会说一种语言,你是_____?)

很多人会沿着这个路子不加思索地说 monolingual(单语者)。mono-是英语里的一个前缀,意思是"单一"。如果这样回答的话,你就中圈套了。答案是 American(美国人)。这个段子就是讥讽大多数美国人不会说外语。具体的数字是多少呢?美国现在的人口约为 3.29 亿,其中 90% 的人只会说英语。也就是说,美国只有 3 200 万的人会说英语和至少另一种语言。这种状况是跟美国的外语教学息息相关的。说来惭愧,美国这个科技如此发达的国家,外语教学却落后于很多国家。如果我们看统计数字就会觉得触目惊心。根据美国国际教育委员会(American Councils for International Education)2017 年的一份报告,美国中小学只有不到 20% 的学生选修外语课。而欧盟国家选修外语课的学生则占学生总数的92%，在欧盟的某些国家甚至高达100%。如果我们只看高中，美国学外语的学生数增加到53%。其原因是美国的很多高中要求学生修完一定学分的外语课后才能毕业。即便如此，这个数字较之其他一些国家也是偏低的。欧洲大多数国家要求学生在9岁前就要学第一外语，随后学第二外语。美国则对小学生没有要求。

上面说的是中小学的情况，大学情况更糟糕。美国现代语言协会（Modern Language Association）定期发布报告，公布高校注册外语课的学生人数。最近的一份统计是2016年的，报告显示目前美国高校里只有7.5%的学生选修外语。这是20世纪50年代以来最低的数字。从2006年以来，学外语（除古希伯来语、美国手势语和韩语外）的学生逐年减少，如图9所示。

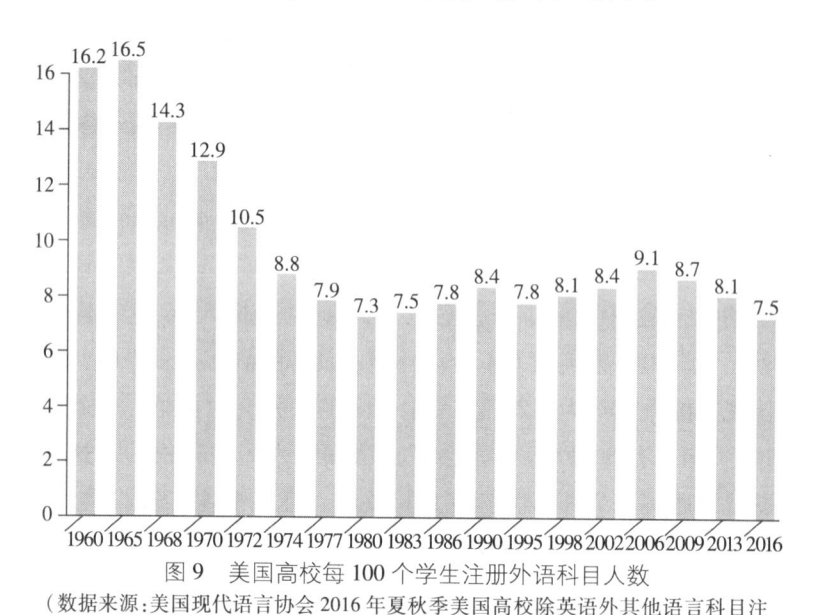

图9 美国高校每100个学生注册外语科目人数

（数据来源：美国现代语言协会2016年夏秋季美国高校除英语外其他语言科目注册学生人数报告）

下表2同样来自美国现代语言协会2016年的报告，显示美国大学里所开设的外语除日语和韩语外,其他语言都呈负增长趋势。

表2 2016年秋季美国高校语言科目注册学生人数和百分比变化

序号	语言	2006	2009	2006—2009变化	2013	2009—2013变化	2016	2013—2016变化
1	西班牙语	822 148	861 015	5	78 988	−8	712 240	−9.8
2	法语	206 019	215 244	5	197 679	−8	175 667	−11.1
3	美国手势语	79 744	92 068	16	109 567	19	107 060	−2.3
4	德语	94 146	95 613	2	86 782	−9	80 594	−7.1
5	日语	65 410	72 357	11	66 771	−8	68 810	3.1
6	意大利语	78 176	80 322	3	70 982	−12	56 743	−20.1
7	中文	51 382	59 876	17	61 084	2	53 069	−13.1
8	阿拉伯语	24 010	35 228	47	33 526	−5	31 554	−5.9
9	拉丁语	32 164	32 446	1	27 209	−16	24 866	−8.6
10	俄语	24 784	26 740	8	21 979	−18	20 353	−7.4
11	韩语	7 146	8 449	18	12 256	45	13 936	13.7
12	古希腊语	22 842	21 515	−6	16 961	−21	13 264	−21.8
13	葡萄牙语	10 310	11 273	9	12 407	10	9 827	−20.8
14	古希伯来语	14 137	13 764	−3	12 596	−9	9 587	−23.9
15	现代希伯来语	9 620	8 307	−14	6 698	−19	5 521	−17.6
16	其他语言	33 800	39 349	16	34 746	−12	34 830	0.2
17	总计	1 575 838	1 673 566	6	1 561 131	−7	1 417 921	−9.2

(数据来源:美国现代语言协会2016年夏秋季美国高校除英语外其他语言科目注册学生人数报告)

美国国际教育委员会联合其他一些相关机构于2017年发表了一份《全美幼儿园至高中外语或世界语言注册人数综合研究报告》("A comprehensive study of foreign/world language enrollments across the formal U.S. education system, K-12"),报

告里列出了美国各州的数字如下表3：

表3　全美幼儿园至高中外语或世界语言注册学生人数

州	中小学人数	中小学注册外语科目人数	占学生人数百分比
阿拉巴马	821 691	143 069	17.41%
阿拉斯加	134 315	22 187	16.52%
亚利桑那	1 180 836	107 167	9.08%
阿肯色	507 060	46 095	9.09%
加利福尼亚	6 806 050	946 779	13.91%
科罗拉多	896 918	110 995	12.38%
康涅狄格	614 313	173 580	28.26%
特拉华	149 108	48 218	32.34%
华盛顿特区	72 937	34 408	47.17%
佛罗里达	2 981 349	622 451	20.88%
佐治亚	1 832 631	407 323	22.23%
夏威夷	216 044	40 198	18.61%
爱达荷	308 290	37 584	12.19%
伊利诺	2 258 315	294 686	13.05%
印第安纳	1 165 262	228 059	19.57%
爱荷华	524 775	79 944	15.23%
堪萨斯	520 583	79 477	15.27%
肯塔基	741 776	83 098	11.20%
路易斯安那	806 125	106 987	13.27%
缅因	201 408	38 280	19.01%
马里兰	976 670	344 072	35.23%
马萨诸塞	1 048 398	277 048	26.43%

续 表

州	中小学人数	中小学注册外语科目人数	占学生人数百分比
密歇根	1 708 384	384 442	22.50%
明尼苏达	928 080	188 018	20.26%
密西西比	544 498	72 527	13.32%
密苏里	1 021 563	158 111	15.48%
蒙大拿	160 423	16 221	10.11%
内布拉斯加	331 732	58 832	17.73%
内华达	483 466	59 003	12.20%
新罕布什尔	210 631	57 855	27.47%
新泽西	1 508 220	771 832	51.18%
新墨西哥	373 149	31 732	8.50%
纽约	3 153 513	857 958	27.21%
北卡罗来纳	1 668 877	328 918	19.71%
北达科他	108 163	23 668	21.88%
俄亥俄	1 973 655	357 474	18.11%
俄克拉荷马	675 116	82 096	12.16%
俄勒冈	624 386	67 640	10.83%
宾夕法尼亚	2 014 442	401 693	19.94%
罗得岛	160 466	36 023	22.45%
南卡罗来纳	801 798	166 282	20.74%
南达科他	145 878	27 172	18.63%
田纳西	1 087 679	240 109	22.08%
得克萨斯	5 080 783	960 911	18.91%
犹他	622 449	131 118	21.06%

续 表

州	中小学人数	中小学注册外语科目人数	占学生人数百分比
佛蒙特	94 632	33 153	35.03%
弗吉尼亚	1 358 037	272 041	20.03%
华盛顿	1 144 380	168 316	14.71%
西弗吉尼亚	279 204	36 380	13.03%
威斯康星	985 362	357 575	36.29%
怀俄明	97 150	19 477	20.05%
共计	54 110 970	10 638 282	19.66%

(数据来源:美国国际教育委员会2017年《全美幼儿园至高中外语或世界语言注册人数综合研究报告》)

　　读者只需看最右边的一栏就能知道美国50个州中小学学生学习外语或世界语言的百分比了。其中新墨西哥州学外语或世界语言的人数只有学生总数的8.50%。注意这里说的世界语言和世界语是很不一样的。世界语Esperanto,是人造语言。而世界语言是在美国广泛使用的代替"外语"的一个术语。很多学校的外语课和外语系已经不叫foreign language classes和foreign language departments,而改叫world language classes和world language departments了。原因是这样的,根据美国教育部2016年的最新数据,美国中小学的族裔构成是白人占52%,少数族裔占48%。其中黑人占14%。黑人的第一语言是英语,所以从这个角度上说可以跟白人划为一类,共占66%。这样其余的族裔就占34%。这个34%的群体基本上是移民子女,他们在学校里也学习自己的语言,如西班牙语、中文等。把这些语言称为外语显然是不合适的,学术界一般把这样的语言称作"传承语"(heritage languages),在教育局和学校里往往被叫作"世界语言"。除了这一区别，foreign languages 和 world languages 的意思是一样的。还有一种比较啰唆的说法就是"英语以外的语言"（languages other than English）。现在国内不少对外汉语专业的正式名称也很类似，大多是 teaching Chinese to speakers of other languages，直译就是"向讲其他语言的人教汉语"。

美国中小学现在开设的外语主要有阿拉伯语、中文、法语、德语、日语、拉丁语、俄语、西班牙语和美国手语。各州学习以上各种语言的人数情况可见美国国际教育委员会 2017 年《全美幼儿园至高中外语或世界语言注册人数综合研究报告》，见网址 https://www.americancouncils.org/sites/files/FLE.report.June 17.pdf。

美国学生学外语人数比例极低，主要有三个原因。第一个原因是，社会上有不少人持以美国为中心的观念，他们认为英语已是实际上的国际语言，不会说英语的人都应该学英语，而美国人则不必学他人的语言。有人还说学生学外语是浪费时间，花在外语学习上的时间不如花在其他科目上。第二个原因是，社会上还存在对学外语的偏见。20 世纪的一本育儿手册竟然告诉父母，让孩子学外语会影响孩子的心理发展。同一时期还有人认为双语者的智商低。持这种观点的人现今已经不多了，但是对孩子在年龄较小的时候学外语，不少父母还有很多疑虑。他们经常问的一个问题是：学外语会不会让孩子困惑而阻碍他们学习英语？纽约不少学校从孩子 3 岁起就开中文课，家长常问老师孩子还不会写英文就学写汉字会不会影响他们的英语发展。第三个原因是美国政府的教育政策。小布什总统在任期间，于 2002 年 1 月 8 日签署了一个名为"不让一个孩子掉队"（No Child Left Behind，也有人译作"有教无类"）的法案。起因是美国中小学的学生连续数年的考试成绩落后于许多其他国家的学生。此法案表明，为提高美国学生在国际上的竞争力，缩小贫穷家庭和少数族裔家庭子女跟经济条件较好的家庭子女之间在学习成绩上的差距，联邦政府将对学校在提升学生的成绩方面问责。那么这个法案对外语教学有什么影响呢？它的确产生了影响，但产生的影响对很多学校却是负面的。这是因为"不让一个孩子掉队"其实是"不让孩子在数学和语文（reading）上掉队"。联邦政府通过年检机制和各州的统考来监督学校的实施情况。未达标的学校将受到不同程度的处罚，包括失去联邦政府的经费支持。为了达到联邦政府制定的标准，学校领导纷纷在数学和语文两门课上加码，投入了大量的人力和财力。其中有很多资源是从外语学科上转移走的，在加强数学和语文课程的压力下，不少学校削减，甚至砍掉了外语课。大学学外语人数减少的一个重要原因是，不少学校取消了学生需修一定学分的外语课方可毕业的要求，而这些学校做出这一规定多是因为经费紧缺。说到这里，我不禁想到我20世纪80年代来美国留学时的一个经历。我当时申请的是哥伦比亚大学语言学系，后来阴错阳差被人类学系录取了。因为当时我写信给哥大语言学系的一位教授，表示我对他的研究领域比较感兴趣，希望能做他的学生，他欣然录取了我。但后来发现他是人类学系语言学专业的教授，而不是语言学系的教授。因为他的专业也属语言学，所以他的名字也被列在语言学系教授名单上。后来我发现这个错误却是歪打正着，其中一个原因是我到哥大的第二年，语言学系被取消了。一年后，耶鲁大学也把语言学系取消了。取消的原因都是因为学校的经费紧缺。由此看来，学校的经费一紧缩，语言类的课程就首当其冲成为牺牲品。

很多有识之士都认为目前美国的外语教育面临一个危机。现今世界有70多亿人口，其中75%的人不说英语。而据美国政府自己说，美国需要100多种语言的专才。外语人才的短缺不只限于国防和情报部门,国际贸易方面也短缺大量的外语人才。据美国教育部的统计,美国国内现在的工作岗位有五分之一是跟国际贸易有关的,而美国95%的客户都在美国之外。美国需要大批外语人才虽是不言而喻,但现状却不尽人意。我平日跟美国不少高校的老师接触,自己也在纽约大学兼职,我注意到一个很值得深思的现象。美国的高校几乎都为学生提供出国交换留学的机会,学生可以去国外的大学学习一个学期或者一年,获得的学分可以转换为本校学分。因为是互惠的交换项目,学生不必另付学费。这其实是一个天赐良机,尤其是对有志学习外语的学生,因为学外语的最好方法就是去目的语国家学习。但目前大部分美国学生所选的留学国家都是说英语的国家,这样的选择并不利于他们学习外语和了解非英语国家的文化。

上面说到,美国中小学少数族裔的学生占34%。这部分学生有的是在美国出生的,他们的母语很可能就是英语。但也有大量新移民子女,他们的母语并不是英语。新移民带到美国的本国语言也是需要维护和保持的。第一代移民到美国后都不会丢掉自己的语言,第二代移民大多能听懂父母的本国语言并能在不同程度上跟父母和他人交流,但他们的阅读和写作能力大大不如他们的听说能力。等到了第三代,祖语基本就遗失了。现在还有研究显示,自20世纪60年代以来,少数族裔出现跳过双语的阶段而直接进入单语(英语)的趋势。这很令人担忧。

一般人都会同意学外语有百利而无一害。有70多亿人生活在同一个星球上,不同文化之间的融洽相处至关重要。而文化间的沟通则主要是靠语言实现的。曼德拉曾这样形容过会说外语的作用:"你若用对方理解的语言与他交谈,可以晓之以理;你若用对方的母语与他交谈,可以动之以情。"语言是文化的一种体现方式。一种语言编织出一个文化所蕴含的丰富思想和情感、哲学理据与世界观。学会一门新的语言能使我们摆脱自己语言给我们设置的局限，丰富我们的经历，把我们带进一个新天地，能使我们洞察他人如何看待这大千世界。语言相对主义者认为，人们看待世界的方式是由他们各自所使用的语言塑造的。不管我们同意不同意这个观点，通过学外语，我们至少可以拓宽视野，增加文化理解，同时也能从一个全新的视角反观自己的文化。不会外语的人是无法进入这片天地，获取这一角度的。正如歌德所说："不懂外语的人对自己的东西一无所知。""一无所知"似乎有点儿夸大其词，但至少是个欠缺。

　　学习和掌握外语能使人更深入地了解自己的语言，对此我有深刻的体会。我在大学的专业是英语，我从未正式学过中文的语音、词汇和语法。除非是从事中文教学的，大多数本族语者都是这样。记得当年我在国内高校教英语的时候，系里也有一些外籍教师。但是他们大多不是英语或语言专业出身的。一开始的时候学生们都觉得新奇，趋之若鹜，都想去上外教的课。但不久后他们很失望，都要回到中国老师的课堂。这是因为那些专业背景不是英语或语言学的外教们不能解释英语的语法结构。学生们总喜欢问他们这儿为什么用这个介词不用那个介词，这是限定性定语从句还是非限定性定语从句，为什么在这个名词前要用冠词在那个名词前不用冠词，凡此种种，他们大多答不出。系里领导见此情况以后就安排外教教口语或英美概况这样不需过多解释的课程，而让我们本国老师教精读、泛读这样的课。

　　还有研究显示，说两种或多种语言有助于提高认知、解决问题及多层次思考的能力，还能增强自信心和执行多项任务的能力。此外学习外语对大脑也有类似体育锻炼的功效。在不同语言之间切换能增进大脑的活动并可延缓阿尔茨海默病等疾病的发作。有研究报告预测，常说第二种语言的人可以将阿尔茨海默病和其他类型的痴呆症延迟 4.5 年。

我们的世界似乎每天都在缩小。快速的全球化意味着我们与其他国家的人会产生更密切的接触、联系和交往。现在被大家谈论最多的一个时尚话题就是全球胜任力。我想外语能力应该是任何意义上的全球胜任力中的一项。当然学习一门外语不是一个轻松容易的过程,需要大量的时间和精力,但其回报也是终身受用的。

近年来美国的语言教学又逐渐得到相关机构和国会的关注。2017 年美国文理科学院(American Academy of Arts and Sciences)发表了一份题为《美国的语言:对 21 世纪语言教育的投资》的报告。报告表明,美国在其教学大纲、国际战略和国内政策中都忽略了语言教学。这种疏忽对美国的外贸、外交、经济和社会都带来了不利和不可预见的后果。美国需要更多精通双语和双文化的公民以满足经济、教育、就业增长和国家安全的需求。受此报告的震动,国会共和党和民主党的两位议员唐·杨(Don Young)和大卫·普瑞斯(David Price)于 2019 年 11 月 12 日携手发起成立国会美国语言核心小组,旨在制定一个具有前瞻性的国家语言战略,加强人们对外语学习和国际教育重要性的认识,提高美国学生的外语能力,开阔学生和专业人员的国际视野。小组的成立能确保有足够的资源用于外语学习和研究。美国语言核心小组拟定的具体目标有:(1)让各年龄段的人士都有机会学习外语;(2)培训更多的语言教师;(3)支持传承语和原住民语言的学习;(4)鼓励国际教育交流。

我们拭目以待。

中文在美国

有两个数据很令国人振奋:(1)中文是美国的第二大外语;(2)中文是加拿大的第一外语。很多人据此说美国有中文热。我们在下结论前需要细看一下这个数据。美国每隔十年进行一次人口调查。根据最近一次的人口调查(2010年),美国说中文的人数为290万,名列英语和西班牙语之后。的确是仅次于西班牙语的第二大外语。但这些人是谁呢?他们其实都是华人。根据2010年的人口调查,美国现有379万华人。说中文的就是这批人。此数据同时也告诉我们有近100万的华人不说中文。这又是为什么呢?这是因为他们是 ABC(American-born Chinese),也就是在美国出生的华裔。以说中文的华人人数来论定美国有中文热显然是不合适的。我们需要知道美国整个社会对学中文是否有热情。

2015年西方知名期刊《经济学人》(*The Economist*)第一期封面文章的标题是《美国新贵》("America's new aristocracy"),并配有一幅很特别的图片(见图10)。2019年5月10日英文版的《中国日报》(*China Daily*)头版发表了我的一篇关于美国中文教学的文章,其中专门谈到了这幅图。图上有四个白人,好像是一家子。妈妈穿着名贵的服饰,耳朵里塞着苹果耳机;爸爸穿着印有 Y 字母的夹克衫,在美国 Y 往往标志着耶鲁大学(Yale),也就是说爸爸是耶鲁大学的校友;儿子戴着斯坦福棒球队的帽子;而女儿手中则抱着一本中文书。我跟很多人谈过这幅图,大家的解释各不相同,但毋庸置疑,这四个人代表着美国当代社会的新贵,特别值得注意的是学中文已经成为美国身份的象征之一。

图10 2015年《经济学人》第一期封面,标题为《美国新贵》

美国有个叫最佳学校(The Best Schools)的知名机构,评选出了美国排名最前的十所私立中小学,其中有六所在纽约市。这六所学校均开设中文课。事实上纽约市的私立学校几乎没有不开设中文课的。现在开中文课已是时尚,是学校身份的象征,同时也是吸引家长的一个卖点。从某种意义上说,中文课对某些学校就如同他们所开的拉丁语课,不开就不上档次了。

我在英文版《中国日报》上的文章因为版面有限(限600

字),很难把美国中文教学的情况说清楚。在此我就稍稍展开说一下。

最近十多年来不少媒体报道说美国出现"中文热",也有很多媒体就这个问题来采访我。这不是个简单的问题,所以我的回答一般是:是,也不是。为了说明这个问题,我先简单地回顾一下美国的中文教学史。

20世纪50年代前,美国大中小学校很少开设中文课。只有在华人社区才有华人为自己的子女组织的中文班,一般在周末上课。50年代起一些大学开始开设中文课。当时的起因是1957年10月4日苏联第一颗人造地球卫星飞上太空,创造了历史。美国顿失霸主地位,朝野惊恐。镇定下来后,美国国会和联邦政府迅速通过《国防教育法案》(National Defense Education Act),旨在迅速培养科学家、工程师、数学家、语言学家和国别专家跟苏联抗衡。在这种形势下,很多学校都开设了俄语课,一些大学也开了中文课,但注册的学生不多。唯其如此,中文被归于"不常教授的语言"(less commonly taught languages)一类。当时很少有中小学开中文课。20世纪80年代美国有个道奇基金会(Dodge Foundation)出资130万美元,资助一些中学开设中文课程,由此推动了美国中学的中文教学。但中文在美国真正引起注意,并正式进入中小学的课程设置却是在21世纪初的10年。起因有两个:一个是中国在国际政治和经济舞台上扮演日益重要的角色,美国政府意识到中文对美国的重要性;另一个原因是2001年的"9·11"事件,这一事件对美国的外语教学界来说无异于第二个苏联人造地球卫星上天。不少国会议员提出议案,要求加强对美国国土安全和经济利益有重要影响的若干语言的教学,这些被叫作"关键语言"的外语多是中东和亚洲的语言。此后不久,美国政府就于2002年宣布实施"全国旗舰项目",致力于培养某些对美国安全至关重要的语言专才。项目初期的重点是四门语言:阿拉伯语、中文、韩语和俄语。2004 年美国召开了"全国外语能力行动起来"(Call for Action National Foreign Language Capabilities)大会。参会人员来自政府、学术界、教育界和语言协会。会议呼吁美国若要加强其在世界上的领导地位,就必须加强美国学生的外语能力,并提出一系列纲领和措施。两年后的 2006 年 1 月,联邦政府为推动美国的高等教育与世界接轨,又举办了全美大学校长国际教育峰会。布什总统到会发言,提出"国家安全语言倡议",明确鼓励美国公民学习美国需要的八种"关键语言"。这八种"关键语言"是阿拉伯语、中文、日语、韩语、俄语、印地语、波斯语和突厥语,中文依然位居第二。布什在会上还宣布拨款 1.14 亿美元,加大全国关键语言项目的力度和幅度。其中一项有力的措施就是联邦政府出资设立"星谈"(StarTalk)项目,为美国的大中小学生提供这八种关键语言的暑期训练班,同时也为教这八种语言的教师提供进修机会。这些措施势必会促进美国外语教学的发展。在这一背景下,美国大学学中文的人数从 2002 年的 34 153 人激增到 2006 年的 51 582 人,增长幅度为 51%。

在这一阶段中国政府也积极参与推动美国的中文教学。中国政府的参与主要是通过国家汉办进行的。那几年我多次在纽约和美国其他地方会见国家汉办的负责人,有两次还参加了和中国教育部部长的会见和座谈会。所有这些活动的主题都是如何在美国推动中文教学。2003 年 12 月 5 日,中国国家汉办和美国大学理事会正式宣布启动美国"大学中国语言和文化预修课程及考试"项目(简称 AP 中文)。AP 是英文 Advanced Placement 的缩写,包括课程和考试两部分。AP 课程有时也翻译成大学先修课程,也就是说学生在高中阶段就学习某些大学课程,如通过 AP 考试,进大学后可折抵大学学分并可免修在高中学过的课程。2004 年美国的大学理事会给全美的高中发了一份问卷,了解有多少学校有兴趣开设 AP 中文课程。反馈相当惊人,有 2 400 所学校回复说他们有兴趣。2006 年秋,首期 AP 中文课程在全美 116 所学校开设。2007 年 5 月 7 日,AP 中文考试首次实施。当年全美有 3 261 名学生参加了考试。第二年有 4 311 人参加了考试,此后考试人数逐年增加,到 2019 年有 14 117 人参加考试。AP 中文的设置极大地带动了全美各地中学开设中文课的积极性。开设中文课程的小学也随之越来越多。从 2006—2007 学年到 2013—2014 学年美国中小学学中文的学生人数增加了 195%。据 2017 年全美中小学外语科目注册人数的统计报告,目前全美有 227 086 名中小学生学中文,如下表 4 所示:

表 4　全美中小学外语科目注册人数

序号	主要语言	注册人数	百分比
1	阿拉伯语	26 054	0.24%
2	美国手势语	130 411	1.23%
3	中文	227 086	2.13%
4	法语	1 289 004	12.12%
5	德语	330 898	3.11%
6	日语	67 909	0.64%
7	拉丁语	210 306	1.98%
8	俄语	14 876	0.14%
9	西班牙语	7 363 125	69.21%
10	其他语言	978 613	9.20%
	总计	10 638 282	100%

(数据来源:美国国际教育理事会、美国外语教学委员会、应用语言学中心 2017 年全美中小学外语科目注册人数问卷)

美国中文教学的一个中坚力量是分布于美国各州的周末中文学校。由于历史原因，中文学校也有两类：一类以中国台湾移民为主，一类以大陆移民为主。前者教注音符号和繁体字，后者教拼音和简体字。这些中文学校各自也有协会和活动。据不完全统计，两类学校总共有 2 000 多个，注册学生有 20 万之多。这类学校的管理人员和教师都是兼职的，管理人员大多是义务的。我比较熟悉的是美东地区的华夏中文学校。这是所连锁学校，创建于 1995 年，现在已有 7 000 多学生，22 所分校，遍及新泽西州、纽约州、宾夕法尼亚州和康涅狄格州。学校每年举办各种演讲比赛、辩论比赛、艺术节和运动会，已成为全美最大和最有影响力的中文学校。

美国有个叫"10 万强"的非营利组织（https://100kstrong.org/），起名为"10 万强"是因为他们想实现一个目标，让去中国留学的美国学生在 4 年内（2010—2014）达 10 万人。2014 年时去中国留学的人员已经超过 10 万人。近些年此组织在推进第二个目标"百万强"，要在 2020 年前让美国中小学学中文的人数达到一百万人。这个目标其实是中国国家主席习近平和美国前总统奥巴马于 2015 年共同宣布的，其目的是让来自不同社会阶层和经济背景的美国学生都有机会获取与中国有关的知识与技能，培养在一系列关键行业里精通中文的人才，对中国有更深入的理解。为达此目的，中文学习是第一步。随着学习中文热情的增长，去中国长短期留学的学生人数也逐年增长。1995 年时来中国留学的美国学生不到 2 000 人，现在已达 12 000 人。除欧洲国家以外，中国现在是美国学生最热衷去的国家。现在美国还有一些民间机构专门致力于安排和组织美国学生去中国留学。如 School Year Abroad（https://www.sya.org/）的服务对象是中学生；总部设在纽约的

Global Maximum Educational Opportunities（G‑MEO）的服务对象是大学生。G‑MEO有个很好听的中文名字，叫"极妙"。"极妙"取自该组织的英文缩写G‑MEO的发音。"极妙"由原纽约理工大学校长张中浚博士于2011年创立。他和他的同事们响应美国政府当时推动的10万强运动。美国有些大学有学生想去中国留学，但学校没有足够的人力来为他们服务。"极妙"就跟这些学校合作，采用拼团的形式把各校的学生送去中国学习。"极妙"还在成都设立了一个美国留学中心。

现在我们再回过头来回答美国有没有中文热的问题。如果仅看学中文的美国学生人数的增长幅度，确实存在中文热，比如开设中文课的小学数量从1997年到2008年增加了200%，同期中学的增幅是300%，同期的大学学中文的人数增加了81%。但在这巨大的增幅后面我们还要看绝对数字：1997年全美开设中文课的小学占0.3%，2008年占3%；1997年全美开中文课的中学占1%，2008年占4%；1998年全美学中文的大学生有28 456人，2008年有51 582人。但从这些绝对数字来看，美国学中文的大中小学生还是很少的。《美国的外语教学》一章的表2（第33页）中列举的美国大学2016年（最新的统计数据）外语课注册人数显示，大学里学中文的人数占第7位，排在西班牙语、美国手势语、法语、德语、日语、意大利语之后，是学西班牙语人数（712 240）的0.07%。学中文的人数很可能永远不会超过学西班牙语和法语的人数，但是超过日语和意大利语还是有希望的，就看多快能实现了。

图11是美国中小学学外语学生的统计数字：

从此图来看，中小学的情况乐观一些，中文在西班牙语、法语和德语之后，居第4位。如果学习中文的热情持续下去，赶上

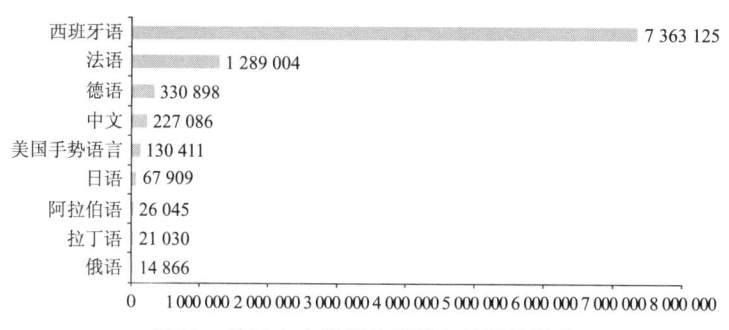

语言	人数
西班牙语	7 363 125
法语	1 289 004
德语	330 898
中文	227 086
美国手势语言	130 411
日语	67 909
阿拉伯语	26 045
拉丁语	21 030
俄语	14 866

图 11 美国中小学学外语学生的统计数字

（数据来源：美国国际教育委员会、美国外语教学委员会、应用语言学中心 2017 年全美中小学外语科目注册人数问卷）

学德语的人数也是有希望的。目前美国的高中生人数约为 1 500 万，其中 5% 的选修德语课。如果中文超过德语，成为美国高中的第三大外语，就得有 75 万学生。这是现在学中文人数的 3 倍。我们只能说有希望，但不能说指日可待。等到这一目标实现，也许我们才能说美国有中文热。

近年来中外媒体频频报道美国一些人精通中文的故事，包括特朗普的外孙女、投资家吉姆·罗杰斯（Jim Rogers）的两个女儿、脸书的创始人马克·扎克伯格（Mark Zuckerberg）。说到罗杰斯，我在 1997 年出版的《初级中文》教材中引用了他在一本理财杂志上说的话：

> If the 19th Century belonged to Britain, and the 20th Century to the United States, then the 21st Century will surely belong to China. My advice: Make sure your kids learn Chinese!
>
> （如果 19 世纪属于英国，20 世纪属于美国的话，那么 21 世纪就一定属于中国。我的建议是：让你的孩

子学中文!)

罗杰斯的确有先见之明,他也身体力行。这些"网红"的表率作用势必也会带动更多的美国人学中文、爱中文。

美国的拼写大赛

aiguillette, auslaut, bougainvillea, erysipelas, omphalopsychite, geeldikkop, auftaktigkeit, huanglongbing, jindyworobak, karmadharaya, pendeloque, thymele, tjaele, roskopf, rhathymia, urfirnis, limitrophe, hochmoor, psammosere, choumoellier, moazagotl, sphaeriid, tettigoniid, logudorese, varsovienne, marmennill, macclesfield, kirillitsa, kula, aufgabe, rijsttafel, vibratiuncle…

英语界的朋友们，不知你们听到这些英语单词时能否将它们拼写出来？我想答案一定是 No。大家甚至不知道这些词的意思，至少我是一个都不会。但是这些生僻的英语词对于一群十三四岁的孩子们来说却不在话下。

每年 5 月底或 6 月初，美国都有一个跌宕起伏、悬念迭生的大赛，这就是《美国拼写大赛》。2019 年的美国拼写大赛出现了一个在其 94 年历史上空前的局面，有 8 位参赛者屡战屡胜，十数回合争夺仍难解难分。裁判给出的 47 个艰深的英语单词被选手们一一攻克、正确地拼读了出来。评委们在第 17 个回合就发现他们选用的最难级别单词都已用完，不得不破天荒地临时做了个决定:台上还未被淘汰的8位选手中任何一位在接下来的3轮中拼对所有的词就会成为冠军,而不必按比赛规则所要求的比完25轮。结果8位小将在3轮中过关斩将,全部拼对所有的单词而并列冠军,每人获得奖金5万美元。这究竟是什么样的比赛呢?

美国拼写大赛的英文名称是 Scripps National Spelling Bee。Bee 在英文里的意思是"蜜蜂",但蜜蜂怎么会跟拼写发生关系呢?这个问题如果去问一个英国人,他可能也不会知道,因为这是一个美国用语。这个用法始于 18 世纪,指的是人们聚集在一起从事某种社交活动或进行一场比赛,大概是跟蜜蜂喜欢扎堆的特征有关吧。中文里不是也有"蜂拥而至"的说法吗?虽然蜜蜂跟比赛没有直接的关系,但美国拼写比赛的徽标用的还是一只小蜜蜂。Scripps 是美国一家公司的名字,它从 1941 年就获得了每年举办大赛的权利。

美国的拼写大赛始于 1925 年,截至 2020 年已有 95 年历史,举办了 91 届。1943 至 1945 这 3 年因为第二次世界大战取消了比赛。75 年后,2020 年的比赛也因美国的疫情被取消。初赛在学区、郡、市、州的层次进行,决赛在首都华盛顿进行。决赛电视都会直播,这也是美国收视率最高的节目之一。美国拼写比赛的对象是青少年,参赛者为 8 年级以下、年龄不超过 15 岁的学生。他们年纪虽小,但表现出的拼写才华却是成年人远远不及的。比赛虽称作"美国拼写大赛",但参赛的选手也有来自其他国家的。近年来我也看到有来自中国的选手。从其他国家来的选手必须是地区性拼写比赛的获胜者。

我在这里把 Scripps National Spelling Bee 翻译成"美国拼写大赛",需要说明的是这是一个口试比赛,不是笔试比赛。比赛的形式是主考官读出一个英语单词,参赛人在规定的时间里要正确地拼读出此单词。参赛的选手们在比赛前要做大量的准备工作。在某种程度上他们也是小小语言学家或词汇学家。他们要花很多时间学习和研究英语的构词法，特别是词缀。英语的词缀有两种：一种是前缀，一种是后缀（有的语言还有中缀）。用词缀法派生出新词是英语中使用得最多的构词方法。此外参赛者还要研究词源，这是因为英语词汇的构成非常复杂，本族词汇占26%（包括同属日耳曼语系的其他语言），此外大部分是外来语，法语占29%，拉丁语占29%，希腊语占6%，其他各种语言占6%。不同的语言有不同的拼写规则，只有掌握词源才能正确地拼读那些难度大的词。选手在参赛时允许问主考官比赛单词的词源、定义，也可以让主考官说一个含有该单词的例句。

美国拼写大赛有个十分有趣的现象，1999年至2019年共产生了31名冠军，其中26人是印度裔的学生。印裔学生蝉联了过去15年的冠军。2019年获胜的8位并列冠军中也有7位是印裔。这一奇观成为美国学界和媒体时常探讨的课题。2002年美国出品了一部名为 Spellbound 的纪录片，讲述了1999年8名参加美国拼写大赛的印裔孩子的故事。当年的冠军是印裔女生努布尔·拉拉（Nupur Lala），其他几位也都名列前茅。spellbound在这里是个双关语，它的本义是"入迷"或"出神"，但导演的用意是把spell（拼写）和bound（前往）分解，传达的意思是"前去参加拼写比赛"，翻得优雅一些大概可以是《走向拼写大赛的舞台》或《拼写大赛之路》。这部纪录片激发了印裔学生参赛的意愿，他们由此喊出的一个口号是："如果她能做到，我们就可以做到！"孩子的热情也得到父母的支持，在很多情况下也是父母鼓励子女参赛。现在参加美国拼写比赛已成为美籍印裔人生活的重要组成部分。美国的印度裔有440万人，虽然在拼写大赛中脱颖而出的佼佼者只是其中的极少数，但他们整体参与的规模和力度正在无形中改变美国的这一传统活动。

在美国全国拼写大赛中获冠军的印裔学生都久经沙场，他们在南亚拼字比赛中也都独占鳌头。美国有个致力于扶持印度贫穷地区学生的基金会，叫"南北基金会"（North South Foundation）。由于印裔学生在美国全国拼写大赛中的杰出表现，该基金会自1993年以来组织大批印裔学生参加各种大赛，有语言比赛、数学比赛和地理比赛。基金会筹得的款项用以资助印度贫穷地区的学生。每年参加美国各种智力比赛的印裔学生达16 000名之多。

印裔孩子在拼写大赛中的杰出表现跟他们父母的参与和投入密不可分。很多父母花重金聘请家教每天对孩子进行几个小时的训练和测验。2018年美国又出品了一部名为《破蜜蜂》（Breaking the Bee）的纪录片，描述了印裔学生统领拼写大赛台前幕后的故事。片中有一位学生舒拉夫·达萨里（Shurav Dasari）和他的妹妹连续十年拼杀在大赛的沙场。2017年这对兄妹由于超过了拼写大赛规定的年龄不能再参赛，于是便成立了一家叫"SpellPundit"的拼写培训机构，并研发出一款同名的电脑软件。软件内收入拼写大赛往届所有比赛过的单词，对参赛者备考很有帮助。对于很多印裔学生来说，美国拼写大赛就是他们的奥运会。

印裔选手的非凡表现也影响了大赛的水平。先前初赛时的单词常常选自往届比赛用过的词汇表。现在难度一提再提，初赛时的单词也就直接从美国最权威的《韦伯斯特词典》里选了，该词典收有47万个单词。2008年到2012年5届大赛的决赛上选手们一轮轮厮杀，难分胜负，电视的实况转播也一延再延。于是大赛的主办方在2013年改变了比赛规则，规定比赛限于25轮，到25轮如果还决不出冠军，两名选手就并列冠军。这正是

2014 到 2016 年连续 3 届出现的情形,由于决不出冠军,这 3 年比赛都是并列冠军,这是自 1962 年以后 52 年里从未出现过的情况。连续数年获胜者都是并列冠军,各方好像都觉得不尽人意。既然是竞赛,最好还是有一个冠军为好。于是主办方 2017 年又实施了一项新规定,比赛最后一天晚上 6 点尚未被淘汰的选手要参加一项书面测试。测试要拼写 12 个单词,还要做 12 个多项选择题。在随后的比赛中如果到第 25 个回合还没有决出胜负,主考官将根据选手的书面考试成绩决定谁是冠亚军。如果选手在书面测试上还是打平手,在这个时候他们就是并列冠军,各自获 5 万美元的奖金。这个新规定并没有避免产生并列冠军的结局,我们在此章一开头说到的 2019 年的决赛就产生了 8 位并列冠军。

有兴趣试试身手的青少年们不妨在美国拼写大赛备考的官网上(http://www.myspellit.com)下载一些备考学习材料。网上有按语言来源分类的 1 150 个英语单词。知道词的语言来源能帮助掌握词的拼写规则。这 1 150 个单词和网络版《韦伯斯特词典》相连,点击单词便可以听到它们的发音。另外美国拼写大赛主办方还出版了一份 800 页的《词汇总表》(*The Consolidated Word List*),列出了自 1950 年以来比赛中使用过的 24 000 个单词和它们的定义。这份词表在很多网站上都可以下载。

美国西北大学的人类学教授莎莉尼·杉卡(Shalini Shankar)2019 年出版了 *Beeline: What Spellings Bees Reveal about Generation Z's New Path to Success* 一书,谈 Z 代(95 后)的年轻人是如何通过美国拼写大赛走向成功之路的。书名里的 beeline 是三关语,beeline 在英语里的意思是"直线",词里的 bee 又有两个意思:"蜜蜂"和"拼写大赛",所以无法翻译成中文。杉卡教授采用人类学的研究方法,通过对参赛选手、裁判及参赛选手父母们的访谈，探讨了移民父母对孩子的巨大影响，并描述了 Z 代孩子如何通过拼写大赛学得了 21 世纪至关重要的技能，从而走上成功之路。

我在纽约大学教语言学课程时常常会给学生放一段美国拼写大赛的视频，目的是要他们从中体会到英语单词的内部结构、语素的辨认、词缀的来源等语言学知识。最近我注意到国内也在举办跟美国拼写比赛相类似的《中国汉字听写大会》。我的好友，南京师范大学的郦波教授也在电视直播上做讲评。我在纽约大学的课上也曾放片段给学生看。《中国汉字听写大会》跟美国拼写大赛不同之处在于它是书面性的比赛，学生在听到一个词时要把它正确地写出来，而不是说出来。考的词也极难，如"揞勒、沟瞀、据驺、累茵、腲腇"等，这些词全来自中国古代经典名句。主考官给出这些词时也读出这些词的出处。因为是古典文献，读出来考生也未必能听懂，所以主考官还要把句子翻译成现代汉语。我觉得《中国汉字听写大会》的难度要超过美国的拼写比赛，因为学生在备考的时候要学习的不只是某些词的写法，而且要知道这些词的出处及其在原文里的意思。以古典文献里某些艰涩的词语作为测试的重点也许值得商榷，因为这些词早已不在现代汉语里通行，即使在古文献里使用的频率也不高。

2025 年将迎来美国拼写大赛 100 周年的大庆。我们期待未来几年小将们的杰出表现和精彩纷呈的现场博弈。

美国法庭的翻译

美国是个移民国家,而且美国人动辄就会诉诸法律,对簿公堂。为确保不谙英语者的权益,让当事方清楚地理解司法程序,美国的法院可应要求免费为他们提供翻译服务。美国各州的法院系统各不相同。以纽约州为例,州各级法院可提供100多种语言的翻译,包括汉语,汉语又主要分普通话和广东话。有时也会出现当事人所说的语言不在这100多种内的情况。出现这种情况法院就会安排兼职译员或请相关翻译公司派译员。位于偏僻地方的法院往往缺乏足够的多语言译员,或是某法院临时找不到某语言的合格译员,在这种情况下他们也会请外地的译员用电话会议或视频会议的形式提供远程服务。担任远程翻译的译员必须去一个指定的法院,用法院的设备工作。

美国的法院需要相当数量的译员,但并不是会说两种语言的人都有资格担任译员。受雇于法院的全职译员必须通过州政府严格的审查和考试,有的州还要求申请人有州政府颁发的译员证书。兼职译员必须符合州政府制定的标准,通过严格的英语和另一种语言的笔试和口试。通过上述审核的申请人还必须接受背景调查,证明没有犯罪记录。背景调查通过后,申请人便可正式宣誓入职。纽约州译员的誓言是这样的：

  我在此保证并声明我拥护美国宪法和纽约州宪法。我将尽我全力忠实履行法院译员的职责。

  誓言是书面形式的，译员签字后将存入他们的人事档案中。申请人一旦通过资格审查和考试成为译员后，便可以在州内任何一个法院担任翻译。

  无论是全职译员还是兼职译员均需遵守州政府制定的职业行为守则。纽约州在译员入职时会发给他们一份相当详细的《译员手册和职业行为守则》，这份文件有 84 页之长。译员如有严重违反职业规范的情况，其译员资格就会被取消。

  美国有大批西裔移民，所以纽约州法庭译员的职称大致分为三种：西班牙语译员、非西班牙语译员、手势语译员。纽约州目前每月举办一次考试，美国各地符合条件的人士都可以申请参加。纽约州对申请人的学历要求不高，只要有高中文凭就可以。考试分笔试和口试两部分。在某些情况下，有一个州译员证书的人员可以向另一个州申请免试。笔试部分主要是测试考生的英语水平和对法律语言的熟悉程度。笔试考核申请人对英语和另一门语言在语法、词汇、惯用法和法律术语方面的熟练程度。考生通过笔试后方有资格参加口试。口试考核的是申请人的实战能力，特别是对不同方式口译的掌握情况。这些方式基本有视译、交传和同传。视译就是译员在看到一份文字材料后马上进行口译。交传是交互式传译的简称，指的是译员在听完一方的讲话后翻译成另一种语言。同传是同声传译的简称，指的是译者几乎在说话者讲话的同时进行翻译（不落后讲话者 6 个词），说话者不必中断讲话去等译者翻译。因为法庭的程序是以英语进行的,译员必须具备出色的英语能力,同时需要熟悉司法程序和法律用语。有时候法院无法对译员的另一种语言进行测试,此时申请人需提供自己的学业和专业证书,以证明对该语言的熟练程度。法院对译员的基本要求是:准确、公正、保密、专业、举止得当。译员对各类法院处理的案件种类需要有基本的了解,这样接到任务后就可以着手准备在法庭上可能会接触到的专业术语。在准备阶段还要阅读案件卷宗,包括起诉书、警察报告、当事人的采访记录等。此外译员还要事先了解当事人的沟通方式、文化背景和语言背景。

需要翻译的当事人与法官和陪审员的沟通完全依赖译员。没有译员的协助,他们往往无法向法庭提供重要的细节,而这些细节常常会使法官减轻指控,甚至撤销诉讼。此时法庭译员就是被告申述和回答问题的代言人,这是给被告公平待遇的重要方面,所以译员的责任重大。相反,误译会带来严重的后果。几年前在弗吉尼亚州的一个法庭,一名被告用西班牙语大喊"我没有强奸任何人"。他的违法行为只是开车闯了红灯。怎么会出现这种情况呢?原来他的西班牙语译员把对他的指控violation(违规)翻译成西班牙语的 violación。这两个词看似对等,但却不然。violación 在西班牙语里的意思是"强奸",即英语里的 rape。译员应该用 infracción 一词。由此可见译员的责任之大。在有陪审员的审判中,庭长要求陪审员以译员的翻译为准,即使某些陪审员听能懂当事人所说的语言。如果陪审员觉得译员有误译的情况,可以向法官指出。

法庭翻译是压力很大的工作。如伊利诺伊州的库克郡有743 200人不谙英文,占全郡总人口的15%,但郡法院只有29名全职译员。在郡法院一个最忙碌的分院,只有六名西班牙语译员和一名波兰语译员,每位译员平均每天要出庭翻译66次。一次出庭可能是半小时,甚至是几分钟,所以译员常常是赶场,一次庭审结束后要赶去另一个法庭。

我在纽约有位朋友是职业法庭译员,她叫苏杭。苏杭曾在法国和中国担任译员,来美后通过考试成为纽约州认证法庭译员。苏杭现在也担任美国翻译协会纽约分会项目主任。因为共同的兴趣,我们经常在一起谈论译场上的事。有一次苏杭跟我说起她那天为一桩有争议的离婚案出庭翻译的经过。这个故事也许对读者了解美国民事法庭的情景有所帮助。

此案中,当事双方都是不谙英文的华人。他们对美国的法律条规和审判程序都很茫然,所以完全要依赖于法庭口译。经过几个回合的争论,原告(丈夫)请他的第一位证人出场:他89岁的母亲王女士。王女士走上证人席,作为口译员的苏杭跟随其后来到证人席旁。苏杭及证人在法庭书记员的指引下分别宣誓。接着就是直接质证,即原告向原告证人发问。因为原告和证人都只能说中文,他们之间的问答也只能用中文进行。原告开始问,苏杭将问题翻译成英文,法庭记录员开始记录。然而,苏杭还没有翻译完,王女士就迫不及待地回答,但声音很微弱。苏杭翻译完原告的问题,但没听清王女士的回答,正想让证人再说一遍,法官就发话了:"王女士,请等翻译完后再回答。您听得懂原告的问题,我们可听不懂。"苏杭将法官的话翻成中文。王女士有些尴尬,停了几秒,再次用微弱的声音叙述。苏杭不得不向法官提请王女士提高声音。

苏杭事后想来,王女士当时声如蚊蚋很大程度是因为她不想回答儿子的问题。她儿子的"直接质证"包括:"我真的跟你说过她不是一个好人吗?""我说过她的坏话吗?"以此希望母亲能跟自己一条心,表达对儿媳妇的不满。她在第三次被要求抬高嗓音时愤慨地说:"但是法官可以听到我说的话!"

直接质证结束后，便是交叉质证，被告向原告的证人发问。为了证明婆婆没有什么公信力，被告（妻子）问她记忆是否有问题，包括今天来上庭的具体细节。这时气氛陡然敌对起来。王女士反复琢磨，并不时地看向苏杭，然后喃喃自语："日期？星期几？法庭？今天？几号，哦，不，今天日期？"苏杭逐字翻译成英文。王女士看了看苏杭，停顿一下，第一次抬高嗓音，然后用英文说了一句响亮的："No！"

这是苏杭在法庭现场亲历的轶事之一，由此可见法庭口译员经常面临一些难题。译员的工作是协助沟通，使操不同语言的人能同时进行一项诉讼程序。在理想的状态下，口译的工作是让双方可以相互沟通，但同时忘记翻译的存在。也就是说，译员应该设法"隐身"。但是，由于法庭的特殊设定，译员必须"现身"。这位王女士其实是希望译员能为她提供建议或答案，而这些都不是译员该做的。口译员按规定只能传译当事人及法官说的话，而不能以其他任何方式简化语言或提供帮助。微妙的是，不说英文的诉讼人大都觉得他们与口译员的关系比跟法官的关系更近。

不论法庭口译员多么优秀，多么专业，他们的出场通常都会改变法庭的动态。美国法庭不允许译员像会议同传那样隐形。诉讼人、证人在问答过程中会与口译员互动，尝试与口译员交谈，套近乎或寻求澄清及建议，铐着手铐的被告要求借口译员的手机等。有口译员在场与没有口译员在场的诉讼程序注定是不同的。译员在忠实履行法院职责的时候，不能创造出操不同语言的双方相互沟通的对等关系，而只能尝试将差异最小化。尽管在差异的背后，是大多数人对法庭口译员角色的一知半解、巨大的语言及文化差异、浩大艰深的法律体系以及让人望而生畏繁琐的法律程序。

美国联邦法院的网站上赫然写着:"Court Interpreters Deliver Justice in All Languages"(法庭译员用各种语言表达正义)。看来法庭翻译是个崇高的职业,有兴趣从事法庭翻译的朋友不妨试着申请口译员的资格,在美国的法庭上施展自己的翻译才华。

美国的语言组织

美国有众多跟语言有关的组织、机构和协会,它们各有侧重,对有兴趣了解美国语言学习、语言研究和语言使用的读者是很有用的资源和渠道。不少组织开展的语言调查项目也可为中国的语言工作者借鉴。这里我介绍一些我自己关注或参与的组织。为便于读者查阅更多的信息,我也把这些组织的原名和网站一并标出。

美国应用语言学协会(American Association for Applied Linguistics,https://www.aaal.org),会址在佐治亚州的玛丽埃塔市(Marietta)。应用语言学是研究语言在各个领域中实际应用的语言学分支,它涉及的领域有教育学、心理学、传播学、人类学和社会学等,和语言教学有密切的关系。应用语言学有自己的理论与方法,也是各语言学理论的试验场。美国应用语言学协会的成员来自世界50多个国家,每年举办一次年会。

美国方言协会(American Dialect Society,https://www.americandialect.org),会址在佛蒙特州里士满市(Richmond)。美国方言协会成立于1889年,致力于北美的英语方言的调查与研究。协会每年举办的最有影响的活动是遴选年度热词,其权威性不下《韦伯斯特词典》的遴选活动。《韦伯斯特词典》是根据网上对某词的搜索率来定,而美国方言协会的年度热词是由会员在年会上选出的。美国方言协会出版的《美国言语》(American Speech)是探讨美国方言的专业期刊。协会编纂了一套纸质版的《美国地区英语词典》,由哈佛大学出版社出版,还发行了网络版。此词典不收普通词典的词条,收入的是美国各地独特的词语和定义。读者在网络版上可选择美国的某个地点查看当地的独特词语,也可以点击某词语听到其发音。我觉得这是了解一个国家方言的好资源。我曾给国内一些专家提议是否可编纂一套用于中文方言的类似词典。

美国外语教学理事会(American Council on the Teaching of Foreign Languages, https://www.actfl.org),会址在弗吉尼亚州的亚历山德里娅市(Alexandria)。我在美国长期从事外语教学,也许这是我联系最多的一个组织。在美国从事各外语教学的老师大多是此协会的成员。理事会的缩写是ACTFL,所以只要一提ACTFL,行内人都知道说的是什么组织。作为美国最大的外语教学协会,理事会的使命是促进美国更多的学校开设外语课,提高外语教学的整体水平。现在协会有12 500多名会员。协会每年在11月感恩节(11月的第4个星期四)前的那个周末召开年度大会与世界语言博览会。美国各语种的协会也都会参会,举办各自的年会。美国的外语老师在会上可以和本语种的老师以及其他语种的老师切磋。这是美国外语教师的一个盛会,我也参加过多次。

美国外语教学理事会对美国外语教学的一个重大影响是它制定了外语学习水平的标准。这个标准在美国外语学界被称作"ACTFL标准",标准把外语水平分为初级、中级、高级、超高级和杰出五个等级。初中高三个级别里又区分出低中高三个等级。现在美国绝大部分学校的教学都遵循这个标准。

1999年美国外语教学理事会和美国众多语言专业组织拟定了"迎接21世纪,外语教学标准"的大纲。大纲制定了5项教学目标:Communication, Cultures, Connections, Comparisons, Communities。因为这5个词都是C开头,所以又叫5C。Communication指的是用语言去实际沟通;Cultures指的是学生通过外语学习获取并理解所学语言的文化;Connections指的是通过外语学习贯连其他学科,加强并扩展对世界的认识;Comparisons指的是学生通过外语能进行语言间和文化间的比较;Communities指的是学生能够在校内外各种不同的社区中运用所学的语言。5C现在仍然是指导美国中小学外语教学的纲领。

应用语言学中心(Center for Applied Linguistics, http://www.cal.org),会址在首都华盛顿。中心更多地侧重研究并解决与语言相关的问题。中心开展的研究范围包括师范教育、信息分析和传播、教材的设计和开发、教学技术、政策分析等。中心有大量的出版物,我也买过不少他们出的关于外语教学的书籍。

美国语言学会(Linguistic Society of America, https://www.linguisticsociety.org),会址在首都华盛顿。这也许是会员层次最高的语言学协会了,成员大多是学者和语言学家。学会成立于1924年,宗旨是致力于对语言的科学分析。很多著名语言学家都担任过此学会的会长,包括赵元任。学会的活动包括出版刊物,组织专业会议和培训班,为研究者提供参考材料,为语言学者代言等。学会每年1月在美国的一个城市举办规模盛大的年会,参会者一般超过1 000人。

现代语言协会(Modern Language Association, https://www.mla.org),会址设在纽约。现代语言协会成立于1883年,致力于提高对语言和文学的教研水平已经有一个多世纪了。协会每年举办年会并出版大量专业书籍。协会为美国语言和文学教研人员提供丰富的专业参考资料,并成为他们强有力代言人的主要倡导者。协会定期调查并公布关于美国高校外语学习学生人数的统计数据,这也是我经常利用的一个资源。现代语言协会在美国其他地方还设有六个地区性的分会。现代语言学的会刊现有 25 000 个人订户、1 500 家世界各地的图书馆订户。

美国翻译协会(American Translators Association,https://www.atanet.org),会址在弗吉尼亚的亚历山德里娅市。这是美国最权威的笔译和口译专业协会,在 90 个国家有 1 万多名成员,多为笔译、口译、教师、项目经理、翻译网络和软件开发商、翻译公司、医院、大学以及政府相关机构。协会每年 10 月在美国的一个城市举办为期 4 天的年会,研讨跟翻译有关的各种话题。我们纽约大学翻译专业的教师大多每年都会前去参会。在美国从事翻译职业往往需要有资质证书,特别是到医院和法庭担任翻译。美国翻译协会颁发的笔译证书目前是美国最权威的资质证明。获得证书的方式是参加一个 3 小时的考试。考试颇具难度,但可以查词典。考卷上有 3 篇文章,每篇约 225 至 275 个词。考试可选译其中两篇。获得美国翻译协会证书的人士可以加入协会的译员名录。一旦加入此名录就会得到更多的工作机会,因为这份名录是需要翻译服务的公司和机构所依赖的主要信息来源。

全国小语种理事会(National Council of Less Commonly Taught Languages,http://www.ncolctl.org),会址在威斯康星州的麦迪逊市(Madison)。这里说的小语种指的是在美国开课较少的语言,中文也是其中之一。其他的还有阿拉伯语、日语、俄语、斯瓦西里语等。美国在校学生中有 91% 的选学法语、德语、意大利语或西班牙语,但只有 9% 的学生学上述所谓小语种的语言。而全世界绝大部分的人口说的正是这些所谓的小语种。全国小语种理事会致力于改变这一状况。理事会每年举办年会,出版会刊和其他专著,举办培训班,为小语种做代言人。

国际对外英语教学协会(TESOL International Association, https://www.tesol.org),会址在弗吉尼亚的亚历山德里娅市。TESOL 是英文 Teaching English to Speakers of Other Languages 的缩写,意思是"对将英语作为第二语言的学生进行英语教学",或"对外英语教学"。协会成立于 1966 年,是美国乃至世界上最大的一个对外英语教学组织,现有成员 44 000 人,来自世界各地。协会的宗旨是联络所有行内教师,提高英语教学的水平。协会出版两份刊物:《对外英语教学季刊》(*TESOL Quarterly*)、《对外英语教学期刊》(*TESOL Journal*),后者其实也是季刊。两者的区别是前者侧重应用,后者侧重理论。协会常年举办培训班并为有志从事对外英语教学的人士提供证书培训和考试。协会举办的最大规模的活动是每年一度的对外英语教学国际会议和英语博览会。这是对外英语教学的盛会,会议开 4 天,一般有 1 000 场讨论会,6 000 人出席,其中不乏招聘教师的单位代表和寻找工作的人士。我经常收到国内高校要我协助他们招聘外教的请求,我总是鼓励他们参加此协会的年会,因为这是个招聘人才的好机会。

美国全国语言联合委员会(Joint National Committee for Languages, https://www.languagepolicy.org),会址在首都华盛顿。委员会是美国若干全国性外语教学协会的联合体,成立于 1981 年,代表美国 30 万语言教师和语言工作者。委员会的使命有二:一是为美国政府提供外语教学的政策建议,二是使基层单位认识到外语教学对国家安全、经济发展以及民众对社会公正的认知等方面所起的重要作用。委员会每年在华盛顿举办一次"语言推动日"活动。当日,委员会组织一系列的活动,包括在国会跟议员们的见面和就语言问题进行会谈。

联合国里的语言

联合国里的语言
联合国里的中文教学
联合国的语言纪念日
联合国同传的故事

联合国里的语言

联合国总部是"国中之国",虽不属于美国,但设在纽约,那么联合国的语言问题也属本书讨论的范围了。联合国是世界上最大的国际组织,有193个会员国。我曾统计过,这193个会员国总共说101种语言。我们语言部也曾调查过,联合国总部工作人员讲的语言总共有600多种,因为不少国家有若干种官方语言。

正因为有这么多国家,有这么多语言,所以联合国对语言问题十分重视,并通过了不少相关决议。联合国前任秘书长潘基文曾专门就语言问题说过:"多语种的使用是保证不同民族间和谐沟通的基本要素,因而具有非常重要的作用。它可促进宽容的心态,不仅能让各成员国更积极有效地参与到联合国的各项事务当中,还能保证更高的工作效率、更好的成果和更全面的投入。秉承分享和沟通的精神,各行动方案应以保护并鼓励多语种的使用为宗旨。"

我们经常对外介绍:联合国有六种官方语言——阿拉伯语、中文、英语、法语、俄语、西班牙语;两种工作语言——英语和法语。联合国在初创时期确定的官方语言为五种:中文、英语、法语、西班牙语和俄语,1973年又增加了阿拉伯语,所以现在对外介绍联合国有六种官方语言,其中英语和法语是日常工作所使用的语言。

但实际的情况要复杂得多,因为联合国的不同机构情况各异。要说明这个问题,我们得先简单介绍一下联合国的基本组织结构。

联合国由以下六个机构组成:联合国大会(联大)、安全理事会(安理会)、经济与社会理事会(经社会)、托管理事会、国际法院、秘书处。

联大是联合国的重要组成部分,由所有会员国组成,是唯一一个所有会员国拥有平等代表权的议事机构。

安理会顾名思义,负有维护国际和平与安全的首要责任,联合国的维和部队就是直属安理会的。安理会有五个常任理事国,十个非常任理事国。五个常任理事国是联合国的五个发起国:中国、英国、法国、美国、俄罗斯。这五个常任理事国是"终身制",所以常被称作"五老大"(Big Five)。

经济与社会理事会的主要职能是处理并研究有关国际经济、文化、发展、社会、人口、人权等相关问题。这样看来,安理会和经社会加在一起就好像对世界上的事情无所不管了。

托管理事会的职能是托管无自主独立政府的国家,也就是说殖民地。目前,世界上已经没有殖民地,托管理事会实际上已经是名存实亡了。

国际法院位于荷兰的海牙,是联合国六大组成部分中唯一设在美国以外的机构。它是联合国主要司法机关,其宗旨是:"以和平方法且依正义及国际法之原则,调整或解决足以破坏和平之国际争端或情势。"

秘书处,也就是我曾任职的地方。秘书处是联合国组织日常工作的机构,它为联合国其他主要机关服务,并执行这些机关制定的方案与政策。秘书处的秘书长是联合国的行政首长。

阿拉伯语、中文、英语、法语、俄语、西班牙语在这六个机构里的使用情况各不相同。在联大和安理会,这六种语言既是官方语言也是工作语言;但在经社理事会,只有英语、法语和西班牙语是工作语言;在秘书处只有英语和法语是工作语言。

那么官方语言和工作语言又有什么区别呢?"官方语言"指的是在联合国会议中使用的语言以及联合国正式文件中所使用的语言。"工作语言"指的是在日常行政工作中所使用的语言。在我所服务的秘书处,只有英语和法语是工作语言,所以秘书处的公文、文件等也只使用这两种语言。

国际组织里的官方语言常常代表一个国家在该组织中的地位。在过去的几十年里,有不少国家提出要求,希望联合国把自己的语言列为官方语言。这些语言有:孟加拉语、印地语、葡萄牙语、印尼语、日语、德语。还有非洲国家提出,现有联合国官方语言里没有任何非洲的语言,应该把非洲地区较广泛使用的斯瓦西里语定为联合国官方语言之一。现在,新的动向是印度政府正在寻求更多国家的支持,让印地语成为联合国第七大官方语言。

目前这些建议都未被联合国采纳。因为根据联合国的议事规则,增加官方语言是一项重大决定,在做重大决定时需要得到193个成员国中三分之二国家的支持。此外增加一种官方语言会让联合国增加巨大的开销。目前联合国每年花在六种官方语言上的费用近五亿美元,其中包括联合国总部和三个办事处(地点分别在纽约、日内瓦、维也纳和内罗毕)的文件翻译、口译、逐字报告和印刷等方面的费用支出。

秘书处里跟语言有关的部门有:笔译和口译部、联合国网站、新闻与媒体部、联合国语言部，这些部门都设有六种官方语言的团队。联合国对语言的多样化非常重视，联合国大会就此通过很多决议，特别强调要消除英文与其他五种官方语言在使用上的不均等，还专门委派一位副秘书长分管这一政策的实施。六种官方语言的团队在组织结构和职责范围上基本相同，下面我就以中文团队为例介绍一下。

联合国中文翻译部门

联合国的运作以及与会员国之间的沟通交流，很大程度上依赖于翻译。在联合国，翻译分为笔译和口译，二者互不相交，也就是说笔译人员不可以做口译，口译人员也不可以做笔译。这里分别说明一下。

中文翻译处

联合国文件同时以阿拉伯语、中文、英语、法语、俄语和西班牙语印发（有少数特定文件以德语印发，经费由德语国家提供）。这里的"同时"一词非常重要，因为若文件未提供所有工作语言的版本，相关的决议、提案或决定则可能推迟通过；而若没有提供预备资料、官方文件或报告的各官方语言的翻译，会议往往也会因之推迟举行。

联合国中文翻译处的英文名称是 Chinese Translation Service。这里的"翻译"指的是笔译，不包括口译。中文翻译处隶属于联合国大会和会议管理部文件司，工作人员有90人左右，其中翻译就有约60人。

中文翻译处要求笔译员和审校员有很强的英译中能力，并鼓励笔译员具备将二外翻译成中文的能力，此外他们还必须具备优秀的写作技巧和政治敏锐性，对国际事务有充分了解，还要能够掌握法律、经济、环境、科学技术领域的专业术语和词汇。

中文翻译处的其他人员还包括编辑和术语专员,以及文字处理、词汇、编辑和参考资料助理人员。中文翻译处的人员负责总部所有重要文件的中文翻译工作,尤其是联大和安理会的决议和其他重要文件。有些会议文件时效性相当紧,特别是安理会的决议,遇到这种情况,译员们就得加班加点。

除联合国纽约总部的中文处外,秘书处设在日内瓦、维也纳、曼谷、内罗毕等地的办事处也设有中文翻译部门,但人数相对较少,而且他们的翻译人员大多只负责某些特定领域的文件翻译。这些特定的领域包括人权、裁军、贸易发展、气候变化、国际法、化武、经社、环境等。

口译处

联合国就是开会的地方,每天都有大量的会议,多的时候一天能有几十场会议。正式会议上,联合国规定与会者只能以阿拉伯语、中文、英语、法语、俄语或西班牙语这六种正式语言的任何一种发言,口译员将之同声传译为其他五种语言。如果发言代表不使用联合国的官方语言发言也可以,但是联合国不负责翻译。这时,发言代表就要自带译员将发言内容翻译成六种语言之一,然后联合国的同传再翻译成另五种语言。总部现有130名左右口译员。

口译员在俯瞰会议厅两侧的"包厢"里工作,他们的翻译即时传送到会场里每个座位上配置的专用耳机中。与会者可以更换频道,选听六种官方语言之一。

同传译员需要有丰富的实战经验才能胜任。除了英文要相当流利外,他们还要掌握与所涉主题有关的知识和相关技术术语,必须掌握有关世界事务和联合国活动的广博知识。目前联合国总部有26位中文同传译员,会议繁忙的时候还会外聘一些译员帮忙。我会在后面的一章里专门讲述联合国中文口译员的故事。

联合国新闻

属联合国全球传播部的新闻机构在纽约总部有60多名工作人员,使用八种语言(除六种官方语言,还有葡萄牙语和斯瓦西里语)向世界报道跟联合国的相关新闻;其中包括五名中文新闻制作人和制作助理。

新闻制作人每天工作都十分忙碌,需要制作至少三条新闻,包括安理会、联大的决议,会议以及联合国各机构的动态。他们要采访、剪辑、写稿、播音,周末和节假日也要轮班对重大及突发事件进行报道。

联合国新闻制作人每周还会撰写一篇特稿,评述有关备受关注的重大国际动态。在重大事件发生时,联合国新闻制作人还与中国国家广播电台等主要媒体进行直播连线,及时传递联合国动态。

联合国新闻还制作丰富的音频节目,包括播客、提供给记者的录音片段和原始音频材料,以及经数码修复过自1948年以来的音频节目。历经75年的风风雨雨,联合国新闻与时俱进,积极适应眼下的融媒体时代,将广播运营与其他平台整合在一起,通过视频、音频等输送平台,播放图片故事、人物专访、专题报道等多媒体元素、多板块的内容。要及时了解全球信息,读者可以免费下载适用苹果和安卓设备的联合国新闻阅读器应用程序,该应用程序提供八种语言的多媒体内容,有兴趣的人士还可以利用RSS新闻订阅服务或通过电子邮件接收新闻提要。

现在,联合国新闻的定位是"全球视角、常人故事",用更丰富的手法、更贴近常人的视角、更平实的语言,讲述联合国的故事,让世界了解联合国动态。这可以说是联合国全球传播部的一大创举。

中文社交媒体

联合国全球传播部于 2017 年 8 月将分散运营多年的各语言社交媒体组织起来正式成立社交媒体团队，从与时俱进、求新求变、适应公众需求的角度来呈现联合国。

联合国社交媒体与正式新闻及网站宣传的区别在于图文并茂，形式更简练，更灵活，更轻松，更生动有趣，时效性也更强，并且常常播发联合国高层人物的特写和幕后新闻等内容。

整个团队包括八种语言的工作人员，除了六种官方语言，还有葡萄牙语和斯瓦西里语。中文社交媒体主要通过微博和微信进行宣传和信息报道。

在所有语言里，中文社交媒体的受众群体规模最大，影响力也是最大之一。例如，秘书长在狗年春节的视频致辞，仅微博浏览量就达到 1 200 万；平均每条信息的阅读量都在 30 万左右。

2018 年狗年之际，联合国中文微信公众号发布了一条"联合国职员南腔北调'贺新年'"的帖子，我也和联合国的两位南京籍同事出镜，用南京话祝全国人民新年愉快（https://xw.qq.com/cmsid/20180217A05WLY00）。

中文网站

联合国的官网是 http://www.un.org，可以浏览联合国六种官方语言的任一版本。英文、法文和西班牙文版本是 1995 年联合国成立 50 周年时正式上线的。中文版于 1998 年 11 月 13 日正式上线，成为联合国网站继英文、法文、西班牙文、俄文、阿拉伯文后推出的官方语言网站。

中文版推出 20 多年来，联合国中文网站已经成为广大中文用户了解、研究和参与联合国的第一门户。据统计，联合国中文网站主要读者中，以政府官员、工商界人士、新闻从业人员、**教师**

学生为主，知识层次较高。这些读者渴望第一时间了解联合国的最新事务，掌握联合国会议文件的第一手资料，更关心中国在联合国发挥的作用，联合国中文网站则为这一读者群提供更为周到的服务，从某种意义上体现了该网站高端、专业、精准的特色与不可复制性。

中文版与其他语言版的内容基本相同，但是也有自己特别的内容。如国际纪念日是世界人民直接参与联合国活动最常见的方式，联合国中文网站每年制作几十个重要国际日的站点，并根据中文网友较为关心的话题，展示联合国在这些领域所做出的成绩和贡献。在这些站点中，中文网站不仅介绍了国际日的背景和由来，更提供了世界各地的纪念活动安排和参与活动的方法，鼓励全民积极参与。

联合国参观导览项目

1952年，随着联合国秘书处大楼的落成，联合国总部成为纽约市最受欢迎的旅游景点之一。联合国纽约总部每年接待超过100万游客，其中约一半人会参与联合国提供的导览参观项目。

在联合国全球传播部提供的多种语言导游服务中，中文导游往往供不应求。中文导游们用标准的普通话向广大华人游客介绍联合国的基本架构、历史使命和最新动态。可以说，参观联合国是许多华人游客对联合国的唯一亲身接触机会。

联合国的导览项目至今已有近70年的历史了。世界各地的人们几乎天天都能在新闻中见到联合国秘书处大楼和会场，也能上网虚拟游览联合国总部。然而，能亲自访问联合国是很多人的梦想。近年来，由于中文游客的大幅增多，对中文讲解的需求也随之上升。

联合国全球传播部招募了多名中文讲解员。他们须经过严格的培训，通晓联合国及国际事务，并熟练掌握除中文以外的其他语言。联合国讲解导游的另一个名称也叫作公共信息专员或"联合国形象大使"，他们是联合国面向公众的一线工作人员。

除了导览项目以外，联合国全球传播部外联司访客中心也提供团体讲座服务。讲座的主讲人一般是联合国中层以上官员，针对某一个话题深入浅出地讲解。参与讲座的人员可以是学生、公司职员，或者非政府组织。有一些讲座的话题比较敏感，比如说反恐、人权以及巴以问题等。

联合国的语言部是我长期任职的地方，我将在下一章里专门介绍。

联合国里的中文教学

我在联合国语言部中文组工作过15年,担任组长。与联合国内其他跟语言有关的部门一样,我们语言部有六个官方语言的团队。

联合国一贯重视员工的语言培训,同时也提供各种条件和机会鼓励员工学习联合国的官方语言。自20世纪70年代起,联合国纽约总部就通过语言部开设语言课程,供员工和各国驻联合国代表团的外交人员免费选修六种官方语言。

联合国语言部的编制结构和教学时间类似于美国高校的外语系:每年分三个学期,每个学期为13个星期。秋季学期为9月到12月,冬季学期1月到3月,春季学期4月到7月。每年寒暑假加在一起三个月左右。所谓寒暑假指的是在这段时间我们不开课,但工作人员还是要上班的。

就注册学生的人数而言,英、法、西语是大语组,中、阿、俄语是小语组。英、法、西语组中,法语的学员最多,大概因为法语是联合国的工作语言吧。而在中、阿、俄三种语言里,选修中文的学生人数略低于阿拉伯语,稍高于俄语。目前每学期选修中文课程的学员有200人次左右。"人次"的意思是如果一个学生选修两门课,他就算做两个人了。

中文组开设的课程有两类:普通课(即必修课)和选修课。普通课是综合课,共有9个级别,每个学期完成1级;每周课时3小时,分3天或2天进行。如果分3天的话每次就是1个小时;如果分2天的话,每次就是一个半小时。上完普通课的9级需要3年的时间。即使学完9级,基本也才达到中级水平。要想达到熟练运用中文的水平,还需持续不断地上课。选修课有阅读课、口语课、多媒体学中文课、汉字课等,每周的课时为1至2个小时。

语言部上课的时间为早晨(上班前)、中午和晚上(下班后)。我们对中午的定义是12点到3点,也就是工作人员的午餐时间。我们大部分的课都是在中午。联合国人事部门规定:工作人员如果利用午餐时间来上课,主管需要给他/她20分钟的用餐时间,也就是说他/她可以离开办公室1小时20分钟。所以工作人员来学语言是需要有决心的,一是要牺牲午饭时间,二是要做长期打算。

联合国除纽约总部有中文项目外,在日内瓦、维也纳、曼谷、内罗毕和智利的秘书处办事处或地区委员会也开设中文课。我入职联合国的时候,我们跟美国以外的联合国中文项目没有任何联系,大家"各自为政"。现在已经建立起一些协调的关系。日内瓦的语言部是纽约总部之外规模最大的,有一位专职老师,其他驻地都只有兼职老师。

在2008年以前,不仅总部和美国以外驻地的语言项目是各自为政,总部内六个语言组在课程大纲方面也是各行其是。所有语言的普通课都以数字为名,如第1级、第2级、第3级等。但是我们并不知道西班牙语的第5级与法语的第5级是否水平相等,我们也不知道达到某一级的语言学员究竟是什么水平。

联合国把2008年设为国际语言年。那一年纽约总部的语言部做了一个决定,我们要采纳欧洲语言共同参考标准框架,不仅试图统一各驻地的语言项目,更重要的是总部的六个语言项目要统一标准。

所谓统一,是指各语言组要用统一的标准界定各自的课程并制定大纲,选择合适的教材。"欧洲语言共同参考标准框架"是欧洲理事会于2001年通过的一套建议标准,是对几十年来欧洲语言教学理论与实践的系统总结。它成了关于语言学习、教学及评估的整体指导方针和行动纲领,对全球第二语言或外语教学具有很好的借鉴作用。此框架虽冠以欧洲的名字,实际上已被世界相当多的语言系统所接受。有的语言即使没接受,也会把自己的语言标准与其挂靠,比如中国的HSK(汉语水平考试)就是这样。

联合国有自己的语言水平考试。以前是每年两次,从2009年开始改为每年一次,联合国驻全球各部统一于同一日进行。符合规定的学员在通过考试后可得到语言津贴补助。联合国系统内的工作人员和外交官在完成所有必修课或得到所在语言组负责人的许可后均可报考。联合国各语种的水平考试由纽约总部命题,各分部在考试结束后将考卷寄到纽约,由总部的语言教师评分。

在联合国修语言课的学员均非脱产学习,他们多是利用午餐时间来上课。他们工作都很繁忙,尤其在联大召开期间(每年9月中旬到12月中旬)。由于学习中文对母语为印欧语言背景的学员来讲比较难,他们需要强大的动力和特别的吸引力以保持兴趣和信心。为此我们除了在课堂上采取比较活泼的教学法外,还努力创造课堂外的机会让学员们接触中文,感受中国文化。我们组织的多种活动包括组织中国新年晚会,举办专题讲座,观看中国电影,参观纽约地区和中国文化有关的景点等。

来跟我们学习中文的,大多是联合国的普通工作人员和外交人员,因为高层管理人员没有时间来上语言课,不过偶尔也有大人物想要学中文。韩国驻联合国代表团团长朴仁国(Park In-Kook)大使和越南驻联合国代表团团长黎怀忠(Li Huai-zhong)大使也曾当过我们的学生。有一次联合国的中文电台采访黎大使,他说他学习中文的原因,不仅在于中国是一个拥有悠久历史和杰出文明的伟大国家,更因为随着中国的进一步崛起,学习中文将有助于加深对中国的了解,从而促进中越两国之间的相互理解。他还说:"我认为,多学一门外语将有助于更多地了解世界,了解自身。因为上中文课,我少吃了很多顿午餐。作为一名外交官,要出席很多午餐会,而且我几乎每天晚上都要参加各种各样的招待会。大家可以想象,(除越南外的)192个国家都有国庆节,这就意味着192场招待会,而且每当某国的外长或副外长到来,或者为了推广某件事,当事国的常驻团就可能组织一些活动。由于公务,我不得不缺席了一些课;因为对于外交官来说,缺席活动可能有违外交礼仪,甚至被赋予政治意味。然而,每当我出席午餐会,我总是在想,事后怎么把落下的课补上。"

学习外语最有效的办法莫过于去所学语言的母语国学。隶属于美国国务院的外交学院(Foreign Service Institute)专门负责培训美国外交人员的外语。外交学院以美国人为培训对象,把世界上70门主要语言按难易程度分为四类,并且列出了学习每类语言所需要的时间。后面有一章会专门介绍外交学院的培训方式和四类语言详情。在这四类语言里,东亚的三个语言中文、日文和韩文都属最难的第四类,掌握起来需要88周,2 200个小时。此外,外交学院还有一个特别的说明,即这四类语言的学员第二年必须去语言所在国学习。只有在母语的环境里,语言能力才可以得到迅速提高。

对于联合国的工作人员，脱产一年到中国学习中文是不现实的，他们不仅每天要面对大量繁忙的工作，并且由于部门不同，工作内容不一样，每个学员的工作节奏不同，时间安排也很难凑到一起。但是有无可能短期到中国进行强化学习呢？

2003年，正值中文在美国掀起热潮，我们跟中国国家汉办联系，探讨组织联合国工作人员赴华学习中文的可能。这个想法得到了国家汉办的热情响应。国家汉办也很重视跟联合国合作的契机，非常愿意为联合国的工作人员提供体验中国、来华学习的机会。我们的赴华中文培训项目便由此诞生，于2004年夏天在南京大学启动了。此后每年夏天我都会带五六十名联合国的工作人员和外交人员到南京大学进行为期三周的中文学习。参加培训项目的人员不只限于纽约总部，还有日内瓦、维也纳、曼谷、内罗毕和智利分部的中文学员。这三周里除了密集的语言课程以外，还穿插安排了一些城市参观、文化体验和人文走访的活动。

17年过去了，回过头来看当初发起赴华中文培训项目的"初心"，可以说这个项目在联合国内掀起一股中文学习的热潮，推动了联合国工作人员注册中文课程人数的逐年增加，很多学员把注册中文课以获得申请赴华项目的资格当作学习的一大动力。

2008年夏天，南京大学校友、联合国主管经济社会事务的副秘书长沙祖康专门会见了参加当年赴华培训项目的学员，鼓励他们努力学习中文，成为中外交流的桥梁。沙祖康还说到中国和其他国家之间迫切需要交流以了解彼此，不掌握语言，就非常难以了解文化，特别是中国文化。他鼓励学员们到中国学习语言，品尝美食，旅游参观之余还要善于发现，勤于交流。中国需要这样的人作为特使把中国介绍给世界,同时也将世界介绍给中国。

过去 17 年里有近千名联合国的工作人员和外交人员参加了我们的赴华中文培训项目。参加者都觉得不虚此行,大开眼界。很多学员在结业时说,这是他们度过的最有意义的一个夏天。下面是一位学员几年前在参加完培训项目后写的感言,这位学员现在已成为联合国大会部文件司的司长了:

> 我第一次开始学中文的时候,是在一年零四个月前。我知道学习汉语是一个长期投入的过程,并且学习效果会在几年之后才显现。但是,当我这次来到中国的时候,我非常惊讶地发现,我所学的汉语在实际生活中非常有用(比如叫出租车,问路,买东西,约会等等)。我真是非常惊喜。去中国之后,我发现我越来越想要继续学习汉语了。我还想在两三年后再回来检验我的学习成果。

我们组的赴华中文培训项目已成为联合国语言部的一个品牌项目。也正是因为联合国工作人员由此受益并且产生了良好的反响,我们的赴华中文培训项目于 2014 年获潘基文秘书长亲自颁发的"联合国 21 世纪奖"。我还记得颁奖当天主持人是这样介绍的:"创造性地发起这个项目,使得众多的工作人员去中国,不仅提高了他们的语言技能,丰富了知识,并且拓宽了眼界,从平凡的日常工作中践行了联合国广博共荣的精神追求。"

联合国的语言纪念日

联合国自成立以来宣布了数百个纪念日，有的叫国际日，有的叫国际周，有的叫国际年，还有的叫国际年代。具体的数字是：有 170 个国际日、10 个国际周、84 个国际年、48 个国际年代。详细的名单可见 https://www.un.org/en/sections/observances/united-nations-observances（英文版）和 https://www.un.org/zh/sections/observances/united-nations-observances（中文版）。有时同一天就有好几个纪念日，如 3 月 21 日是国际诺鲁孜节、世界唐氏综合征日、国际森林日、世界诗歌日和声援反抗种族主义与种族歧视人民团结日。这些纪念日有的公众比较熟悉，如每年 4 月 7 日的国际地球日和 9 月 21 日的国际和平日；但也有很多一般人可能并不熟悉，如 6 月 21 日的国际瑜伽日和 11 月 19 日的世界厕所日。联合国设立这些纪念日的目的是要提请世界人民对国际上一些重要的政治、社会、经济、文化和人权问题予以关注并采取相应的行动。跟语言有关的纪念日有国际母语日、国际土著语言年、国际土著语言年代、联合国国际语言年和联合国语言日。

每年的 2 月 21 日是国际母语日。这是联合国教科文组织

1999年宣布，2000年开始实施的纪念日。设立国际母语日的目的有二：一是纪念孟加拉的语言运动，二是为了呼吁保存和保护世界人民使用的所有语言。孟加拉语言运动指的是1952年的一场维护语言权利的运动。当时孟加拉还属于巴基斯坦。当年2月21日，达卡大学的学生和市民为争取孟加拉语的合法地位而举行和平示威，但遭到镇压，五名学生被枪杀。孟加拉1971年独立后，把每年的2月21日宣布为"语言烈士日"，为这五名示威者建立了一座纪念碑并把这天列为法定假日。联合国每年都会在国际母语日这一天举办各种纪念活动。2017年的2月21日联合国总部举办了一次很别致的纪念大会，联合国大会部和新闻部的两位副秘书长出席。她们让我们六个语言组的负责人分别上台谈各自语言的一些趣事。我代表中文组发言，谈的是中文里的"小叙聊"（phatic communion）的情况（我在后面一章会专门谈英语里的"小叙聊"）。当天联合国新闻还采访了我，采访内容以《"国际母语日"：探讨中文教学和传播的挑战与新方法——访联合国中文教学负责人何勇》为题发布在网上（https://news.un.org/zh/audio/2017/02/308982）。联合国教科文组织总干事奥德蕾·阿祖莱在最近一次的国际母语日发表了一份书面致辞，她指出："语言不仅仅是一种交流工具，也是人类生存的基本条件。语言中积淀着我们的价值观、信仰及身份认同；语言传递我们的经验、传统与知识。语言的多样性反映了我们丰富多彩的想象力和生活方式。"

国际母语日是联合国教科文组织1999年提出的，2007年5月16日联大通过决议正式设立此纪念日。与此同时联大也决定把2008年定为国际语言年。联大设立国际语言年的目的之一是在联合国内实现六种官方语言的平等使用。联大在此决议里也责成潘基文秘书长确保联合国内六种语言服务享有平等地位，获得平等的工作条件和资源，并且尽快完成在联合国网站上发布以往重要文献的六种语言版本。我们语言部负责联合国员工的语言培训，举办各种活动宣传推广联合国六种官方语言的任务自然就落在了我们身上。我们六个语言组分头行动起来，各自组织自己的活动。国际语言年在联合国总部的系列活动于2008年4月11日拉开了帷幕。

由我们中文组组织的活动有两项。第一项是给联合国工作人员起中文名、书写中文名。成都画院的院长、著名书画家田旭中先生那两天正好在纽约，我就请他在活动的当天来联合国，用书法给联合国的工作人员写中文名字，田先生欣然应邀。我也安排了我们的老师和实习生给没有中文名字的工作人员起中文名字。书写中文名字的活动当天上午10点就在秘书处大楼的大厅开局，因为我们用的场地就在工作人员进入大楼的必经之处，不少人驻足观看并求一名一幅字，很快就排成了一条长队。

田先生奋力挥毫，写了一幅又一幅。有幸得到田先生书法作品的工作人员手捧自己的名字回到办公室，他们的同事看到后羡慕不已，纷纷离开办公室来大厅排队求字。就这样，田先生从上午10点一直写到下午3点，欲罢不能。这时我们的顶头上司，分管人力资源厅的助理秘书长卡罗琳也听说我们的活动了，她因为公务繁忙，无法来现场，就派助理来请田先生去她办公室写一幅。卡罗琳现在已经升任联合国管理战略、政策和合规部的副秘书长了，可是写着"卡罗琳"这三个字的书法作品至今还悬挂在她的办公室里。多年以后，我仍看到不少联合国工作人员的办公室里还挂着田先生给他们写的名字呢。

我们当天举办的另一项活动是在联合国礼堂里的中国文艺表演。当晚的节目有长笛、秧歌、太极、歌唱。联合国电台第二天的报道说"这场别具一格、高潮迭起的文艺演出，深深地感染了在场的观众"。

近年来,全世界已有数十种古老的语言不复存在了,随之逝去的是人类历史及我们的文化遗产的一部分。麻省理工学院的肯·黑尔(Ken Hale)教授说:"失去任何一门语言,都无异于往卢浮宫上丢下一枚炸弹。"全世界有一半以上的语言使用者不足1万人。专家预测,这些语言将在21世纪末前消亡,80%—90%的语言将在下世纪末前灭绝。濒临消亡的语言大多是土著或原住民的语言。为了保存和振兴现今尚存的濒危语言,联合国把2019年定为"国际土著语言年"(International Year of Indigenous Languages),其目的是为了阻止土著的语言不断消失,帮助人们了解世界各民族母语文化的现状,推动语言及文化的多元发展,在理解、宽容与对话的基础上帮助人们进一步加深对语言传统及文化传统的认识。保护濒危语言是迫在眉睫,同时也是旷日持久的事,只靠一年的宣传远远不够。联大在2019国际土著语言年即将结束时又于12月18日通过决议,把2022—2032年定为"国际土著语言十年"(International Decade of Indigenous Languages)。

拯救语言就是拯救世界。挽救濒危语言不只是政府和专家的事,学校、组织、企业、机构和个人都有责任,都可以参与。这里特别值得一提的是设在纽约的"濒危语言联盟"(Endangered Language Alliance)。这个非营利组织为挽救濒危语言做了卓著的努力。他们用十年的时间,走街串巷,考察走访,调查出纽约市的五个区日常使用的语言有640种。这个数字超出纽约人口普查局的官方统计数字三倍。这640种语言大多属濒危语言,其中相当一部分是没有文字的。濒危语言联盟制作了一个在线纽约语言互动地图(见 https://elalliance.org/programs/maps),图上标示出哪个地段有哪些语言在使用。参与联盟挽救濒危语言工作的不仅有语言学家、社区领袖,还有热心人士、学生和普通民众。在调查纽约各界人士在家使用什么语言的基础上,他们还采取了一系列的挽救行动,包括对这些语言的讲话、歌曲、故事和民俗进行录音和笔录。资料采集到后,他们还进行分析研究,然后整理归档。由于调查的很多语言没有文字,他们唯一可依赖的就是这些语言的使用者,有时只有几个。联盟也举办一些少见语言的学习班,以培养更多的传承人。濒危语言联盟立足纽约,致力于挽救万里之外的濒危语言,使它们得以"异地保存",实属创举。美国明尼苏达州贝米吉州立大学(Bemidji State University)的教授安东·特雷尔(Anton Treuer)2020年出版《语言勇士宣言》(*The Language Warrior's Manifesto*)一书,描述他为挽救濒临灭绝的印第安奥吉布威语(Ojibwe)所做的不懈努力和具体做法,并呼吁各界齐心合力,共同挽救濒危语言。

2010年2月21日联合国新闻部(现改名为联合国全球传播部)宣布设立每年一度的联合国语言日,目的是宣传多种语言的使用和促进文化的多元性。联合国语言日不是只有一天,而是一年中不同的六天,分官方语言进行。各语言在自己的语言日都要组织活动,宣传和介绍自己的语言和文化传统。这是我们语言部的本职,自然是责无旁贷。我们接到任务后首先要做的就是确定把自己语言日放在一年中的哪一天。中文以外的其他五种语言很快就做了它们的决定:

法语日选的是3月20日,因为那天是国际法语组织(the International Organization of La Francophonie)的周年纪念日。

英语日选的是4月23日,因为那天是莎士比亚的生日。

西班牙语日选的是10月12日,因为那天是哥伦布日,后改为4月23日,因为哥伦布是有争议之人。4月23日是塞万提斯的诞辰日。

俄语日选的是6月6日，因为那天是普希金的生日。

阿拉伯语日选的是12月18日，因为1973年的那天联合国大会通过决议把阿拉伯语作为联合国的官方语言之一。

中文日的日子迟迟定不下来，联合国跟中文相关的几个部门负责人碰头后，决定通过中国常驻联合国代表团征求中国政府的意见，但中国政府一直没给明确的答复。为了避免联合国语言日实施的第一年中文缺席，我们决定当年暂选一日举办，等中国政府回复后我们从第二年再确定中文日。我们当年选中的是11月12日，因为那天是现代中国之父孙中山先生的生日。过了一段时间，我们接到代表团通知：中国外交部、文化部和教育部商定把中文日定在4月20日，因为那天是谷雨，也是仓颉造字的日子。

联合国首届中文日庆祝活动如期于2010年11月12日在纽约联合国总部举行。时任联合国负责新闻事务的副秘书长赤坂清隆、中国常驻联合国代表李保东大使、中国驻纽约总领事彭克玉和有关国家常驻联合国外交官、联合国工作人员以及其他嘉宾共100多人出席了开幕仪式。仪式上赤坂清隆表示，中文是世界上最悠久的语言之一，同时也是全球使用人数最多的语言，中文日会使更多的人体会中文的优美、中华历史和文化的重要性。李保东大使致辞表示，联合国有史以来第一次举办中文日庆祝活动，将进一步扩大中文作为联合国官方语言的影响力，使更多的人接触和了解中国悠久的文明和灿烂的文化。当天的系列活动中我们中文组组织的是一场"汉字的起源与发展"的专题讲座，演讲人是我从南京大学特邀来的范毓周教授。他的讲座引起中文学员的极大兴趣。

2010年后，中文日每年都在谷雨那天举办，迄今为止，已成功举办了十届，而我也参与了这十届活动的组织。中文日丰富多彩的文化展示和艺术表演，在这个世界最重要的国际机构中增进了来自世界各地的联合国人对中国语言和文字的了解和喜爱。

中文日原是联合国的内部活动，但由于我们搞得有声有色，受到越来越多的国内组织和机构的关注与欢迎，国内媒体，包括《人民日报》和央视都发布报道，现在每年都有很多国内文化和艺术团体申请参加联合国这一天的庆祝活动。这些文化和艺术机构带来的展示和表演都很专业，也为联合国的中文日增添了不少色彩。

联合国的中文日毕竟是联合国内部的活动，我想如果能够设立一个"国际中文日"，应该能够在世界范围内更有效地推广中文教学。特别是当我看到世界上的一些其他语言都有了自己的国际语言日，于是我便发起了建立国际中文日的倡议。据调查，其他语言的语言日有：

· 欧洲语言日——欧洲委员会和欧盟于 2001 年 12 月 6 日设立，主要目的是激励欧洲人学习语言，提高多语言能力和增进跨文化理解，同时丰富欧洲语言和文化多样性。

· 世界印地语日——1975 年 1 月 10 日由印度总理英迪拉·甘地宣布，每年 1 月 10 日在印度驻各国使领馆及各类文化机构和高等院校开展庆祝活动。在毛里求斯设立世界印地语秘书处，定期召开世界印地语大会。

· 德语日——2001 年 9 月 12 日由德国语言协会宣布，既体现了保持德语纯洁性的目标，同时也希望唤醒德国公民发现德语的美感和表现力。

·韩文日——设立于 1945 年 10 月 9 日,用以纪念韩国世宗大王创制韩文并鼓励对韩文的研究和推广。

我在调查过程中发现阿拉伯语、西班牙语、俄语和法语现在也都有自己的国际语言日,它们选的是联合国几个语言日的日子。联合国的其他几个官方语言都有了自己的国际语言日,中文就更应该有自己的国际中文日了。我的想法得到国内一些领导和专家的支持。他们正在国内积极地推动,希望国际中文日在不远的将来诞生,成为我们在国际范围内推广中国语言和文化的一个纪念日。

联合国同传的故事

联合国是世界上雇用语言专才最大的机构。在联合国里，语言专才叫 language professionals，指的是笔译、口译、审校、编辑、逐字记录员、词汇员、文本处理员等语言工作者。现在纽约总部秘书处共有中国籍工作人员 546 人（2019 年数据），其中近 120 人是语言工作者，相当一部分是翻译。

在联合国说翻译，我们需要区分笔译和口译，这是两类性质不同的工作。笔译属翻译处，口译属口译处。在联合国笔译和口译中，口译更给人一些神秘感，一是因为他们是"密室作业"，在一个隔音的小房间里工作，二是因为他们用一种非常特殊的方式进行传译。这种特殊的方式就是同传，也就是译员和发言人几乎是同时说话。因为这种特殊的传译方式，联合国的口译员常常也被叫作同传。

同传的历史不长，还不到一百年。同传的问世要归功于一个人，二战期间美国艾森豪威尔将军的译员莱昂·多斯特（Leon Dostert）上校。二战前的口译基本上是交替式传译，也叫交传，即说话者说完一段话后，译员再翻译。显而易见，交传非常费时。1945 年二战结束时，同盟国组建国际军事法庭。他们需要对被指控的纳粹战犯进行公正且迅速的审判。交传显然无法达到"快速"的目标。多斯特上校想出一种使用麦克风配耳机进行同传的方式,以加快审判的速度。当时多斯特上校得知 IBM 已经开发了一个名为 Filene-Finlay 的翻译系统,此系统在 20 世纪 30 年代和二战期间曾被设在日内瓦的国际联盟使用过。多斯特上校于是跟 IBM 合作,进一步改进了技术,研制出一套更适合国际军事法庭使用的翻译设备。

1945 年 11 月 20 日,纽伦堡审判拉开帷幕。出席审判的人员第一次看到同传技术在国际场合的使用,他们无不为反应神速、滔滔不绝的译员们所折服。纽伦堡审判持续了 11 个月,据说审判中如果不使用同传的办法,至少要多花 4 倍的时间。同传在纽伦堡审判中创造了语言奇迹,自此登上了国际舞台,亮相联合国、欧盟及世界上的重要会议和业务活动。

联合国就是开会的地方,忙的时候一天要开几十场会。与会人员要想"畅聊",口译员的作用至关重要。口译处中文科里有一位我比较熟悉的同事,他叫季晨,毕业于南京大学外文系。我 1980 年初参加教育部在南大外文系举办的一个全国高校英语教师培训班,前后待了一年。由于这个原因,南大有时也把我当作校友。虽不算真正的校友,但我很高兴跟季晨在联合国相识。我主持过几次文化活动和讲座,都是请季晨担纲翻译。季晨是一位极有语言天赋的口译员,很多活动后他都成为与会者谈论和盛赞的对象。因为外界人士对联合国同传的兴趣,联合国口译处也有外宣的责任,我 2018 年特邀季晨在纽约的华美人文学会做了一场题为"译言译行——口笔译经验谈"的讲座。2019 年我又听到他在美国翻译协会做的题为"Playing the Linguistic Ping-Pong—An UN Interpreter's Perspective"(联合国口译员的"语言乒乓球"心法)的报告。虽然我在联合国工作多年,但他讲到的一些内幕情况我以前并不曾知晓。

季晨 1985 年从南大毕业后，因成绩优秀留校任教并兼任双语词典编译。后赴英国留学，在纽卡斯尔大学读教育学。从 20 世纪 80 年代末开始，在香港和英国从事口笔译工作。曾参与《牛津高阶英汉双解词典》第四版的编译，并担任英国广播公司国际电台（BBC World Service）播音兼节目制作人。口音在英国往往代表一个人的社会阶级，所以英国人对口音是否正统非常在意。80 年代末就有传言查尔斯王子和戴安娜的婚姻亮起了红灯，英国各界都在猜测其起因。很多人认为是因为他们的年龄相差很大，兴趣爱好不尽相同。但英国语言学家约翰·霍尼（John Honey）1989 年出版了《口音重要吗？茶花女之因素》(Does Accent Matter? The Pygmalion Factor)一书，书中他把查尔斯王子和戴安娜的裂痕归咎于他们的英语口音。两人说的虽都是英国上层阶级的口音，但查尔斯王子的口音属上层阶级中最上等的皇族口音，而戴安娜的口音更接近于上层阶级偏下的口音，有时甚至还带有伦敦大众腔(https://nyti.ms/2Px3oDh)。《茶花女》是英国剧作家萧伯纳的剧本，他在序言里说"It is impossible for an Englishman to open his mouth without making some other Englishman hate or despise him."（任何一个英国人只要一开口说话就必然会有人恨他或鄙视他）。季晨能在"以音取人"的英国社会，特别是在要求有出色语言表达能力的电台立足，充分说明他过硬的语言能力、纯正的发音和良好的心理素质。

在电台工作之余季晨还去一家叫"三鹰"的翻译公司兼职。他是公司里唯一的中文翻译，负责翻译、校对、编辑等各方面的业务。经过他不懈的努力，三鹰很快就成为客户首选的英国能够承担中文翻译业务的翻译公司。1997 年 6 月 30 日，他接到一项重大翻译任务——在伦敦为彭博新闻社现场直播香港回归中国的仪式担任同传兼联席主持人。那是他首次在正式场合担任同传,更是首次在电视直播中亮相,但他不但没有怯场,反而有如鱼得水的感觉。直播结束后,彭博社的节目制作人盛赞他的表现,还写了一封热情洋溢的感谢信。

自此季晨的同传生涯便一发不可收,聘书合同纷至沓来,他除了频频为英国外交部担任国家级活动的同传、交传外,还穿梭于欧洲各国,担任各种会议、会谈的口译员。2009年他完全放弃了私营部门的口译工作,转到日内瓦,将全副精力投入联合国各机构的同传工作。2014年他又以优异成绩通过了竞争激烈的联合国口译全球统考,次年正式加入联合国纽约总部,成为全职口译员,用他自己的话说,"圆了一个梦——为联合国安理会效力的梦"。

口译员身上笼罩着耀眼的光环,原因之一也许是他们是在俯览大会会场的口译厢里工作。但是如果进了口译厢,译员们却是如同在战场上一样。用"实战"一词来描写他们翻译的每一场会议一点儿也不为过。同传是个高强度的工作。口译员在做传译时,一边是输入,一边是输出,也就是一边听,一边译,几乎是和发言人同时说话。他们有时会事先拿到一份发言稿,会议过程中可做"视译";但也经常没有发言稿,只能边听边译。即使有发言稿,发言者也随时可能脱稿讲话。因为是高强度的工作,每位译员一次只能工作20分钟,随后由另一位译员替换。英语、法语、西班牙语、俄语四个语言的口译厢里各有两名译员,但是中文厢和阿拉伯语厢却各有三名译员。这是为什么呢?

联合国规定口译员原则上只能单向将外语译成自己的母语,这是因为每个人的母语应该比他的外语更为流利地道。如果代表用英、法、西、俄四种语言中的任何一种发言,相应语种的译员可以暂停翻译。但是中文和阿拉伯语例外,这两个语言的译员需要做双向翻译。换言之，无论代表用什么语言发言，中文和阿拉伯语的译员都得翻译。工作量增加了，自然要增加人手。以中文为例，如果发言的代表是中国人，中文的口译员要将他的发言翻译成英语或法语，然后其他语种的译员再"接力"翻成他们自己的母语。中文厢和阿拉伯语厢的三名口译中有一位就是专门负责将中文和阿拉伯语的发言翻译成其他语言的。当然，这种接力翻译，反向也适用，例如俄罗斯代表发言，英语厢同事将俄文翻成英文，中文译员再从英语翻成中文。有时接力环节更多，阿语→法语→英语→中文！

理论上来说，中文厢里的三位口译员每人每轮翻译20分钟，然后"休息"40分钟。但据季晨说，他们其实是休息不了的，因为他们常常要用这40分钟来熟悉发言的内容，查阅可能会出现的词汇，还要关注代表是否会临时发来修改稿。其实他们在前一天接到排班任务时就开始做功课了。在联大峰会期间，工作量是按稿子来分配的，每人盯一篇稿子，很多领导人口若悬河，一口气说50分钟、1小时甚至1个多小时，谁负责替这位领导人翻译谁就得坚持到底，这种时候拼的是抗压力和耐力。

中译外要比外译中压力大，这是因为外译中时如果出现些许错漏，只会影响到参会的中国代表团成员，而中国代表团成员的英文都很好，他们往往直接听英文发言；但是中文口译员在中译英的时候如果出错，那么就会出现连锁反应，其他语言接力翻译的译员就很可能"以讹传讹"了。

口译员们每天在工作中也面临诸多挑战。联合国各种会议涉及的话题面极广，第一场会议谈裁军，第二场会议可能是海洋法，第三场会议可能就是财政问题了。译员需要博闻强记，广泛深入了解国际事务及联合国的核心话题。联合国规定代表需用联合国的六种官方语言之一发言，所以许多来自非联合国官方语言国家的代表不能用自己的母语发言。他们多用英语,但是口音五花八门,译员需要有扎实的语言功底,熟悉多种外语口音。现在会员国对联合国的事务都积极参与,无论是什么议题,要求发言的代表都越来越多。联合国因此严格执行发言的时间限制,从而导致语速越来越快。不少代表一边听会,一边飞快地在笔记本电脑上打讲稿,轮到发言时就狂念。据统计,2005年代表发言是每小时4 200个词,2015年是5 800个词,2017年是6 700个词。12年间语速增加了约60%。这还是平均数,把会议期间的暂停、休息时间都作为分母算进去,实际的发言语速经常突破极限值,跟电台新闻播报的语速不相上下,只有体育赛事解说员和拍卖师说得更快。这就给口译员带来了巨大的压力。他们一方面需要具备沉着冷静的心理素质,一方面需要不断提高自己的应对能力。联合国对口译的完整性和准确度要求很高,因为很多会议都在网上现场直播,而且外交无小事,联合国无"小"会,所以同传需要有极大的责任心和实战能力。有挑战就有收获,季晨说:"在联合国当口译,是天天上考场,天天进学堂。我们都是冲锋陷阵的兵。"联合国的口译团队,精英荟萃,他们几乎每个人都有精彩的故事可说。

联合国同传是国内外语专业的学生甚至是专业译员梦想的最高同传职业。不时有人问我如何才能当上联合国的同传。申请联合国口译员的基本条件是要有本科及以上学历,语言专业,至少有一学年的口译学习经历;有200天会议口译、笔译、编辑、逐字记录等领域的工作经验。申请中文口译员的考生须精通英语和法语。具备如上条件便可以申请。申请如被接受,即可参加口译员竞争考试。考试分两部分,第一部分是网上笔试,第二部分是口译考试。只有通过笔试的考生才有资格参加口译考试。口译考试时,考生需要对六篇联合国会议上的发言进行口译,三篇中文,三篇英文。这些材料的难度都很大,难点各不相同,包括语言组织、语速、口音、文采等。每篇演讲约五到十分钟。只要有一篇翻得不及格,就会被淘汰。口译考试合格者将受邀参加面试(https://bit.ly/38aOwRc)。提交申请时,申请人还需附一份自述,说明为什么想来联合国当口译员。我觉得这一项非常重要,如果只是想图名利或仅作为一个谋生手段而没有崇高的使命感和责任感是一定不能称职的。考生在通过所有考试后还要参加一场衡量"胜任力"的面试(competence-based interview),面试的一个主要内容就是要考核申请人的使命感和责任感。

季晨给有兴趣的申请人提了三点建议:功底、发挥、耐力。功底最为关键。考试时,六篇发言(三中三英)劈头盖脑砸向你,把你逼到墙角,你必须使出浑身解数,充分展现你的专业能力和知识面,方可"突围"。有了功底,接下来就要看你的临场发挥,而发挥得如何取决于你的身心状态是否调整得好。口译员的竞争性考试无疑属于高强度劳动,非得有良好的心理和生理状况才能应战。耐力指的是考生要做好思想和体力上的准备。口译考试一口气得做一个多小时,期间只有很短的一次休息。考生虽然主观上想顽强拼搏,但大脑可能不适应而力不从心,到后半截就会掉链子。所以平时不妨磨炼专注和耐力,争取在某次会议上连续做一小时甚至更长时间的同传,感受一下这种"极限运动"。这些都是季晨的经验之谈。

2005年好莱坞出品过一部名为《翻译风波》(The Interpreter)的政治惊悚影片。这是电影史上唯一一部获准在联合国总部里拍摄的故事片。拍摄期间,一天我也在现场,当时空中盘旋着直升飞机,联合国周围的街道都被封锁,四处都是警车,还真有身临其境的感觉。故事说的是由影星妮可·基德曼

（Nicole Kidman）扮演的一位联合国口译员无意中听到有人策划在联合国开会时暗杀非洲某国首脑的惊悚故事。这部电影的情节跌宕起伏，刺激惊险，也给联合国的口译员蒙上了更多的神秘色彩。此片放映后，不少会员国提出不应该允许在联合国拍摄商业影片，后来联合国决定下不为例，所以《翻译风波》是第一部，也是最后一部在联合国里拍的故事片。对联合国的口译员有兴趣的读者不妨找来一看。不过要知道在现实生活里联合国口译员的工作并不是电影里那样刺激惊险，他们只是默默无闻地在"密室"里尽职尽责，紧张而有条不紊地为联合国众多的会议提供不可或缺的服务。

除口译以外，季晨在笔译上也很有造诣。他现在主持一个名为"双语隽妙"的微信公众号，与读者分享他和翻译相关的随笔、杂谈、闲聊和译作。他的译作，都是上乘之作。我注意到他的译文至少有三个特点：一是他的英文词汇量极大，在翻译时能巧妙运用，游刃有余。匠心独运的词语在他的译作里比比皆是。笔译界有句行话，叫"见词不是词"，意思是见到原文，第一个涌现在你脑海里的词不一定是最佳选择。这时就需要译者凭借他的词汇量在众多选择中挑出一个最合适的词。译者如果没有足够的词汇量就只能望洋兴叹，选择第一个想到的对应词了，而这个对应词大多是苍白无力的。季晨译文的第二个特点是，他能娴熟地游走于中英文之间，以符合英美人表达习惯的方式在译文里变换原文的句式。我在纽约大学给翻译专业的学生说这叫"见句不是句"。如果在英文译文里原封不动地把中文的句式搬过来，尽管选的词不错，语法也正确，但听起来一定是"洋腔"。比起"见词不是词"和"见句不是句"更困难的是需要译者有厚实的英文修养和功底。季晨译文的第三个特点是，他在翻译时坚持不漏一词，把原文原汁原味呈现给读者。很多译者在翻译时遇到有些比较难处理的词就采用回避的做法,选择不译,认为有些词语不译无关紧要,这样就不能充分表达作者的原意。季晨说:"译者要对得起作者。必须一字不丢。如果为了彰显艺术性,彰显文采,而把原作者的一些内容给忽略掉,那就不是翻译,而是篡改。"这里且举我看到的一例。有这样一句中文:

> 中华民族的伟大复兴,绝对不是轻轻松松,敲锣打鼓就能实现的。

有人译作:

> Achieving national rejuvenation will be no walk in the park; it will take more than drum beating and gong clanging to get there.

对照起来看,原文的词语似乎也都译出了,但细看起来,却觉得有所欠缺。如原文中的"伟大"很关键,却没有译出,"中华"也不见了,gong clanging 这种搭配在英文里不常见,甚至有点别扭,而且人们听到 gong clanging,首先联想到的很可能是"吵闹",而不是"热闹"。用 walk in the park(在公园里闲步)虽然是英文"成语",但用来翻译"轻轻松松"也是值得商榷的。季晨的译文是:

> The great rejuvenation of the Chinese nation is not something we can accomplish nice and easy with just a rousing fanfare of gongs and drums.

通过变换句式,他把原文里的"伟大"如实翻出来了,"绝对不是"处理成"is not something（that）…",自然流畅,用 nice and easy 对应"轻轻松松"也非常贴切。"nice and+形容词"是英语里的一个惯用语,以肯定的语气强调短语里的形容词,如环境很安静用 nice and quiet,咖啡热腾腾的用 nice and hot。此外他用 a rousing fanfare 烘托出中文"敲锣打鼓"的热闹劲儿,以免产生"吵闹"的歧义,后面直接跟名词"锣鼓",也就绕过了"敲打"这样的动词。

翻译的最高境界是信达雅、出神入化,让读者分辨不出哪个是原文,哪个是译文。为达到这一境界,季晨以"作者泣血,译者沥血"来表明自己对待翻译的严谨态度。为了达到翻译的最高境界,季晨说:"翻译是科学,也是艺术。科学性,谓'信';艺术性,谓'雅'。左右皆臻,则谓'达'。如何操作?掰开揉碎再捏圆;食之,化之,复吐之。"这也是他的经验之谈。

季晨在翻译上可圈可点的技巧还很多,但是他事业成功的基石是他对语言的 love（挚爱）、passion（激情）和 obsession（痴迷）。这三个词我在第五部分《获取第二心灵》一章里谈外语学习时会说到。季晨在一次讲座中说:"我对翻译——无论是笔译还是口译——情有独钟。于我而言,翻译不仅是一门'手艺',可以谋生,更是一种收获与耕耘呈正相关的事业,给我带来无穷的乐趣。"

季晨在那次讲座中还引用了余光中的一段话:

> 译者未必有学者的权威,或是作家的声誉,但其影响未必较小,甚或更大。译者日与伟大的心灵为伍,见贤思齐,当其意会笔到,每能超凡入圣,成为神之巫师,

天才之代言人。此乃寂寞之译者独享之特权。

这是他的译文:

A translator may not have the authority of an established scholar or the fame of an acclaimed author. But that doesn't necessarily mean his impact is less significant. He may, in fact, make a bigger difference. The translator luxuriates in the company of great souls on a daily basis and has the best minds to look up to. Through a communion with the author, the translator's pen is able to convey the essence of that which he is translating, thus transcending the realm of the ordinary into that of the extraordinary. Whereupon he becomes the hierophant of gods and the exponent of geniuses. That is a privilege. The translator, cursed with solitude, is blessed with that very privilege, exclusively.

超凡入圣,做天才之代言人,译者何乐而不为?

语言与社会文化

美国的"独尊英语"思潮
They 为什么是美国的年度热词和年代热词？
语法性别之纠结
美国政府为什么立法禁用 Oriental 一词？
英语里威力最大的小词
互联网对英语的影响
玫瑰与名字
社会思潮的风向标

美国的"独尊英语"思潮

　　语言的地位与使用往往是个政治问题,处理不得当就会造成社会冲突,社会冲突往往又会上升到暴乱,甚至引发战争乃至种族灭绝。加拿大诗人和小说家玛格丽特·阿特伍德(Margaret Atwood)曾说,"语言失败时就会发生战争"。1971年孟加拉从巴基斯坦脱离,最早的起因就是1952年民众为使孟加拉语成为官方语言举行了示威活动。当时有五名大学生被枪杀,后来导致了一场持续九个月的独立战争,混乱中有300多万人丧生。2019年9月,俄罗斯联邦的乌德穆尔特共和国,一位79岁的老人——哲学博士阿尔伯特·拉辛(Albert Razin)因抗议俄罗斯限制教授本地语的政策自焚身亡。他当时举着一块牌子,上面写着:"如果我的语言明天死亡,那么让我今天就死吧。"语言冲突并不总是导致暴力的发生,但常常会造成持续的紧张局面。加拿大在一般情况下是个较为安宁的国家,英语和法语都是官方语言。但是说法语的人大多居住在加拿大东北部的魁北克省。他们周边的省都说英语,所以魁北克人往往觉得他们的语言和文化受到压制,同时觉得当地说英语的人对他们构成一种威胁。非洲的埃塞俄比亚有90种语言,原先只有一种官方语言——阿姆哈拉语（Amharic）。2020年3月埃塞俄比亚宣布增加4种官方语言：奥罗莫语（Oromo）、索马里语（Somali）、阿法语（Afar）和提格雷语（Tigrigna）。埃塞俄比亚总理、2019年诺贝尔和平奖得主阿比·艾哈迈德·阿里（Abiy Ahmed Ali）说增加官方语言的主要目的是维护国内的政治稳定。

　　人们为什么会对语言问题反应如此强烈，甚至诉诸暴力？有时语言问题造成的紧张局势会世代相传。这是因为语言跟身份，特别是族裔身份是密不可分的。这里的身份指的是社会、文化和政治身份。全世界现有7 000多种语言，但只有200多个国家。这就说明一个国家常常有多种语言在使用。不同的语言往往跟不同的族裔紧密相连，这也就说明世界上大部分的国家都是多民族国家。像日本这样99.4%的人口属于同一民族、说同一语言的国家是极少的。印度和尼日利亚这两个国家各自都有400多种语言和族裔。民族之间需要和平共处，语言之间也要和平共处。族裔之间的冲突往往是因为某些族裔在语言方面受到其他族裔的限制和压制。因为语言和身份的这种关系，人们一般会觉得自己的语言受到攻击就如同自己受到攻击一般；自己的语言没有得到应有的尊重就如同自己没有得到应有的尊重一般。

　　美国从一建国就存在这种情况，但是这个问题在过去40年里变得尤其尖锐。美国的宪法没有规定英语是美国的官方语言，但现在已有32个州宣布英语是它们的官方语言，其中27个州是在1980年后宣布的。剩下的18个州中的12个现在正辩论是否也要步前面32个州的后尘。近年来美国发生了一系列跟语言使用有关的冲突与纠纷。美国现有6 000多万西裔人口，其中4 100万说西班牙语，绝大部分语言"事件"都跟西班牙语的使用有关。

2018年5月15日纽约中城发生了这样一件事,有个叫亚伦·施劳思伯格(Aaron Schlossberg)的白人律师在一家食品店听到店里员工说西班牙语,勃然大怒,马上威胁说要给美国国土安全部所属的移民海关总署打电话报告。有个顾客当场用手机拍下了视频,随后上传到社交媒体脸书上。此事旋即在全社会引起轩然大波。在视频上我们看到这样的情景:

施劳思伯格皱着眉头对店主说:"你的员工在用西班牙语跟顾客说话,他们应该用英语。"店主试图解释,但愤怒的施劳思伯格打断他说:"我听到每一个员工都在说西班牙语,他,她,还有他。"他一边说,一边指着周围的人。"这是美国!"这时有几个旁观的人看不下去,便出面干预。一位女士说:"不错,这是美国。"她的重音放在"是"字上,周围的顾客都笑了。还有人说:"此人真无知。"施劳思伯格见此情景,自知无趣,怏怏离去。走到门口时,他转过身来,板着脸大叫:"此事没完。他们一定是非法移民,我马上要给移民海关总署打电话,把他们全都从我的国家赶出去。我的钱花在他们的福利上,我到这儿来又把钱给他们。他们最起码要说英语!"

这番话自然又激起民愤,店里的员工和顾客又与他争执起来。

这段视频被人上传到脸书上,两天之内就有400万人观看。有人又把此视频转发到其他社交媒体平台,并让公众辨认此人是谁。社交媒体的力量不可低估,没多久就有人公布出他的身份和单位。他是纽约中城的一个律师,办公地点距这家食品店不远。结果有大批民众给他的律师所打电话谴责,他的电话也很快被打爆。2018年5月17日的纽约《每日新闻》报把他"请"上了头版。

臭名一旦远扬后,施劳思伯格就成了过街老鼠,在街上也遭到人们的唾骂，最后他任职的律师所把他辞退，说他已经影响到律师所的名声和业务。施劳思伯格最终在推特上公开道歉，并称自己不是种族主义者。

施劳思伯格的事件又催化很多类似事件曝光：

佐治亚州的一对母女在沃尔玛购物，因为说西班牙语而受到一名顾客的训斥。那名顾客对女孩的母亲说："你要教你的孩子英语，因为这是美国，小孩要学英语。否则你们要滚出我们的国家。"母女俩其实是美国公民，只是母亲出生在哥伦比亚。

有一段被曝光的视频可见于 https://bit.ly/3chtFic，说的是在科罗拉多州的一个超市里，一个名叫德瓦（Dwire）的白人顾客听到两名西裔顾客说西班牙语便去指责她们，说这是美国，她们必须要说英语。她一边大声说，一边用手指着她们。这时在店里购物的另一位叫特仑特（Trent）的顾客挺身而出，上前为这两名西裔顾客辩护说，美国是个自由国家，她们说什么语言别人不能干预。结果德瓦把矛头转而指向特仑特，同时对那两名西裔顾客不依不饶。最后特仑特只得报警，警察到后因德瓦过激的言行和威胁性举动将她逮捕。

2019年12月23日网上出现一段视频（https://www.dailydot.com/irl/woman-massachusetts-students-speak-english），说的是在麻省一辆公共汽车上发生的事。一个白人妇女指责两名中国留学生说中文。她大叫："你们应该说英语，这样大家都能听懂。"她的行为引起乘客们的谴责。有人跟她说，这两个中国学生是在私下交谈，美国并没有一个官方语言，说外语并不犯法。此妇人并不理会，继续喋喋不休地发难。最后没有办法，乘客们只得报警。迄今已有近400万人在网上观看了这段视频。很多人跟帖说这是典型的种族主义。

2020年2月15日媒体披露了波士顿两名女子在街上见到

一对用西班牙语交谈的母女,先是对她们责骂,然后对她们大打出手,当时的情景被路人拍下视频并报警(https://nbcnews.to/2TbtDkE)。

美国 1964 年通过《1964 年民权法案》(*Civil Rights Act of 1964*),规定因种族(包括其使用的语言)、肤色、宗教信仰、性别或所来自的国家而表现出的歧视性行为为非法。但类似上述的事件在美国各地都不断发生。有兴趣的读者可自己观看下面的视频:

https://bit.ly/2TrHx18

https://bit.ly/2vxs2gb

https://bit.ly/2I6zFNe

https://wapo.st/2uIKKRv

这些事件的曝光过程基本相同,都是西裔在公共场合因说西班牙语而受到斥责和辱骂,斥责的言语大多是"这是美国,你要说英语"。受辱的西裔或旁观者用手机录像然后发到社交媒体上,随后就是全社会对抱有偏见的人的谴责。

这些冲突表面上是语言问题,但实质上反映的是民权问题。美国反西裔的情绪和思潮长期以来一直存在。对于生活在美国的各族裔人士来说英语当然重要,但是对人叫嚷"这是美国,说英语!不然滚回你自己的国家",这显然不只是讨论语言问题,而是单纯的仇恨。在美国公众场合我们经常听到有人用法语、意大利语、德语、丹麦语这样的欧洲语言交谈,但从未见过他们受到别人的任何指责,充分表明对西裔和亚裔等少数族裔使用自己语言的责难是种族主义的歧视行为。

会说一种甚至多种外语在世界上很多地方都是被人看作值得赞许和羡慕的事,但在美国则不然。我来美国后不久正逢1988 年的美国大选。民主党总统候选人迈克尔·杜卡基斯

(Michael Dukakis)在接受民主党提名的大会上发表讲话时,其中一大段话是用西班牙语说的。他这样做或许是想争取西裔选民的支持,但却激怒了独尊英语的支持者。奥巴马总统在2008年竞选时鼓励美国人从小学外语,却遭到他对手的抨击。前犹他州州长、前美国驻华大使洪博培2012年在一次辩论中用中文"他不太了解这个情形"来形容他的一个对手,结果遭到他同党参选人的攻击。另一位共和党的参选人罗姆尼(Romney)在竞选发言中说法语,也受到他同党人士的抨击。2019年2月,佛蒙特州一个学拉丁语的初中生给该州一名参议员写信,建议佛蒙特州加一条用拉丁语写的州训,反对者得知暴跳如雷,把她的信发到社交媒体,并说这名女学生如想说拉丁语的话,最好搬到拉丁美洲去。

　　上面责怪少数族裔不说英语的人大多是非教育界人士,但在教育界和学术界也有此类事件发生。受到广泛关注的是2019年1月杜克大学的一个事件。学校一个硕士项目的主任、生物统计系的助理教授梅根·尼利(Megan Neely)给全系学生发了一封邮件称,系里有两名教师找她投诉,称他们在教学区听到两名中国学生大声说中文。她要知道这两个学生的名字,好在将来他们申请实习、面试或申请硕士专业时,"记住他们"。投诉的两位教师对那两个中国学生表示很失望,认为他们没有抓紧机会练习英语,还用别人都听不懂的语言大声交谈,真不懂礼貌。尼利在邮件中劝诫,对于国际学生而言,一定一定一定要注意在教学楼里说中文可能带来的后果。她建议外国学生在学校里要百分之百地使用英文。她还用了三个大写的"务请"(PLEASE)强烈表达了自己的意思。如此强调,在英语的语态中已经不是"请求",而是命令了。此邮件很快就被传到网上,并上了学校的学生报纸。这一下子在中国学生占60%的杜克大学引起轩然大波,一些中国学生立即起草抗议信,很快得到2 000多名杜克大学的学生和校友以及外校学生的联署签名。杜克大学亚裔学生联盟和杜克大学国际协会也发出了联合声明,谴责尼利教授的邮件以及另外两名教职工的行为。当地时间周六下午,该系所属的医学院院长向学生发信致歉,并称尼利已辞去硕士项目主任职务,澄清杜克大学不会限制学生私下交流的语言,学生也不会因为用英语以外的语言而影响学业成绩。此事件之所以有歧视性质,是因为尼利并非因中国学生说话声音大而阻止他们,如果当事人换成另一个族裔,尼利很可能就不会群发那封邮件。在美国的学术界经常会看到来自欧洲的学者相互交流时说自己的语言,从不会有人有非议。

多语种的共存和使用在美国势在必行,现在如此,将来更是如此,这是因为:

据预测,到2045年美国现在的多数族裔(白人)将成为少数族裔。这个变化现在已在发生,美国现在已有4个州、372个县(相当于中国的地级市)人口的多数为有色人种。发生这个变化主要有两个起因:一是西裔和亚裔的移民大幅增加,二是有色人种群体的出生率较白人高。据美国智囊机构布鲁金斯研究所的研究,到2020年,全美18岁以下的人口多数将是有色人种。同时在不到10年时间内,30岁以下的人口多数将为有色人种。人口构成的转变已经影响到美国人的民族认同、政治态度并形成了代沟。在民族认同方面,反歧视和平权的呼声更高。近年来,种族纠纷和反移民的情绪激增。族裔和文化多样化使得一些白人群体产生危机感。最近一个研究机构的调查发现,59%的共和党人和46%的白人认为,如果有色人种成为美国的多数,美国的文化将会被削弱。在政治方面,有些党派和参选人物常常煽动反移民情绪。特朗普在2019年5月16日的一次讲话中要求,申请移民美国的人在入境前要学英语并通过考试。白宫现在明确表示支持把英语法定为美国的官方语言。美国现在有些组织专门致力于推动独尊英语的运动,其中势力比较大的有 ProEnglish("力挺英语",https://proenglish.org)、US English("美利坚英语",https://www.usenglish.org)和 English First("英语第一")。"力挺英语"在其网站上开宗明义地说,他们反对在美国的公立学校实行双语教育。这类组织的行动纲领有二:一是游说国会立法把英语定为美国的官方语言,二是调动民意予以支持。他们的第一项纲领已经有所奏效。共和党参议员詹姆斯·英霍夫(James Inhofe)已经提出一个提案,要求把英语定为美国官方语言,该提案得到若干共和党参议员的支持。尚不知此提案是否会进入国会的议事日程,目前这些组织在民间的支持率还很低。

"独尊英语"在英语里有几种说法:English Only, English First 和 Official English。这种思潮的基本立场是:移民既然选择到美国来,就应该接受美国的生活方式,美国生活方式的一个重要部分就是英语,不会说英语就不能完全理解美国的立国原则、就不能效忠美国;少数族裔经营的商店不应用自己语言的招牌;公立学校不应实施双语教育,因为公立学校的经费来自纳税人,花大量经费实施双语教育损害了纳税人的利益。独尊英语者对移民要说英语还不满足,他们还要把外语从美国连根拔除。他们不愿意在公众场合听到外语,在街头看到外语的招牌和广告,甚至在选择电视频道时也不愿意在一瞬间看到任何外语频道。他们认为美国正处于一种文化危机中,只有通过立法才能确定英语的地位,从而挽救美国。但他们的努力至少还未能奏效。不仅如此,在一些宣布独尊英语的州还产生了反思甚至反弹。2000 年,亚利桑那州的选民投票通过一项名为 203 提案的法律条款,取消双语教育,母语不是英语的学生在学校只能用英语接受教育。此法案实施20年来并没有产生积极的效果。2017年的统计数字显示,母语不是英语的学生毕业率只有40%。有识之士指出,英语不佳的学生在设法补英语的同时,其他科目因为听不太懂而跟不上。美国两大政党中支持独尊英语的一般是共和党,但亚利桑那州的国会众议院议员,也是国会众议院教育委员会主席的共和党人米歇尔·尤德尔(Michelle Udall)这次却说:"越来越多的研究显示如果同时用双语授课,学生各科的表现都会大大提高。"亚利桑那州最近的民意调查显示现在选民们倾向于废除203提案。

其实对其他语言在美国的使用大可不必惊慌。语言研究显示,新移民的子女对自己母语的使用低于他们的父母,到第二代时基本都说英语。此外如我在前面所说的,美国现有6 700万人在家时不说英语。这批人对美国来说其实是很好的语言资源,他们可以满足政府和各行各业对外语人才的需求。为什么要独尊英语,把这么好的语言资源排斥在外呢?

They 为什么是美国的年度热词和年代热词?

世界上很多国家在年终时都会评选年度热词。年度热词在中国、韩国、日本和马来西亚等国家都叫年度汉字。美国最权威的词典——《韦伯斯特词典》2019 年 12 月 10 日宣布,英语代词 they(他们)当选为年度热词,各大媒体都以显著的版面刊登了这一消息。《韦伯斯特词典》做此选择的理由是,2019 年互联网上对此词的热搜增加了 313%。其实这并不是 they 第一次当选为年度词。美国方言协会每年在首都华盛顿也举办遴选年度热词的活动,协会 2015 年选出的年度热词也是这个再普通不过的人称代词 they。2019 年底,美国方言协会又把 they 选为 2010—2019 年代热词。《韦伯斯特词典》的选词标准是互联网上热搜率最高的词,而美国方言协会则由协会的会员投票决定。协会的会员大多是语言学家和语言工作者。那么 they 这个普通代词有什么特别之处呢?它的特别在于这个词被赋予了两个新意:一个是语法意义,一个是词汇意义。在语法上,它不再只指复数第三人称的"他们",还被用来取代 he(他)和 she(她),指单数第三人称的"他"或"她"。此外 they 也成为一些人士选用的"第三性别"的单数人称代词,这些人士不认同自己的性别是男女两种性别之一。

所谓人称代词就是指代人的词。在英语里人们用 I（主格）、me（宾格）、myself（我自己）指自己，用 you（你/你们）、she(她)、he(他)、they（他们）指别人。英语里缺乏一个既能指男性，也能指女性的第三人称单数。中文的第三人称单数"他"和"她"在口语里没有区别，发音都是 ta,区别只是表现在书面语上。英语里跟 she、he 和 they 有关的代词还有定语物主代词 her 和 his、their,名词性物主代词 hers、his 和 theirs,宾格 her、him 和 them。英语里还有一些"不定代词",如 somebody/someone(某人), anybody/anyone（任何人）, everybody/everyone（每人）,nobody/no one(无人)。后面跟什么物主代词指代是件很麻烦的事。英语习惯在所属名词前用物主代词 my（我的）、your(你的)、his（他的）、her（她的）、its（它的）、our（我们的）、your(你们的)、their（他们的）。中文里说"我把手放在口袋里",而英美人一定要说"I put my hands in my pockets",直译起来就是"我把**我的**手放在**我的**口袋里",好像不说"我的"就不清楚是谁的手、谁的口袋了。但是语言的习惯就是这样的,你如果在英语里不用这样的物主代词别人就会觉得你的英语不地道。

主语如是单数不定代词的话,在下文里该用什么物主代词呢？1745 年英国的语法学家安妮·费希尔(Anne Fisher)宣称,应该用阳性的物主代词 his(他的),而且此物主代词包括女性,如 Everyone should do **his** best.,这句话如果直译成中文就是"每个人都要尽**他**最大的力量"。在此后的 250 多年里就约定俗成：阳性的代词包括阴性。Everyone should do **his** best.里的 his（他的)不只是指男性,也包括女性。英国和加拿大分别于 1850 年和 1867 年在各自的《解释法案》里说形式上为阳性的词也包括女性。美国于 1871 年通过的《词典法案》里说阳性的词语可以指女性。这种相安无事的状态持续了 200 多年，但是在过去的 40 多年里受到质疑和挑战。其间发生了两件大事。一件大事是 20 世纪 70 年代末到 80 年代在美国兴起的女权运动。女权运动或女权主义的主要宗旨是为女性争取社会、政治、法律、经济地位上的平等，同时她们也对语言里的性别歧视特别是用阳性代词包括女性提出了改革的要求。第二个重大事件是 2017 年爆发的"MeToo 运动"。Me Too 的意思是"我也是"，此运动原是鼓励女性在推特上公开被侵犯被骚扰的经历，同时也掀起另一波要求女性平等的浪潮。女性争取语言中的平等待遇也是这股浪潮里的一部分。她们首先提出的要求就是不能再允许用阳性的人称代词包括女性。当时提出来的一个解决办法是在句中加上阴性的物主代词，如 Everyone should do **his** and **her** best.，直译过来就是"每个人都要尽**他和她**最大的力量"。坚持用阳性物主代词包括女性的被叫作"传统派"，而坚持要在句中加上阴性物主代词的被叫作"进步派"。进步派的这一主张造成了许多很拗口的句子，如 An employee should file a report with **his** or **her** supervisor if **he** or **she** believes that **he** or **she** has been discriminated against.（直译：一个雇员应该跟**他**或**她**的主管报告，如果**他**或**她**觉得**他**或**她**受到歧视）。这的确是个问题。到了 20 世纪 80 年代初进步派干脆另辟蹊径，在句子里删掉阳性物主代词，只用阴性物主代词，如 Everyone should do **her** best.（直译：每个人都要尽**她**最大的力量）。他们的观点是，如果阳性代词可以包括阴性，为什么阴性物主代词不能包括阳性？就让男性适应社会的变革吧。这一论争大多只限于学术界，对社会的影响其实不大。社会在很大程度上还是继续几百年来形成的做法，用阳性代词包括女性。有人做过统计，用阳性代词包括女性和用阴性代词包括男性的比例是 1 000∶1。由此可见，进步派并没有取得实质性的进步。

在传统派和进步派激烈论战的同时,有些人悄悄开始把复数的 their 用作单数的物主代词,既包括男性,也包括女性。这一下子就解决了性别不平等的问题,但同时也违反了语法规则。英语语法要求物主代词必须跟作为主语的不定代词在性和数上保持一致。不定代词是单数的,后面怎么能用复数的物主代词呢?

在社会思潮和语法规则的博弈中,语法规则败阵了。下面的对话以前是不可思议的,现在已经是习以为常的了:

A:My child won the spelling bee at school.(我孩子在学校赢了拼写比赛。)

B:What's **their** name? (他/她/非他非她叫什么名字?) 或 How old are **they**? (他/她/非他非她多大?)

2019 年秋美国政坛爆发的最大丑闻便是"特朗普电话门"。特朗普在 2019 年 5 月到 8 月连番向乌克兰政府施加压力,并在与乌克兰总统的一次通话中要求乌克兰调查民主党总统候选人拜登父子,否则就不发放美国国会批准给乌克兰的近 4 亿美元的援助。此次通话被一匿名人员举报,引起美国朝野的轩然大波并导致了弹劾总统程序的展开。在美国众议院的一次听证会上,情报委员会主席亚当·希夫(Adam Schiff)和国家情报代总监约瑟夫·马奎尔(Joseph Maguire)的一次对话很生动地体现了 they 的用法:

> When the committee chairman, Adam Schiff, asked Maguire if he thought that the whistle-blower was "a political hack" as Trump had suggested, Maguire responded, "I don't know who the whistle-blower is, Mr. Chairman, to be honest with you. I've done my utmost to

protect **his** anonymity." But if Maguire was seeking to protect the whistle-blower's anonymity, why use the pronoun **he** to identify the person's gender?

  Schiff, in his questioning, was more circumspect, avoiding gendered references by relying on a time-honored strategy: deploying **they** as a singular pronoun. When Maguire said he thought the whistle-blower was "operating in good faith," Schiff said, "Then **they** couldn't be in good faith if **they** were acting as a political hack, could **they**? ... You don't have any reason to accuse **them** of disloyalty to our country or suggest they're beholden to some other country, do you?"

  When Maguire again referred to the whistle-blower as **he**—"I think **he** followed the law every step of the way"—Schiff took another gender-neutral approach, using **he** or **she**: "Then why, Director, when the president called the whistle-blower a political hack and suggested that **he** or **she** might be disloyal to the country, why did you remain silent?" (https://bit.ly/2I5Xzsi)

  马奎尔最初用 he (他)来指秘密举报人,这样就泄漏出举报人的性别,而希夫自始至终都用 they 指这个举报人,在马奎尔不断使用 he (他)的情况下,希夫后来用了一次 he or she(他或她)来暗示马奎尔不要透露举报人的性别。

  用复数的 they 代替单数的 he 和 her 的用法其实从莎士比亚时代就出现了,但几百年里只是个人行为或在口语中使用,并没有登堂入室而被正式接受。其实 they 获取单数的意义也不是史无前例的。英语单词 you 可以指第二人称单数(你),也可以指第二人称复数(你们)。但在 14 世纪前,you 只是复数,其单数的形式是 thou(主格)和 thee(宾格)。14 世纪后 you 逐渐获取了单数的意义,久而久之,原先的单数形式 thou 和 thee 则被摈弃。they 目前经历的变化跟 you 在 14 世纪后经历的变化可以说如出一辙。

在近几年里,they 又获取了另一个语义,用以表示非男非女的中性性别或第三性别。现在越来越多的报纸杂志已正式接受这种用法,包括《华盛顿邮报》《华尔街日报》、美联社等。有着近 12 万成员的美国心理学会 2019 年 11 月正式宣布接受 they 做第三人称单数使用。学会不只是接受这一用法,而且还要求其成员在指第三人称单数时必须用 they。学会的说明是,即使是用 he or she 也是不对的,因为用 he or she 即意味着所指的人非男即女,也还是排斥了一些人。《韦伯斯特词典》2019 年正式收入 they 的一条新词义,指代具有非二元性别身份的第三人称单数。英语的人称代词有主格和宾格之分,主格就是主语,宾格就是宾语。既然我们现在有了中性第三人称单数的 they,就得有中性第三人称单数的宾格,那么此宾格就是 them 了。英语里还有一种指自己的"反身代词",现在有人创造出 themself 这个第三人称单数反身代词,此词也被《韦伯斯特词典》收入了。themself 这个词原先是不存在的。

语言中的这一变化反映出社会的变化,尤其是 LGBT 这个群体地位的确立和社会对这个群体的认可。LGBT 是英文 lesbian、gay、bisexual 和 transgender 的缩写,指的是四类人:

图 12 人称代词胸牌

女同性恋、男同性恋、双性恋、变性人。这个群体希望得到社会的尊重,希望大众用他们自选的性别代词而不是他们出生时的性别代词称呼他们。现在有人怕别人用错代词就主动在身上戴一胸牌，告诉大家该用什么代词称呼他们，如图12所示。

还有的人在会议发言时第一句话就表明希望别人用什么人称代词称呼他们，如：

Hello, I'm Michelle: **she/her**.（大家好，我叫蜜雪儿，请用 **she/her**）

Hello, I'm Michael: **they/them**.（大家好，我叫麦克，请用 **they/them**）

在发邮件进行文字交流时，很多人把自己希望别人使用的人称代词写在自己的署名栏里。

近年来美国地方政府、大学和其他各类机构针对LGBT群体通过一系列法案或保护措施，也反映出社会对性别取向和人称代词使用的态度。俄勒冈州于2016年在全美率先允许第三性别者在州身份证上选择非男（M）非女（F）的第三种选择X。此后有15个州通过相同的法案。在刚刚过去的2019年，纽约市市长签署了市议会通过的一项提案，允许在出生证明的性别栏里增加一个非男（M）非女（F）的选项：X。根据该法律，在纽约市出生的人可以根据自己的性别取向申请更改其出生证上的性别。纽约市人权委员会宣称"自选代词是公民应该享受的权利"，同时在其为市政府编写的反歧视法指导文件中建议用 ze 和 hir。指导文件还说："有意或执意拒绝使用他人的自选名称、代词或尊称头衔是违反人权法的行为，可能会造成巨额罚款。" ze 是一个跨性别的代词，而 hir 是它的物主代词和宾格形式，如 You're welcome to bring your partner, if **ze** would like to come（欢迎你带你的同伴来，只要他/她愿意来的话）；Ze went to hir bedroom（直译：他/她去他/她的卧室）。美国最大的律师事务所之一的贝克·麦坚时律师事务所（Baker McKenzie）2019年宣布将把其雇员的编制比例定为 40% 为男性、40% 为女性、20% 为其他性别。2020 年 2 月,美国国会众议院议员罗卡那(Rhokana)提出一项议案,要在美国护照上性别的选项里加上表示第三性的 X。此议案是否能得到国会两院的通过而得到总统的签署现在还是个未知数,因为由共和党占多数的参议院对这类提案一般是不支持的。现在国际上至少已有十个国家的护照上有第三性别的选项,包括澳大利亚、丹麦、孟加拉、加拿大、德国、印度和新西兰。

现在美国的大学逐步允许学生选择自己的人称代词。如佛蒙特大学允许学生更改自己的名字或在 she、he、ze 三个选项中选择自己中意的人称代词。麻省的汉普郡学院(Hampshire College)在学校网站上公布其引导访客参观校园的导游人员的性别代词以示学校的包容性。加州大学伯克利分校学生保健中心的表格上给的性别选择有:男性、女性或其他。威斯康星大学给学生的选择更多:ae、ay、e、fae、he、per、she、they、ve、xe、ze 和 zie,这些还只是第三人称单数主格的形式,如果加上物主代词、反身代词和宾格,那就会有几十种五花八门的形式了。我所任教的纽约大学 2020 年给全校师生发通知说,学生可在学校的网上注册系统里自选代词。学校给的选择除了传统的代词外,还有不分性别的 ze/hir/hirs。学生们还可说明他们是否愿意让老师在课堂上用他们所选的代词。如果他们选"不愿意",老师在系统里就看不到学生选的代词。马里兰大学现在设有一个 LGBT 平权中心,中心的副主任是樱井茂史。2018 年她在美国创立了一个"国际代词日"(International Pronouns Day),每年 10 月的第 3 个星期三举办各种活动,向民众普及对 LGBT 群体的认识,提醒他们用正确的代词称呼这个群体里的人。故意用错代词可能会使人感到不尊重或屈辱,并可能给他们的心理健康带来损伤,这种行为甚至可能被视为骚扰。

随着各界对第三人称代词的热议,一些新创的代词也应运而生,下表 5 显示目前新出现的部分词语:

表 5　目前新出现的第三人称代词

HE/SHE	HIM/HER	HIS/HER	HIS/HERS	HIMSELF/HERSELF
zie	zim	zir	zis	zieself
sie	sie	hir	hirs	hirself
ey	em	eir	eirs	eirself
ve	ver	vis	vers	verself
tey	ter	tem	ters	terself
e	em	eir	eirs	emself

还有人提议用 ze(亦可拼作 zie 或 xe)来取代 she/he/they,用 hir 取代 her/hers/him/his/their/theirs,如:

Tom ate hir food because ze was hungry.(汤姆饿了,吃了饭。)

但哪些代词能为大众接受,哪些只是昙花一现,还有待时间的检验。还有的人要求别人直接用他/她的名字,不要用任何代词,如:

Mary ate Mary's food because Mary was hungry.(直译:玛丽饿了,玛丽就吃了玛丽的饭。)

上述情况都说明社会各界对性别问题的重视。虽然 LGBT 群体越来越多地引起人们的关注,但争取女性的权利与地位仍是性别问题的焦点。比尔及梅琳达·盖茨基金会(Bill & Melinda Gates Foundation)2019年承诺出资10亿美元,用于未来10年里在提高美国妇女的社会地位和影响力方面达到三项目标:(1)消除妇女职业晋升上的障碍;(2)扶持对社会具有巨大影响的行业中的女性,这些行业包括科技界、媒体界和政界;(3)动员公司的股东、员工和消费者,对需要改革的公司和机构施加外部压力,推动它们整改。这三项目标虽然没直接涉及语言,但要消除对女性的歧视,语言问题肯定是绕不开的。(Melinda Gates:Here's Why I'm Committing ＄1 Billion to Promote Gender Equality, https://bit.ly/2VB0Bgb)

美国伊利诺伊大学教授丹尼斯·巴伦(Dennis Baron)2020年新年伊始出版了一本名为《你的人称代词是什么?》(*What's Your Pronoun? Beyond He and She*)的专著,用近300页的篇幅来讨论200年来为解决英语里一个"遗漏单词"而进行的种种尝试。这个被遗漏的单词就是一个能囊括所有性别的第三人称单数代词。对这一话题感兴趣的读者不妨参考一下这本专著。

语法性别之纠结

在前一章里我们讨论了英语里跟性别有关的人称代词。但女性在语言里受到的不平等待遇不只是反映在人称代词上,也体现在语言的其他层面。

有"网红语言学家"之称的加拿大学者格蕾琴·麦卡洛克(Gretchen McCulloch)曾对世界上 257 种语言做过调查,发现其中有 112 种,也就是 43% 的语言里有语法性别(grammatical gender)。古英语里也有语法性别,但经过 1 500 年的发展,语法性别已从现代英语中消失了。欧洲许多其他语言都还保留着语法性别,特别是属于罗曼语分支的西班牙语、意大利语、葡萄牙语、法语和罗马尼亚语。语法性别的表现就是这些语言里的名词有阴性和阳性之分(罗马尼亚语还有一个中性)。中文"昨晚我跟朋友去看电影了",翻译成英文就得说明是跟一个朋友去的(I went to the movies with a friend last night),还是跟数个朋友去的(I went to the movies with some friends last night),英语名词有单复数之分,但没有性之分,所以从形式上看不出"朋友"的性别。如翻译成西班牙语就麻烦了,除了要说明单数还是复数外,在单数情况下还要说明这个朋友是男性还是女性:amigo、 amiga,没有别的选择(西语里多数阳性名词以-o 结尾,多数阴性名词以-a 结尾),其他的罗曼语亦如此。从这点可以看出中文是隐晦或含蓄的语言,而英语和西班牙语这类印欧语言是直接和"透明"的语言。如果不知道所说主体的性别时就用默认形式,也就是阳性形式,所以"昨晚我跟朋友去看电影了"里的"朋友"在没有上下文的情况下就会被翻译成"男性朋友"。

赋予人世间的万物阴阳之分并不奇怪,《红楼梦》第 31 回里有一湘云和翠缕谈阴阳的对话:

> 湘云说:"天地间都赋阴阳二气所生,或正或邪,或奇或怪,千变万化,都是阴阳顺逆。就是一生出来,人人罕见的,究竟道理还是一样。"翠缕道:"这么说起来,从古至今,开天辟地,都是些阴阳了?"湘云笑道:"胡涂东西!越说越放屁!什么'都是些阴阳'!况且'阴''阳'两个字还只是一个字:阳尽了就是阴,阴尽了就是阳;不是阴尽了又有一个阳生出来,阳尽了又有个阴生出来。"翠缕道:"这胡涂死我了!什么是个阴阳?没影没形的。我只问姑娘,这阴阳是怎么个样儿?"湘云道:"这阴阳不过是个气罢了。器物赋了,才成形质。譬如天是阳,地就是阴;水是阴,火就是阳;日是阳,月就是阴。"翠缕听了,笑道:"是了,是了!我今儿可明白了。怪道人都管着日头叫'太阳'呢,算命的管着月亮叫什么'太阴星',就是这个理了。"湘云笑道:"阿弥陀佛!刚刚儿的明白了!"翠缕道:"这些东西有阴阳也罢了;难道那些蚊子、虼蚤、蠓虫儿、花儿、草儿、瓦片儿、砖头儿,也有阴阳不成?"湘云道:"怎么没有呢,比如那一个树叶儿,还分阴阳呢:向上朝阳的

就是阳,背阴覆下的就是阴了。"翠缕听了,点头笑道:"原来这么着!我可明白了。——只是咱们这手里的扇子怎么是阴,怎么是阳呢?"湘云道:"这边正面就为阳,那反面就为阴。"

文中的"阴"和"阳"是中国古代的哲学概念,指世界上一切事物都具有两种互相对立又互相联系的力量,但并没有反映在语言形式上。所以中文的词语形式不会影响中文使用者对阴阳两性的看法,不信阴阳学说的人也不会受到语言的制约。

在有语法性别的语言里,每个名词不是阴性,就是阳性。这些语言时常遇到的一个问题是,如果出现一个新生事物,如何赋予它语法性别?2020年世界上发生最大的事莫过于肆虐全球的新冠病毒。世界卫生组织把新冠病毒定名为COVID‐19。这是一个英文的缩写,分解开来就是CO—Corona(冠状),VI—Virus(病毒),D—Disease(疾病),19—2019。这是个名词,所以有语法性别的语言就必须给它定"性"。几个月以来法国的媒体和民众大多采用的是阳性,冠词用的也是阳性的le。但最近素有"法语卫士"之称的法兰西学院(Académie Française)发表声明说,COVID‐19应该是阴性,冠词应该用阴性的la,媒体和民众把COVID用作阳性是个错误,是把COVID和coronavirus混为一谈了。coronavirus是导致产生COVID的病菌,本身并不是COVID。coronavirus在法语里是阳性:le coronavirus。缩写语的语法性别是由其核心词定的。COVID的核心词是D—Disease。Disease在法语里是阴性名词:la maladie,所以COVID‐19在法语里应该是阴性。西班牙皇家学院(Royal Spanish Academy)最近也声明说,COVID‐19在西班牙语里应该是阴性,理由与法语一样。

据此我估计同属罗曼语的其他语言也会有同样的纠结,于是我问了现在意大利的一位朋友。她回答说的确如此。她给我发来一篇新闻报道(https://bit.ly/3cwHYzB),标题赫然是"COVID-19 是男性还是女性?"由于一度没有定论,有的人干脆就不用冠词来模糊表达。最后请出米兰大学的病毒学家 Fabrizio Pregliasco 定夺。教授一锤定音,说 coronavirus 是男性,COVID-19 是女性,与法语和西班牙语完全一致。

没有语法性别的语言则无此烦恼。

英语的名词没有阴性阳性之分,但是有些表示人的名词有男女两性的对应词,如 man/woman(男人/女人)、actor/actress(男演员/女演员)、poet/poetess(男诗人/女诗人)、steward/stewardess(男乘务员/女乘务员)、waiter/waitress(男招待/女招待)。值得注意的是,这里每一对的男性词在英语里属"无标记词",它们独立使用时常常被看作涵括女性的中性词。最著名的例子大概就是 mankind(人类)、the achievement of man(人类的成就)、manpower(人力)里的 man 了,它所表达的意思虽然包括女性,但同时也流露出对女性的偏见,即她们在智力上、体力上和情操上不及男性。mankind 实际上是将女性排除在历史之外。我随手拿起书架上的两本书:*Man, Culture and Society* 和 *Mirror for Man*,书名中都用 man 指人或人类。另外,前面列的男女对应词也不是等值的。如要表达这样一句话:"布朗宁夫人是著名的英国诗人",在英语里有阴性的诗人一词(poetess)却偏偏不能用。如果说"Mrs. Browning was a great British poetess",就把她的地位降低了,言下之意就是"她在女诗人中是著名的,算上男诗人也许就不那么著名了"。

目前越来越多的英语使用者对有性别明示的词语产生警觉,也有不少替换词应运而生。美国的劳工部曾修正了 3 500

个职业名称,抛弃了带有明显性别指向的名称。表 6 是最近出现的性别替代词:

表 6 新出现的性别替代词

阳性词	阴性词	替换中性词	词义
son	daughter	child	孩子
councilman	councilwoman	councilperson	议员
fireman		fireperson	消防队员
freshman		first-year student	大学一年级学生
steward	stewardess	flight attendant	乘务员
gentleman	ladies	folks, folx, or everybody	大家
mankind		humankind	人类
boy	girl	kiddo	孩子
man-made		machine-made, synthetic, or artificial	人造
congressmen	congresswomen	Members of Congress	国会议员
nephew	niece	nibling	侄子/侄女/外甥/外甥女
father	mother	parent or pibling	父母
boyfriend	girlfriend	partner, significant other	伴侣/重要的一半
brother	sister	sibling	兄弟姐妹
salesman	saleswoman	salesperson	售货员
waiter	waitress	server	服务员

(资料来源:https://www.teenvogue.com/story/how-to-use-gender-neutral-words)

有些女权主义者指出英语里某些泛义的单词里隐藏着男性的语素,如 **He**ro、**his**tory、**she**、wo**man**、fe**male**、hu**man**、per**son**,她们认为这也是对女性的不尊重,应该修正。但普遍的意见认为这是吹毛求疵,过于偏激。因为这些都是英语里的日常用词,公众应不会接纳修改的意见。很有意思的是,不久前冰心女士的女儿吴青教授告诉我一事,一个国际组织要给她颁发"50 位 50 岁以上的女性永葆青春奖"(50 Above 50 Award),并请她在 2020 年 9 月的 sHero 颁奖仪式(sHero Awards Ceremony)上发言。邀请信上好几处赫然写着 sHero 一词。Hero 在英文里的意思是"英雄",其阴性形式是 Heroine,意为"女英雄"或"女中豪杰",但使用的人越来越少。在指"女英雄"时多用阳性的 hero。这自然引起女性主义者的不满,所以 sHero 一词应运而生,并被越来越多的人接受。其实 sHero 并不是个新词,它在 1892 年女性争取选举权的运动中就出现了,但一直没有引起注意,直到今天才获得新生。有些先前人们习以为常的词语现在也被发现具有性别偏见而被要求改正。如在英国军队里发给士兵的 sewing kit(针线包)被叫作 housewife kits,直译起来就是"家庭主妇包"。英国国防部受到各界的抗议,最近表态说这个名词的确"落伍"了,需要更正。

　　有语法性别的语言面临的困扰更大一些,因为这些语言里的名词都有阴阳之分。语法对名词的分类往往会在人们的潜意识中造成偏见,如一些表示职业的名词语法定为阳性,另一些职业定为阴性。法语里一些传统的职业只有阳性形式,没有阴性形式,如 professeur(教师)、auteur(作者)、écrivain(作家)、docteur(医生)、président(主席)、ministre(部长)、senior(市长)、magistrat(法官)、pompier(消防队员)、policier(警察)、ingénieur(工程师),这往往就让女性在心理上望而却步,不敢申请这类工作。法语中表示职务或头衔时,不论当事人是什么性别,一律用阳性形式,这让现代女性感到极大的不公。法国有个专门负责语言"纯洁"的法兰西学院,法兰西学院长期以来持保守的立场,反对将职业名词女性化。他们表示要用 Madame le ministre 表示"女部长"(le 是阳性的冠词),不能用 Madame la ministre(la 是阴性的冠词)。后来甚至闹出这样的笑话:le ministre enceinte(部长怀孕了)。句子里的 le 和 ministre 分别是阳性冠词和名词,给人的印象是男部长怀孕了。2014 年法国国民议会闹出的一个事件就与语法的性别有关。保守派议员朱利恩·奥伯特(Julien Aubert)用 Madame le president(议长夫人)称社会党成员、国民议会副议长桑德琳娜·马泽提耶(Sandrine Mazetier)。称呼中的 le president 为阳性形式。马泽提耶回应说必须用"Madame la presidente"来称她。Madame la presidente 是传统法语里没有的阴性形式。奥伯特不听,执意用阳性的形式称她。结果马泽提耶处罚他 1 378 欧元。阴性形式的 la presidente 传统上的意思是"议长的夫人"。世界银行 2018 年曾发表一份研究报告,显示在有语法性别之分的语言里,人们普遍觉得名称用阳性形式的职业要比用阴性形式的职业更重要,这些国家的女性就业率较之没有语法性别之分的国家低(https://openknowledge.worldbank.org/handle/10986/29893)。

现在不少语言里有语法性别的国家都在探讨解决两性在语言里受到不平等对待的办法,有的语言所在的国家还产生了激烈的论战。西班牙便是一例。西班牙语的名词只有阴阳两性,没有中性。如果表示复数概念,通常采用阳性形式。西班牙有个监管语言正确使用的机构叫"皇家西班牙语学院"。2018 年西班牙副总理卡门·卡尔沃(Carmen Calvo)向皇家西班牙语学院提交了一份报告,要求用更包容的词语取代西班牙宪法里用阳性名词泛指两性的词语。如在西班牙宪法里,"西班牙人"是 los españoles(阳性冠词+阳性名词)。其实西班牙语里并没有很好的解决办法,因为没有无语法性别之分的泛指名词。唯一的办法就是在阳性名词后加同一名词的阴性形式,如 los españoles y las españolas。但皇家西班牙语学院至今尚未表态是否接受。2019 年西班牙左翼政府上台后,对这个问题的论战变得更加激烈。新政府有的成员开始用 consejo de ministras 来称内阁,其中 ministras 是阴性复数形式,而传统上应该用 ministros,即阳性复数形式。皇家西班牙语学院指出这么说不对,除非全部内阁成员都是女性。这一点很像中文的"他们"和"她们"。中文里对既有男也有女的群体,用"他们",都是女性就用"她们"。卡尔沃反驳说,现在是我们的宪法对男女一视同仁的时候了,男性的语言已不符民主社会的情况了。西班牙宪法里现有 500 多个这样的词语,要都改掉需要各方的共识,看来是很难的。南京大学一位西班牙语专业的男生告诉我,系里的西班牙女老师称全体学生时用 chicas(女孩子们),而不是 chicos(男孩子们)。2020 年 10 月德国司法部在起草一份商业法令时把统指男女两性的阳性名词一律改为阴性,由此引起朝野的轩然大波。德国内务部随即要求司法部更正这一做法,理由是在大众没有接受这一新的语言现象时,用阴性名词统指男女两性会给人错觉,即所定的法令只使用于女性。德国语言协会也表态不支持司法部的做法。现在不少语言在探索解决的办法。如在西班牙语里有人建议干脆把阳性标志-o 和阴性标志-a 都摈弃,而代之以-e,这样名词就没有阴阳的区别了。现在还有人在社交媒体上用@这个符号统指两性,因为此符号的外部像阳性名词的结尾字母 o,内部则是表示阴性名词结尾的字母 a。

  2019 年德国汉诺市通过一项语言使用的决议,其中包括用星号"＊"标注名词,特别是表示职业和称谓的名词;由语言使用者自己决定名词的性别属性,如 Freund＊in(friend)。德语里有个有趣的词 sie,可表示"她""您"和"他们"。区分的方式是看它大写 Sie 还是小写 sie，以及后面动词的变位情况，如 **sie ist eine schöne Frau**（她是个美女——动词是第三人称单数）；**sie sind schöne Frauen**（她们是美女——动词是第三人称复数）；**Wollen Sie essen?**（您想吃饭？——Sie 为大写）。马克·吐温 1880 年写过一篇题为《糟糕透顶的德语》的幽默文章，里面还专门调侃了 sie 的用法，殊不知这个小词现在却解决了困扰其他语言的一些窘境。

澳大利亚政府 2020 年 7 月 30 日发布了一份政府语言使用手册的意见征求稿，这是 2002 年以来的首次更新版。手册提倡使用更具包容性的语言，具体内容有：

1. 使用中性（gender neutral）语言。

2. 不要使用基于性别或性倾向的歧视性语言。

3. 使用对方自己首选的代词，如果没有的话，则使用 they、them、themselves（均为复数第三人称）。

4. 避免使用以 man（男人）或 woman（女人）结尾的职业名称。如用 police officer（警察）、minister of religion（牧师）、firefighter（消防队员）代替 policeman、clergyman、fireman。

5. 避免使用带有明显女性标志的职业称呼。如用 actor（演员）、host（主人）、waiter（服务员）、flight attendant（乘务员）取代 actress、hostess、waitress、stewardess。

6. 对第三性别或不愿意被指明性别的人用尊称 Mx。

除人称代词和名称的阴阳性外，对女性的尊称也一直有争议。称男性的 Mr.（先生）可用于已婚或未婚男子，但英语在起源后的 1 450 年里一直没有一个可统称已婚或未婚女子的尊称，要不就是已婚的 Mrs.（夫人或太太），要不就是未婚的 Miss（小姐）。1901 年有人创造了一个称呼 Ms.，但直到 20 世纪 70 年代末才得到广泛使用。现在 Ms.已被广泛接受，Mrs.和 Miss

反倒没多少人用了,因为用 Mrs.的时候必须用夫姓,用 Miss 的时候必须知道对方的婚姻状况。《牛津英语词典》和《韦伯斯特词典》分别于 2015 年和 2017 年收入不分性别、男女都可用的尊称 Mx,不过还未广泛使用。不分性别的人称代词在语言学里叫作 epicene pronouns,中文口语里的 ta 就属此类。现在还有一个趋势:如非必要,不要点明被称呼人的性别。2019 年 10 月加拿大航空公司率先宣布加航航班的空中广播不再用 ladies and gentlemen(女士们先生们),而代之以 everyone(各位或大家)称呼乘客。加航的这一规定势必会带动其他航空公司效仿。

语言里对女性的偏见有时是通过语法形式,如用男性词语涵括女性,用阳性形式表示职业的词语,但有时是通过词汇和语义形式。如在英语里,《牛津英语词典》在 woman 词条下列出的同义词就包括不少贬义词,如 bitch、wench、bird、baggage、frail、chick、biddy、bint、broad、piece、petticoat、besom、bit、mare、filly。懂英文的人一下子就能看到里面对女性的贬低。而 man 词条下就没有这么多贬义同义词。英语中不少跟女性有关的词原先在语义上属中性,但后来转成贬义。转成贬义后原先的中性语义便不复使用。如 hussy 原来的意思是"家庭妇女",后来转义为"淫荡女";slut 原来的意思是"女佣",后来转义为"妓女"。此外,《牛津英语词典》还收入了如下贬低女性的例子:

· Ms. September will embody the professional, intelligent yet **sexy** career woman.

· If that does not work, they can become women **of the streets**.

· Male fisherfolk who take their catch home for the **little** woman to gut.

· I told you to be home when I get home, **little** woman.

针对这一情况,英国现在已有3万多人签署了一份致《牛津英语词典》的公开信,要求词典做三项更改:(1)删除所有歧视和贬低女性的词语和定义;(2)扩充 woman 词条的内容;(3)援引跟少数群体有关的例子,这些少数群体包括变性女性、女同性恋者等。《牛津英语词典》的一位负责人回复说:"女性在语言里受到不公正的对待不应归咎于词典编委,责任在社会。词典里收入这些词语和定义因为它们是来自大众的日常用语。词典可以更改,但语言使用者需要首先改变他们的语言习惯。词典不影响语言,而语言则影响词典。"这样说不无道理。语言使用者的确需要意识到语言里对女性的偏见,从而注意自己的语言行为。2016年加拿大人类学家麦克·奥曼-里根(Mike Orman-Reagan)向《牛津英语词典》编委指出词典里许多词条的例子表现出对女性的歧视和偏见。如在 feminist 词条下用 rabid feminist(疯狂的女性主义者)为例,rabid 一词源自 rabies(狂犬病),其歧视义不言而喻。词典里 shrill(尖叫)的定义是 the rising shrill of women's voices(女人高声的尖叫),形容词 nagging(唠叨的)给的例子是 a nagging wife(絮絮叨叨的老婆)。经过他不懈的努力,《牛津英语词典》编委 2020 年终于答复说,他们要一条条地审阅跟女性词语有关的例句并做相关的更改。据英国《卫报》报道(https://bit.ly/2vKzxjW),《牛津英语词典》已对下列词条的例句做了修改:

psyche:(definition:the human soul, mind, or spirit) original examples: *I will never really fathom the female psyche*

new example: *The mind, the psyche, the soul, the spirit—call it what you will—also has to be returned to some sort of equilibrium*

housework: regular work done in housekeeping, especially cleaning and tidying

original example: *she still does all the housework*

new example: *I was busy doing housework when the doorbell rang*

high-maintenance: (of a person) demanding a lot of attention

original example: *if Martin could keep a high-maintenance girl like Tania happy, he must be doing something right*

new example: *I freely admit to being high-maintenance*

rabid: having or proceeding from an extreme or fanatical support of or belief in something

original example: *a rabid feminist*

new example: *a rabid ideologue*

这里再举一个美国的例子。美国总统特朗普上台以来一直受到特别检察官对他涉俄调查的困扰。他反击时最喜欢用的一个词就是 witch hunt(政治迫害),据媒体统计,仅从 2017 年 5 月到 2018 年 8 月,他就在社交媒体推特上用过 witch hunt 达 110 次。如果算到现在,这个数字可能要再翻几番。根据《韦伯斯特词典》,此词最早出现于 1885 年,字面意思是"猎巫行动",即搜寻施行巫术的证据,从而对巫师进行迫害。现在这个词的意思演变为"政治迫害"。巫师可男可女,但 witch 这个词在英语里一般指的是玩弄巫术的女巫。17 世纪末和 18 世纪初,在美国新英格兰因巫术被处决的人当中有 78% 是女性。所以英文里 witch 一词只用来指女性,而且具有很大的侮辱性。英语里还有 wizard 一词,指的是与 witch 相对的男性。但 wizard 的语义为中性,有时甚至还含褒义,指在某方面有特别才华的人。

语言里对女性和男性所用的形容词修饰语的侧重也各不相同,强有力地反映了社会对女性和男性的态度。为了求证,哥本哈根大学和其他一些大学的研究人员 2019 年 8 月用一个电脑程序对 1900 至 2008 年之间发表的 350 万本英文书籍进行分析,看对女性的描写和对男性的描写是否有差别。图 13 是分析结果(每栏选了 11 个使用频率最高的形容词):

Female		Male	
Positive	Negative	Positive	Negative
beautiful	battered	just	unsuitable
lovely	untreated	sound	unreliable
chaste	barren	righteous	lawless
gorgeous	shrewish	rational	inseparable
fertile	sheltered	peaceable	brutish
beauteous	heartbroken	prodigious	idle
sexy	unmarried	brave	unarmed
classy	undernourished	paramount	wounded
exquisite	underweight	reliable	bigoted
vivacious	uncomplaining	sinless	unjust
vibrant	nagging	honorable	brutal

BODY　FEELING　MISCELLANEOUS
BEHAVIOR　SPATIAL　TEMPORAL
SUBSTANCE　QUANTITY　SOCIAL

图 13　英文书籍中对男性和女性的描写对比
(数据来源:哥本哈根大学网站上发布的新闻:https://news.ku.dk/all_news/2019/08/women-are-beautiful-men-rational/)

研究人员提取了与特定性别(如"女儿"和"空姐")相关的

形容词和动词,如 sexy stewardess(性感的空姐)、girls gossiping(女孩儿们在八卦)。然后分析这些词是否具有积极、消极或中立的情感,并将这些词按语义分类,如"身体""情感"和"行为"等。研究人员发现用于女性的词语大多是形容她们身体和外表的,而描写男性的形容词大多与他们的行为与气质有关。此外用于女性的贬义形容词是用于男性的五倍。语言里对男女不同的形容词表现出社会对男女不同的态度。

不少语言里对阳性/男性词和阴性/女性词有"双重标准",有些对应词虽然指称的意思相同,但内涵却不同。在这种情况下,往往是表示男性的词有正面意义,或至少是中性意义,表示女性的词往往有负面意义。如法语里 maître 是主人的意思,与之相对的阴性名词是 maîtresse,但阴性的形式除有"女主人"的意思外还用来指情人。英语的 master 和 mistress 也有相同的区别。法语阳性名词 homme public 指男性公众人物,与之相对的阴性名词 femme publique 就是"不检点的女人"或"妓女"了。法语中的阳性名词 professionnel 是专业人士,与之相对的阴性名词 professionnelle 意思就成了"妓女"。英语里 bachelor 和 spinster 两词的指称意思都是未婚者,但表示女性的 spinster 则有很强烈的负面意义,暗示一个年龄大的、其貌不扬、没人想娶的女人,常译作"老处女",所以学英语的人一定要注意,不要用这个词来称未婚女子。英语里有一对从法语里借来的词: divorcée(女离婚者)和 divorcé(男离婚者),看起来很公平,但实际上 divorcé 一词很少用。widow(寡妇)和 widower(鳏夫)貌似也是一对,但一般很少看到丧妻的男子被叫作 widower 的。中文里的情况也很相似,"寡妇"使用得比"鳏夫"多。"孤寡老人"其实包括"鳏夫",但是"鳏"字并不出现。另外 sir 和 madam 分别用来称先生和夫人,但 madam 还有"老鸨"的意思。这些都是语言里对女性隐晦的歧视。

联合国一直走在为女性争取平等权利的最前端,在语言方面也不例外。秘书长古特雷斯 2017 年上任后就把推动性别平等作为联合国的一个重点。他说实现联合国内部的性别平等是具有紧迫性的任务,也是他个人的使命。他强有力推动的行动纲领中包括一份详细的《性别包容性语言指南》。我们语言部的同事们都参与了此指南的制订。这份指南以联合国六种官方语言发布。由于这六门语言的语法、词汇、语义系统各不相同,所以具体的内容也不尽相同。性别包容性语言指的是语言和文字的表达不对某个性别、社会性别或性别认同构成歧视。《指南》提出了如下几大类的建议,帮助联合国工作人员在各种交流场合都使用性别包容性语言:

1. 使用非歧视性语言;
2. 如果交际时需要,可以表明被指称对象的性别;
3. 如果交际时没必要,不要强调被指称对象的性别。

语言的使用往往是习惯性的行为,在拿不准是否使用了歧视性语言的情况下,《指南》建议用变换角色的办法检验一下,也就是把句子里的男性换成女性或把女性改为男性,然后看是否会改变句子含义,是否会让表述变得奇怪,如:

• "Women should not seek out leadership positions."(女人不应申请领导岗位。)

• "Men cannot do two things at the same time."(男人不能同时做两件事。)

在这两句里如果更换性别一定是不正常的表述。《指南》也提到我们在前面一章提到的第三人称单数的问题。它的建议是在非正式的行文(如电子邮件)里,用 they 或者 one。如果觉得表达不符合习惯的话,《指南》建议也可以变换句式,避开人称代词的窘境。可见要避免使用歧视性的语言,我们非得用心良苦不可。联合国为提高员工对语言性别的认识和敏感度,还专门设计了一个培训课程。此课程虽然是为联合国的工作人员设计的,但所有的材料都公布在联合国的网站上(https://www.un.org/en/gender-inclusive-language/toolbox.shtml),有兴趣的人士不妨也自我培训一下。上网后可选择联合国六种官方语言的任何一种。因为语言不同,具体内容也有所不同。

中文虽然不像西方语言那样受语法性别的制约和困扰,但也有对女性的隐性歧视。如和男性有关的"阳"往往具有褒义:阳光、阳春、阳关道、阳宅;与女性有关的"阴"往往具有贬义:阴影、阴暗、阴郁、阴森、阴谋、阴险、阴毒、阴宅。这一区别在"阳奉阴违"一语里尤其明显。"母老虎""母夜叉""娘娘腔""婆婆嘴""婆婆妈妈"都是同样的例子。即使是在称许女性时也要特别加个性别标记,如女老板、美女老总、女强人。如果变换一下性别,我们一定不会说男老板、男强人、帅气的男老总吧?

中文对女性的另一个隐性歧视表现在有女字旁的一些贬义字上,如奴、奸、嫉、妓、妒、婊、婢、妍、娼、嫖、婪、嫌、妖、嫚。在并列成分的排序上也存在男尊女卑的现象,如我们习惯说"父母""子女""儿女""哥哥姐姐""弟弟妹妹""伯伯伯母""叔叔婶婶"。把男性词语置于女性词语之前也是一种语言歧视。

男女两性在语言里受到不平等的对待是语言对社会态度的反映。在语言里消除对女性的歧视因素固然很重要,但最关键的是要在社会的各个层面给女性平等的权利和应有的社会地位。一旦这个目标实现,语言也要紧跟而上。

美国政府为什么立法禁用 Oriental 一词？

美国的立法程序是：国会议员在国会提出新的立法草案，所提的草案大多叫"法案"。参众两院表决通过后，法案送交总统，由总统签署。总统一旦签署，法案即刻生效成为法律。每个总统在任期间都会签署数百甚至数千项新的法律条款。这些法律条款大多跟美国的民生、民计或跟美国与其他国家的条约有关，而 2016 年 5 月 20 日奥巴马总统签署的国会第 4238 号法案却是跟两个英语词语有关。这项法案是由代表纽约皇后选区的国会众议员孟昭文提出的。法案的内容是在联邦文件里禁止使用 Negro 和 Oriental 两词，而改用 African American（非裔美国人）和 Asian American（亚裔美国人）。学过英语的人都知道 Negro 是种族主义者称呼黑人的一个侮辱性字眼，大概可以翻译成"黑鬼"吧，但很多人并不清楚 Oriental（东方的，东方人）一词为什么也不能用。我们在英语里比较熟悉的跟 oriental 有关的词语就是 oriental express（东方快车）和 oriental rugs（东方地毯）。生活在美国的华裔商人也常喜欢在店名里用 oriental 一词。纽约的中国城就有一家我常去的东方书店，其英文名字也用了 oriental 一词：Oriental Culture Enterprises。美国有些高校的亚洲研究专业也还叫 oriental studies。

作为形容词（东方的）和名词（东方人）的 Oriental 派生于名词形式 Orient（东方），而 Orient 一词又源于拉丁语，意同英语的 East（东方），与英语的 Occident（西方）一词相对。但是对于东方的地理范围究竟多大，欧洲人历史上并没有一致的看法。现在的共识是东方就是亚洲大陆，其间又分为近东、中东和远东，相当于西亚、南亚、东亚和东南亚。Orient 一词曾有一度仅指近东，这都和欧洲人以自己为中心有关。埃及也曾一度被纳入"东方"的范畴。在当代美国英语里，Oriental 演变为只指属蒙古人种的东亚人或与东亚有关的事物。

语言里常常存在一种不对称性，即明明有对应词的存在，但人们却并不使用它。使用的那一个往往成为一个贬义词。Occident（西方）/Orient（东方）这对词（包括从其派生的 Occidental/Oriental）便是一例。西方人很少用 Occident 称西方，也很少用 Occidental 称自己，却用意义不清的 Oriental 称亚洲人，给人以亚洲人为另类，不如欧洲人优越的印象。这本身就是一种带有殖民倾向的种族歧视。此外，在美国用 Oriental 一词指亚洲人与 19 世纪后期至 20 世纪中期美国排外，尤其是排华的潮流有关。这段时间里 Oriental 一词常跟种族主义者诬蔑中国人为"黄祸"一词连用。因此 Oriental 已经成为一个侮辱性的词，理应禁止使用。明尼苏达大学移民历史研究中心主任埃里卡·李（Erika Lee）著有《亚裔美国的形成》一书。她在书中说："在美国，用 Oriental 一词称亚洲人意味着美国亚裔永远是外国人，永远不可能成为美国人。这一偏见助长了美国的排外情绪、种族歧视和对亚裔的暴力，并为剥夺一个族裔的政治权利和种族隔离提供合理性。"

其实在奥巴马签署这项法令前，美国有些州已经通过类似法律，如身为华裔的骆家辉 2002 年在担任华盛顿州州长时就签署过法令，禁止在州文件中用 Oriental 一词，纽约州州长佩特森（Paterson）于 2009 年也签署了相同的法令。纽约州的法案也是时任纽约州议会议员的孟昭文提出的。

总统和州长签署上述法令只是在联邦和州政府的官方文件里禁止使用 Oriental 一词，但民间如有人用此词并不算触犯法律。其实在民间存在众多侮辱少数族裔的词语，在英语里叫 ethnic slurs。侮辱中国人的还有 chink、Chinaman、ching chong、gook。gook 一词也被用来侮辱越南人、菲律宾人和韩国人。侮辱日本人的有 Jap、Nip，侮辱巴基斯坦人的有 Paki，侮辱俄国人的有 Russki，侮辱墨西哥人的有 beaner。我咨询过美国法律界人士，如果有人用这类种族侮辱词语是否违法。他们的回答是，如果只是用这些词语还不算违法，因为美国宪法的第一修正案保护"言论自由"，但如果说话人在使用这些字眼时还伴随着威胁性的行为就违法了。

随着政府和社会各界对族裔和语言行为的关注，美国的一些城市也相继出台了一些惩罚性的规定。如 2019 年 9 月 26 日纽约市政府宣布："称非法移民为'illegal alien'，出于歧视目的，威胁给美国移民及海关执法局打电话，对移民说'滚回你的国家去'等行为属违法。违反者可面临高达 25 万美元的罚款。"主导此法令实施的是纽约市人权委员会，委员会在法令颁布的同时也发布了一份长达 29 页的指导文件。文件中列举了众多可能违法的例子，如：

宾馆怕得罪客人而禁止自己的清洁工说英语之外的语言；

移民身份的房客发现房子里发霉或有蟑螂而要向

房屋法庭投诉,房东威胁要给美国移民及海关执法局打电话找他们的麻烦;

店主要两名说外语的顾客说英语,否则他们应该滚回自己的国家。

我一直对美国政府用 illegal alien 称非法移民有特别的反感,因为 alien 在英语里除了有"外国人"的意思外,还有一个意思是"外星人"。值得注意的是,属于联邦政府的美国国土安全局仍然称在美国的外国人为 alien。美国移民局叫 Immigration and Naturalization Service,里面的 naturalization 一词也很刺耳,它的本意是"成为美国公民"。学过英语的人都知道 naturalization 派生于名词 nature(自然),直译就是"被……自然化"。好像成为美国公民才成为自然人,否则就不是自然人了。现在有人把 Immigration and Naturalization Service 翻译成"移民与归化局",但听起来也有点儿怪,好像是被俘虏而归服,受其教化。2020年5月底终于听到纽约市议会通过的一项决议,决议禁止在市政府官方文件里和禁止政府官员和执法人员使用 alien 和 illegal immigrants(非法移民)这两个字眼,原因是这两个字眼是"非人性"和"侮辱性的"。纽约市议会建议的替代词是 noncitizen(非公民)。这一决议只是一个城市的做法,要让美国各地的各级政府都意识到这一点,还需很长的时间。

19世纪中叶英语里出现了作为动词用的 shanghai 一词,指的是用恐吓或暴力之类的强制性手段拐骗或绑架人出海当水手。这种行为当时的确存在,但发生的地点却是英国的伦敦和利物浦、美国的旧金山、波特兰和西雅图等地。把中国的一个地名词汇化和语法化用来指在外国发生的不法行为明显是一种种族歧视。

美国《韦伯斯特词典》里还有 Chinese restaurant syndrome（中餐馆综合征）这样一个词条，指的是中餐馆的菜里放大量的味精，造成顾客头晕，心跳过速或心跳不均。这一定义给美国众多的中餐馆带来很多困扰，迫使他们在餐馆里张贴告示，表明自己的菜里不含味精。现在有公正心的人士在美国发起了一个"重新定义中餐馆综合征"的运动，并建立了一个网站：https://www.whyusemsg.com/chinese-restaurant-syndrome。网站的首页上就醒目地写着 Chinese Restaurant Syndrome is a problematic term（中餐馆综合征是个有问题的说法）。此运动领头的是日本的食品和调味品公司味之素。他们在网站上声明说："关于味精的神话已被植根于美国人的潜意识中。亚洲的食品和文化还在遭受不公正的指责。'中国餐馆综合征'不仅没有科学依据，而且是一种仇外心理的表现。""重新定义中餐馆综合征运动"现在正式向《韦伯斯特词典》编委会提出要求把"中餐馆综合征"的定义改为"一个把某些症状归咎于食用了含有味精的中国食品的错误的过时的说法"。《韦伯斯特词典》编委会 2020年 1 月 15 日公开回复说他们要重新审核原先的定义并做相应的修改。美国的 CNN 在 2020 年 1 月 19 日报道这一事件时用的是这样一个标题"MSG in Chinese food isn't unhealthy—you're just racist"（中国食品中的味精并非不健康——谁这样认为谁就是种族主义者）。美国人其实不知道，美国几乎所有的加工食品里都用了味精，包括沙拉调味料和薯片。如果味精真的不健康，为什么要归咎于中国食品呢？

较之上述带有明显歧视性的词语，英语里还有一种不易为一般人察觉的隐性歧视词语。这种现象在语言学里叫"结构种族主义"（structural racism）。学者们认为这种"结构种族主义"对人们的言语心理造成的影响或伤害更大，因为它在人们孩童时期的语言习得过程中就潜移默化,进入了他们的认知系统和意识形态,在很大程度上塑造了人们的种族观念。结构种族主义的表现之一是用不同的词语描写不同族裔相同的行为。如2005年美国遭遇了有史以来破坏性最大的飓风卡特里娜,造成经济损失2 000亿美元,至少有1 833人丧生。当时由于物资紧缺,出现了一些人去商店哄抢物资的情况。哄抢物资的有黑人,有白人,但有些媒体在报道时用了不同的动词形容他们的行为。形容黑人抢劫的动词是 looted(词典的定义是:在战争或暴乱期间从某地方抢走货物),而形容白人抢劫的动词是 found(捡到),其偏见显而易见。再如,英语历史书里在谈到欧洲白人来到美洲大陆,驱赶祖祖辈辈生活在此的印第安人时用的动词不是 occupy(侵占),而是 discover(发现)。在描写印第安人跟白人的交战时,结果不同,用的词语也不一样。如果是印第安人获胜,书里用的是 massacres(屠杀,即印第安人屠杀白人)。如果是欧洲人获胜,用的则是 victory(胜利)。此外,历史书上还常用 savages(野蛮人)、beasts(野兽)、primitive(原始的)和 backward(落后的)这样的字眼形容印第安人。下面几个例子都取自《洛杉矶时报》对移民的报道。斜体字所示的就是带有歧视性隐喻的词语:

We see it as our responsibility to *weed out* illegal aliens.(weed out 的意思是"清除"和"铲除",做动词用的 weed 源自名词的"杂草"。移民在这里被暗指为杂草。)

The *flood* of legal and illegal immigrants *streaming* into the country.(flood 和 streaming 在这里把移民比作洪水猛兽。)

The rapid increase comes at a time when many state

and federal officials are calling for beefed-up border controls to *ferret out* illegal immigrants.［ferret out 在这里的意思是"揪出"。做动词用的 ferret 源自名词 ferret（雪貂）。移民在这里被比作动物的寓意显而易见。］

语言学里把这种表面不带种族诬蔑词语但暗含种族歧视的言语叫作 racialization（种族化）。美国的种族歧视突出地表现在黑人和白人之间。密歇根大学语言学博士生凯利·赖特（Kelly Wright）做过这样一项研究。她把含有运动员名字的众多新闻报道输入电脑，让电脑根据文章中所使用的词语来推测运动员的族裔。根据她设计的程序，电脑推测摔跤运动员隆达·鲁西（Ronda Rousey）是白人，准确性为 96%，而对全国橄榄球联盟球员埃里克·贝里（Eric Berry）族裔为白人的推测只有 3% 的可能。贝里是黑人。对其他运动员的族裔推测也是相当准确。词语被种族化时，产生变化的不是其本义，而是它的转义或内涵。（https://www.annualreviews.org/doi/abs/10.1146/annurev-linguistics-011718-011659）

英语里的种族歧视也反映在英语单词 black（黑）与 white（白）上。白色通常象征着纯洁、贞操、善良、纯真、无瑕，而黑色则代表邪恶、罪恶、耻辱和不道德。具体的例子有：black spot（黑斑病）、black day（不幸的一天）、blackmail（勒索）、blacklist（黑名单）、black mood（痛苦的心情）、black market（黑市）、black mark（短处、缺点）；而"白"常被用来形容好的东西，如 white knight（白衣骑士）、white magic（善意的魔法）、white lie（善意的谎言）。在美国电影里，"好人"往往是戴白帽，骑白马，"坏人"往往是戴黑帽，骑黑马。2020 年 5 月 25 日美国明尼阿波利斯的警察暴力执法，导致一个叫乔治·弗洛伊德（George

Floyd)的黑人身亡,从而引起美国,乃至世界范围的示威游行,抗议美国的种族歧视。这是我在美国生活30多年见到的最大规模的示威和抗议活动。各级政府采取了相应的措施和改革方案。这次反歧视的运动对语言也产生了影响,BLM已成为人们熟知的缩写形式,意为"黑人的命也是命"(black lives matter)。此外很多媒体和组织纷纷决定在其文稿中把表示黑人的"黑"字大写:Black。这些媒体和组织包括今日美国(USA Today)和它旗下的260份报业集团、芝加哥太阳报(*Chicago Sun-Times*)、洛杉矶时报(*Los Angeles Times*)、美国黑人记者协会(National Association of Black Journalists)、哥伦比亚新闻评论(*Columbia Journalism Review*)、美联社等。值得注意的是表示白人的"白"字仍保持小写:white。

随着2020年美国全国爆发的黑人要求平等对待的民权运动,社会各界对美国英语里的一些人们习以为常,但却含歧视义的语言提出根除的要求。这些词语有:

blackball(无记名投票中的反对派)/whiteball(无记名投票中的支持票):两词中的ball意为"球",这是因为美国早期选举投票箱用的选票是黑白两色的小圆球。黑色的表示否定,白色的表示肯定。黑色与贬义相关联显然可见。blackball现在常做动词用,如being blackballed,意为"因做错事,受到排斥"。

blacklist(黑名单)/whitelist(白名单):在科技行业,黑名单指的是被拉黑的邮箱、IP地址和网址。与之相反,白名单指的是未受屏蔽的邮箱、IP地址和网址。谷歌和安卓现在建议软件开发者改用"blocklist"和"allowlist"。

cakewalk（轻而易举，直译是"蛋糕舞"）：此词原指南北战争之前黑奴在种植园里的一种姿态笨拙的舞蹈，目的是争夺蛋糕，所以得此名。

master bedroom（主卧）/master bathroom（主卫）：master 一词在美国常常是跟"奴隶主"联系在一起的。眼下此词最常用于美国的房地产中介。业内一些人士建议不要再使用 master 一词。休士顿房地产业者协会已宣布用 primary（主要的）取代 master 一词。成员更多、规模更大的美国"房地产标准组织"（the Real Estate Standards Organization）正在考虑是否也要效仿。

peanut gallery（顶层楼座）：此说法源于 19 世纪初，指剧场里票价最低的座位。黑人看戏时一般坐在那儿，时常会大声喧哗。由于种族歧视，有钱的黑人也只能买顶层楼座的票。此短语里的 peanut（花生）是指黑人看戏不满意时会向舞台扔花生。现在学校的老师在学生在课堂上窃窃私语时常对他们喊，"Quiet in the peanut gallery!"（顶层楼座的人别说话！）

sold down the river（被人无情地背叛）：此成语原指黑奴被贩卖到密西西比的下游种植园做苦工。

　　美国的体育报刊常常用名不用姓来称呼那些来自第三世界国家的运动员，而用姓不用名来称呼白人运动员。英语里的通行方式是用姓不用名。在这种场合下只用名不用姓是对人的一种轻蔑，所以这也是通过语言实施歧视的一种表现形式。

　　语言里的隐性歧视比显性歧视危害更大，隐性歧视主要表现为种族歧视。随着社会对此现象的关注，语言学里也出现了一个名为"种族语言学"的新分支,代表人物是美国斯坦福大学人类学家萨米·艾里姆(Samy Alim)教授。他在斯坦福大学成立了一个"种族、族裔、语言中心",力推种族与语言之间关系的研究与学科发展。这是世界上第一个以此为使命的研究中心。艾里姆教授主编的《种族语言学:语言如何塑造我们的种族观念》(*Raciolinguistics : How Language Shapes Our Ideas About Race*)一书已是此学科的经典。他在斯坦福大学教育学院开设的种族与语言的研究生专业是该院申请学生最多的一个专业,足见学界对种族和语言关系的关注度。

现在有学者提议英语要从语言形式上"去种族歧视"(de-racialized),但这是一个巨大的工程,因为陈腐的观念是根深蒂固的,普通大众并不都能意识到语言里的歧视现象。实施这一工程,说话者首先要改变自己的观念,其次才能摈弃歧视性的语言形式。虽然任务艰巨,但是十分必要,尤其是在英语逐步成为世界通行语言的时候。因为我们不希望错误的意识形态通过语言的传播而流传于世,危害第二语言者。

英语里威力最大的小词

美国专利商标局(简称专利局)每年都会收到近60万份专利申请。2019年8月8日专利局收到一份非同寻常的申请。申请来自美国俄亥俄州立大学(简称俄州大),申请的是一个英语单词的专利。且不说是否可以申请一个英语单词的专利,如果可以的话,申请的一定是个不同凡响的单词。殊不知他们申请的是一个简单到再不能简单的,而且自身没有词汇意义的单词,这个词就是每个学英文的人都知道的 the。"文革"期间我随父母下放到苏北农村。务农期间业余无事,我就开始自学英语。因为周围没有人懂英文,我就用笨办法,凭借一本英语词典直接阅读。阅读时一个词一个词地查词典。当时觉得最纳闷的是:英语怎么隔几个字就是一个 the,英汉词典的翻译就是"这"。这有什么特别呢?

the 是英语里的定冠词,用在名词的前面,表明该名词是特指而非泛指的。所谓特指就是这个名词所代表的人或物是已知的,或是在前文里已经出现过,或是在一定的语境里被默认是特定的。除此之外,the 还用于独一无二的事物前,如太阳(the sun)、月亮(the moon)、地球(the earth)等。那么俄州大为什么要申请 the 的专利呢？事情是这样的。俄州大希望其校名正式定为 The Ohio State University，而不是 Ohio State University。俄亥俄州有很多大学名字里都有"俄亥俄"的州名，其中还有一所叫俄亥俄大学。对于俄州大来说，校名里有没有 the 大不相同。有的话意义就是"独一无二的"。俄州大在俄州公立大学中排名最前。为了把自己和州里其他高校区分开来，俄州大非常在意它名字里的 the，同时也申请专利，打算把 the 这个词作为一个商标用在印有校名的 T 恤衫和棒球帽上。学校向专利局提供了两件样品：一个是印有红字 THE 的白色帽子，另一个是一件印有白字 THE 的红色圆领 T 恤衫。校方的发言人说学校很注重自己的品牌，在 17 个国家申请了 150 多项商标专利，其中包括学校的两位知名美式足球教练的名字。俄州大的一位毕业生跟我说别的学校在谈到俄州大的时候常喜欢半开玩笑地用重音读 THE Ohio State University 里的 The。

俄州大的英文缩写是 OSU。2017 年学校申请此缩写的专利，但立刻引起俄克拉荷马州立大学（Oklahoma State University）的反对，因为该校的英文缩写也是 OSU。后来两家学校和解，决定各自都用 OSU。这不禁使我联想到几年前国内的南京大学、南开大学和南昌大学为谁能使用"南大"这个简称而产生了一些矛盾。据说这几所学校现在都自称为"南大"。

俄州大的商标申请最终未获专利局的批准，因为专利局并不认为 the 具有成为商标的资质。专利局解释说："申请未被接受的原因是，提交的样本上所使用的商标仅是申请人服装上的装饰，并不能表明服装的产地与他人的服装有何不同。"俄州大不服，表示要上诉，结果现在还不清楚。

the 一词在英语里俯拾皆是。虽然只有三个字母，没有明确的意义，但如果缺了它，大部分的句子就不成立。the 是英语里使用频率最高的一个词。有统计说,每 100 个词里就有 5 个 the。什么时候用 the,什么时候不用,对诸多英语学习者来说是个伤脑筋的问题。尽管语法书里列出详细的规则,但正因为规则太详细、例外的现象太多,更令学习者无所适从。美国总统唐纳德·特朗普喜欢给人起外号,尤其是给他的政敌,其实他自己也有个外号叫 The Donald。在英语里,人名前是不能加定冠词的。为什么他的名字前会有 The 呢?很多人认为特朗普目中无人,趾高气扬,在自己的名前冠以 The,把自己称为独一无二的"那个"唐纳德,以区别于其他的唐纳德。其实不然,原来这是特朗普的前妻误用英语所致。事情是这样的。特朗普结过三次婚。他的第一任妻子叫伊万娜。伊万娜是捷克人,1977 年跟特朗普结婚时,英语很是"蹩脚"(她自己的话),特别是掌握不了什么时候用 the,什么时候不用。多年后她在接受采访时说了下面这段话,解释了 The Donald 的出处:

> 如大家所知,英语不是我的第一语言,实际上是我的第四语言。我来到纽约定居时,几乎要从 ABC 开始学英文。英语里有些东西对我来说比较容易,有的东西对我来说不容易。The 对我就比较难。因为掌握不住,我就不管三七二十一,在人名前都加了"The"。没想到我当时这一随意,现在竟进了政治史书。

特朗普是土生土长的美国人,他怎么没有纠正他妻子的语法错误呢?他是这样解释的:

> 我好像别无选择,只能接受这个绰号。其实我并不介意这个绰号被传用。我就把它当作一个昵称了。

特朗普和他前妻之间的这段往事倒也无伤大雅,但他在2016年10月9日总统候选人辩论中不适当地用了一个 the,引起了轩然大波。当时他是这样说的:

> I'm going to help **the** African-Americans. I'm going to help **the** Latinos, Hispanics.(我要帮助非裔美国人,我要帮助拉丁裔,也就是西裔人。)

第二天媒体普遍报道了这段话和由此引起的反弹。给他带来麻烦的就是他在不该用 the 的地方用了 the。如果不用 the,就是泛指,意思是他要帮助所有的非裔美国人(即黑人)和西裔人,用了的话言下之意就成了他要帮助某些特定的非裔美国人和西裔人。美国的政客在演讲中常常会说 Americans(美国人民),他们在前面不加 the,也就是说他们从来不说 the Americans。说了的话他们就会遇到莫大的麻烦,因为一个小小的 the 就排斥了一大帮美国人。

特朗普还因错用定冠词引起过国际风波。2019年10月2日,特朗普在一个记者招待会上回答一个记者的问题时说:"Why are we the only ones that give the big money to the Ukraine?"(为什么我们是唯一向乌克兰提供大笔资金的国家?)他在乌克兰的国名前用了一个 the,就是这个 the 引起乌克兰的不满和抗议。乌克兰从1991年起就从苏联独立出来,此后乌克兰的英文名字就一直是 Ukraine,前面没有 the。那么多了一个 the 有什么不同呢? 英语里一个由专有名词构成的国名前是不能用 the 的,除非国家的名字以复数的形式出现,如 the Philippines(菲律宾)、the Netherlands(荷兰)等。独立前乌克兰的英文名字 Ukraine 前有个 the，当时的国名是 the Ukrainian Soviet Socialist Republic（乌克兰苏维埃社会主义共和国）。这里的 the 是符合英语语法的，因为英语的语法规则是国名里如有普通名词，前面就要加 the。如 China（中国）是专有名词，前面不能用 the，但 The People's Republic of China（中华人民共和国）前就要加 the，因为里面有两个普通名词：People（人民）和 Republic（共和国）。特朗普在名词 Ukraine 前用 the，一是不合语法，二是在无意中传达一个错误的信息。英语里在不含普通名词的国名前加 the，就有此名词代表的是一地区而非一个国家的含义。因此 the Ukraine 给人的印象是它是一个国家（俄罗斯）的一部分。乌克兰人当然不愿意啦。

欧洲不少有君主的国家都有这样一句话："The king is dead, long live **the** king!"直译成中文就是"国王死了，国王万岁！"这不是自相矛盾吗？国王到底是死了还是没有？其实这里讲的是两个国王，一个是已故的国王，一个是刚刚登基的国王。有趣的是这句话在现代已成为表示继位或取代的一种句式，出现在报纸杂志的标题、社论和广告里。联合国的前身，国际联盟的创始人之一罗伯特・塞西尔（Robert Cecil）在国际联盟的最后一届会议上发表演讲，最后一句话就是"国际联盟已死，联合国万岁！"（The League of Nations is dead. Long live the United Nations！）

定冠词的用法给英语学习者带来莫大的困扰。英国伦敦 2019 年 5 月 4 日举行了一个很奇特的会议。会议名为"无聊大会"（Boring Conference）。之所以叫"无聊大会"是因为会议讨论的内容对于很多人来说似乎是无关紧要、毫无意义的，如打喷嚏、吃的吐司、自动售货机发出的声响、条形码等。会议虽冠以"无聊"之名，但会议的组织者认为这些话题其实是有意义、有意思的。2019年会议上的一个话题就是谈 the 的使用。英国萨塞克斯大学语言学教授林恩·墨菲(Lynne Murphy)发言说,她注意到她的中国学生对 the 谨小慎微,没有信心,结果往往用错。伦敦大学哲学研究所所长巴里·史密斯(Barry Smith)注意到他的俄罗斯朋友拿不准什么时候该用 the,什么时候不该用,纠结时往往会打顿。他举了下面两个例子:

I went into... bank.(我进了银行。)

I picked up... pen.(我拿起笔。)——这两句里都应该有 the 的。

中文里没有定冠词。有意思的是,我经常注意到英语母语者在说中文的时候会在英语里应该有 the 的地方加上"这个",这也是"母语干扰"的一种。

对 the 这个英语里虽小犹大的定冠词有兴趣的读者不妨研究一下英美人士观察到的跟 the 有关的一些现象:

- 口语里所出现的 the 比书面语少三分之一。
- 跟私人或感情有关话题里的 the 比正式或学术的话题里的 the 少。
- 小说里的 the 要比正式文件里的 the 少。
- 男性使用的 the 要比女性使用的 the 多得多。——美国语言学家黛博拉·坦嫩(Deborah Tannen)有个假想:男性的沟通风格多为报告式(report),女性的沟通多为建立情感关系(rapport)。
- 地位高的人用的 the 比地位低的多。用 the prime minister 和 the president 称总理和总统给人以敬畏的感觉。

这样一说,你该同意不起眼的 the 是英语里威力最大的词了吧。

互联网对英语的影响

如果有人问我20世纪人类最伟大的发明是什么,我一定会毫不犹豫地说是互联网。当然也会有人说是汽车、飞机、电视、电台或电脑等。我之所以认为互联网是20世纪甚至是人类历史上最伟大的发明,是因为互联网给我们创造了另一个世界。这个生态系统虽说是虚拟的,但却是可触摸、可体验、可瞬间产生效应的。不少人在这个虚拟世界里消耗的时间甚至超过花在现实世界里的时间。也有不少人甚至整天泡在网上,一旦下线就会有焦虑感,英语里出现的 FOBO(fear of being offline)一词表示的就是这样一种心理状况。

互联网现在已是很多人获取信息与知识、谋生创业的一个主要渠道。2020年新年伊始,世界最大的百科全书——在线维基百科全书的英文版迎来了第600万篇文章,这600万篇文章作为公开和免费的网上资源,大多不是由专家、学者撰写,而是由对相关问题感兴趣者编写的。虽然有人对维基百科的权威性提出质疑,但它已深入人们的生活,成为亿万人时常参访的重要资源。几年前《华盛顿邮报》刊登过一篇文章,列举了互联网改变世界,改变人类的36个方式。其实我们可以随口列出360个甚至3 600个方式。我以为其中对世界和人类产生的最大影响是互联网让人们之间的联系变得空前紧密,即时和广泛。我听说有人的微信上有5 000个好友。5 000是微信所允许的极限。如果没有此极限,很可能有人有上万好友。神奇的是你可以在须臾间就能与其中任何一位好友取得联系,不管这位好友远在天边,还是近在眼前。这在互联网出现前是不可想象的。

当今世界,人与人之间的联系在很大程度上是通过互联网、特别是通过社交媒体进行的。有统计数字显示美国现有2.94亿互联网用户,美国人每周平均花在网上的时间是22.5小时。互联网用户中的三分之一每天使用社交媒体,不是发文就是跟帖。全球著名市场监测和数据分析公司尼尔森(Nielsen)2019年发布统计数据说美国成年人每天差不多花11个小时在电子装置上。仅此数字就告诉我们互联网必定会对我们所使用的语言产生影响。美国总统特朗普也是社交媒体的积极用户,有时一天会发几十条推文。他在2020年2月18日跟记者说:"我是社交媒体的用户。也许我正是因为用社交媒体才得以当选的。"特朗普在发推文时用的语言很独特,现在甚至有人专门在研究他在社交媒体上的语言风格。

互联网是20世纪60年代末问世,90年代前半段进入普通人的生活的。社交媒体90年代后半段问世,很快就渗透进人们生活的各方面。这几个大事件都发生在美国,都是我刚刚从哥大毕业,在美国开始工作后不久亲身经历的。由于我是从事语言研究和教学的,我的职业习惯使得我比较关注语言的变化。我觉得互联网对我们生活的一个重大影响就是它改变了我们的语言。

互联网对语言的首要影响就是促成了千百万"语言工作者"的涌现。互联网产生之前,写作都是作家、学者、编辑、记者、秘书和其他知识分子的事,一般民众都是被动的读者。互联网的出现——特别是社交媒体的出现——极大地调动了全民参与、全民写作的热情。大批"作家"、博主、群主、写手、段子手、大V应运而生。根据美国"我们是社交人"(We Are Social)组织2019年发表的一份报告,全世界每天有100万新手上网、全球现有45%,也就是35亿人在使用社交媒体。社交媒体人人可参与,人人可发文。在美国常用的社交媒体平台有Instagram(照片墙)、Twitter(推特)、Facebook(脸书)、YouTube(优兔、油管)、Tumblr(汤博乐)、Pinterest(拼趣)、podcasts(播客)、blogs(微博)等。在种种社交媒体上各行各业、各个社会阶层的人士奋击键盘,推文发声。由于要吸引粉丝,他们往往会标新立异,挑战规范语言的极限。在这种情况下,大批新的语言现象应运而生。

社交媒体上全新的交流方式使我们的语言口语化,生动活泼,诙谐俏皮。内容也从严肃的议论转向轻松随意的话题。还有很多人敞开心扉,把自己的私事和私人感情公布于世。他们使用的语言因此也和正式严肃的文体相距甚远,新型的语言和表达形式层出不穷。

由于全民的参与和全民的语言实验,互联网上每天都产生大量的新词,稍不留意就会落伍,不知网友所云。2019年4月美国的《韦伯斯特词典》收入了640个新词,9月又收入533个新词。大洋彼岸英国的权威词典《牛津英语词典》2019年也收入550个新词。收入词典的新词有的是新创的,有的是旧词被赋予新义。新词大多来自政界、法律界、金融工商界、科技界、娱乐界、体育界和流行文化圈,其中相当一部分来自互联网。twitterati(推特高手)、screenager(少年电脑高手)、cyberslacking(在上班时用雇主的电脑上网干私事)、ego-surfing(在网上搜自己的名字)这些词已被《牛津英语词典》收入。英美的这两部词典在收入新词时都采取非常谨慎的态度。《牛津英语词典》遵循的原则是一个新词在出版物(报刊、书籍、歌词、手册等)中持续出现了 5 年后才有资格进入词典。《韦伯斯特词典》的收词原则是新词的使用率和使用范围。如果需要知道英语新词出现的频率,我们则要求助于其他渠道。美国有个名为"全球语言监测"(Global Language Monitor)的网站,即时发布英语单词的总数。我在写到此章时,该网站上显示的是:英语现有 1 057 379 个单词,每 98 分钟就会出现一个新词,也就是说平均每天会产生 14.7 个新词;英语词汇在 2009 年 6 月 10 日达到 100 万个。根据此数据,在 2009 到 2019 十年间,英语里增加了 57 379 个单词。还有统计数字显示,过去 30 年里英语新增的词语中有 5 000 个来自互联网。现在 tweet(推文)、selfie(自拍)、emoji(表情包)、meme(梗)、app(应用)这些跟互联网和社交媒体密切相关的词已成为人们的日常用语了。

新词在英文中叫 neologism,它们可以在一夜间出现,但也会昙花一现,在一夜间消失。现在回头看,过去 10 年出现过的一些新词很多已经消失了。下面这些都是近年来出现的跟互联网或社交媒体有关的新词,它们是否能在英语里继续存在我们还得拭目以待:

Appalanoia(看到你的朋友或同事在手机上敲击键盘,顿时产生一种恐惧,担心他们在一个不包括你的群里讲你的坏话)

Baranoia(你在等一个电话或短信,但是你手机上的电源显示只有一条杠了)

Hubburbs(你手机或平板电脑上第二或第三主屏

幕,上面弃置着你下载的种种从不用的应用)

　　Nupdating(希望从一个新版软件得到快乐,没曾想它把你所有的应用都搞坏了,也把你相册里的照片删掉了)

　　Phubber(紧盯手机屏幕的低头族)

　　Twanger(发现有个陌生人在推特上说你的坏话,简直想把他"杀掉"的感觉)

　　中文里也有曾红极一时的新词现在已经不常用了,如美眉、恐龙、翠花上酸菜、斑竹、偶稀饭、超女、正龙拍虎等。

　　《激情与速度》(Fast and Furious)是部美国电影,片名用来形容互联网和社交媒体上的活动非常贴切。信息可在瞬间发出,瞬间收到。文字往往在手机或平板电脑狭小的键盘上写成,加上大多社交媒体有字数限制,如推特原先只允许 140 个词,现在扩大到 280 个词。即时的速度、狭小的键盘、社交媒体的字数限制,这三个特点致使社交媒体上的语言变得异常简短,其显著表现是使用和创造了大量的首字母缩写。英语里的首字母缩写有两种:一种叫 initialism,缩写后每个字母单读,如联合国 the United Nations 缩写为 UN;另一种叫 acronym,缩写后作为一个词拼读,如联合国教科文组织 United Nations Educational, Scientific and Cultural Organization 缩写为 UNESCO。首字母的大量使用节省了很多打字的时间。比如,"I don't know, talk to you later."(我不知道,再聊)这句话有 23 个字母,打字至少需要 5 秒钟,而其缩写形式"idk, ttyl"只有 7 个字母,两秒钟就可发出。另一个很有意思的缩写形式是 lol,代表的是 laughing out loud (大笑)。这个缩写有意思之处还在于它具有一个非言语的图像功能。两个 l 好似两个眼睛,o 好似一个张着的嘴巴,给人以大笑的感觉。在网聊中使用这类缩写不仅能表达生动的感情，还因方式幽默而让谈话的气氛变得轻松。

下面是美国英语里常用的缩写形式：

AFAIK—as far as I know(据我所知)

AFK—away from the keyboard(不在电脑前)

ASAP—as soon as possible(尽早)

ASL—age, sex, location(年龄、性别、所在地)

ATM—at the moment(此刻)

BFF—best friends forever(死党)

BRB—be right back(马上回来)

BTW—by the way(顺便问一句)

FOMO—fear of missing out (怕错过参加某个活动而产生的忧虑)

FWIW—for what it's worth(我说的只是个人意见，不一定对你有帮助)

GTG—got to go(我得走了)

IAC—in any case(无论如何)

ICYMI—in case you missed it(要是你没看到的话)

IIRC—if I remember correctly(如果我没记错的话)

ILU—I love you(我爱你)

IMO—in my opinion(在我看来)

ltr or l8r—later(回聊)

JK—just kidding(开玩笑，别当真)

LMK—let me know(告诉我)

LY—love you(爱你)

OMG—(天啊)

ROFL——rolling on the floor laughing(捧腹大笑)

SYS——see you soon(回见)

TBD——to be determined(待定)

TBH——to be honest(不瞒你说)

TMI——too much information(分享的信息过多了)

TTYL——talk to you later(回聊)

TY——thank you(谢谢)

WYCM——Will you call me?(你会给我打电话吗?)

http://internetslang.com 这个网站上列出了 5 000 多个英语里目前使用的首字母缩略语。有兴趣的读者不妨浏览一下。2020 年新冠病毒爆发期间,美国最流行的首字母缩写莫过于 WFH(work from home,居家工作)和 BLM(Black Lives Matter,黑人的命也是命)了。有一位名叫 Poet Ali 的人士在美国演讲节目 TED Talk 里举了下面一个例子。这是一个男孩子发给一个女孩子的一条短信:

> fttb I lyl bcoz u +ly bring out atb in me & I lol, iow lmk sup? uraqt imo & afaik 2cu if ur not c-ing sum1 :). fyi I'll brt 4ver. iac kit nrn amb dkdk if ne1 C this dgt cul8r b4n, xoxo, yolo

年龄大一些的人可能无法看懂,他写的其实是:

For the time being, I love you lots, because you

positively bring out all the best in me, and I laugh out, in other words, let me know what's up? You are a cutie in my opinion, and as far as I know to see you, if you are not seeing someone, would make me happy. For your information, I'll be right there forever. In any case, keep in touch, no response necessary, all my best wishes, don't know, don't care if anyone sees this. Don't go there, see you later, bye for now, hugs and kisses, you only live once.

(我现在很是爱你哈,因为你带出了我所有的美好。我要大笑。说句别的,你怎么样啊?我觉得你真可爱。你知道,你要是没在跟别人谈(恋爱),跟你做朋友我会很开心的。我想让你知道,我会永远等你的。不管怎样,我们保持联系吧,你不用回话。祝好!不知道别人会不会看到这个短信,不过我也不在乎。不说了,再见,拥抱和亲吻。人只能活一次。)

社交媒体上除大量使用首字母缩写外,还有一种缩略形式,采用的不是首字母,而是从原词上截下一块直接使用。截出的部分有时保持原样,如 app(应用,取自 application),有时要稍微"包扎"一下,如 vacay(假期,取自 vacation)。其他的例子有:

  adr——address(地址)
  inspo——inspiration(灵感)
  k——OK(好的)
  r——are(联系动词)
  sesh——session(一场会议)

u—you(你)
y—why(为什么)

字母和数字混用的情况也比较普遍,如:

b4—before(在……之前)
f2f— face-to-face(面对面)
G2G—got to go(得走了)
l8r—later(回聊——)
RU/21—Are you over 21?(你到可以喝酒的年龄了吗?)

英语有一种名为 portmanteau 的构词法。portmanteau 是个法语词,原义是"皮箱"。皮箱里有两个隔间,所以用来表示英语里的一种"混合构词法"。混合构词就是把两个词合为一体形成一个新词。混合词跟复合词不同。复合词是两个词合并在一起,合并后两个词各自保留原形,如 boyfriend(男友)、bookshelf(书架)、school-bus(校车),但混合词中的两个词融为一体,有时甚至看不出它们各自的原形,如:

Chinglish(中式英语:Chinese+English)
frenemy(貌似朋友实是敌人的人:friend+enemy)
hangry(由饿而产生的愤怒:hungry+angry)
mansplain(男性以傲慢、轻蔑的态度向女性解释事情:man+explain)
solopreneur(个体企业家:solo+entrepreneur)

混合构词法是英语里使用得很广泛、很便利的构词法，也是互联网语言的一个特点。现在还有人在网上设计了一种混合词自动生成器，见 http://www.portmanteaur.com。在此网页上输入两个词就能生成一个新词。如输入 China 和 America（中国和美国），两词就自动生成了 Chinamerica 一词。

　　互联网、社交媒体除促成一大批新词的涌现，也使很多词语增加了新的语义。其中最著名的例子是 follow 一词。follow 原先的意思是"跟随"，现在新增的语义是"关注"。假如在一个社交场合一位男子和女子初次相见，分手时男子问女子能否交换社交账号，然后说 please follow me，他的意思已经不是"请跟我走"，而是"请关注我"或"请加我的社交账号"了。friend（朋友）原是一个名词，在社交媒体上它已经作为及物动词，意思是"把某人加为好友"，如"I was friended by 20 people at the event last night"（在昨晚的活动上有 20 人把我加为好友）。下面这些都是旧词获取新义的例子：

　　block：原义是堵塞，现增的新义是在社交媒体上屏蔽某人。

　　drone：原义是嗡嗡的响声，现增的新义是无人机。现在新义倒比旧义用得更多。

　　purple：原义是紫色，现在与美国政治有关。美国有两大政党，各用一种颜色代表。民主党的颜色是蓝色，共和党的颜色是红色。紫色现在被用来指两党地盘之间的拉锯地区。

　　snowflake：原义是雪花，现增的新义是"被看作很特殊的人"或"过分敏感的人"。

　　tailwind and headwind：这两个词原指风向，一个是

顺风,一个是逆风,现增的新义是推动或阻碍某事进展的力量。

trend:原义是潮流,现增的新义是社交媒体上的热门话题。

由于大量的旧词获取新义,词典的编辑们马不停蹄地更新词典的定义。如2019年《韦伯斯特词典》的编辑修订了4 000多个定义。

互联网和社交媒体还给我们带来了新颖的表达形式,如用标点符号和大小写表达情感。美国的青少年现在对父母在发短信时句末用句号非常不满,他们觉得在句末用句号传达的信息是口气严肃,甚至恼怒。社交媒体交流中现在流行的是句末不用任何标点,下个句子另起一行。英国语言学家大卫·克里斯特尔写过《互联网语言学》(*Internet Linguistics*)一书。他在书中举过下面的例子说明句子的意思因是否用句号而不同:

A:I can't remember when the exam is.(我不记得考试是哪天了。)

B:Tuesday（星期二,语气中立。）

B:Tuesday.（星期二,言下之意是"我已经跟你说过了。你应该知道的,真笨!"）

Ok是英语中使用得最多的词之一,用在答话里意思跟中文里的"好的"差不多。现在社交媒体里正常的写法是ok。如果写作"Ok."的话,传达给对方的信息就是你生气了。如果写成"ok!""okkkkkk"或"ok..."都表示各种不满。除非你想表达气

愤,下面的答话在社交媒体上都不能用句号:

Thanks

No

It's fine

除了表示不满以外,用了句号后往往会给对方传达不再想谈下去的信号,也就是说"就此为止吧"。

跟少用或不用句号的趋势相反,现在感叹号在社交媒体中用得很多。感叹号以前只用于两个地方:一个是感叹句,如"What a nice day today!"(今天天气多好啊!);一个是感叹词,如"Wow!"(哇!)。但是现在感叹号表示的意思往往已经不再是强烈的感情了。

中文社交媒体里现在好像句末也不用句号。我在微信上观察到人们更多的是在句末使用一个或多个表情包。表情包在很多场合下所起的作用类似面对面交流时的手势或面部表情。我也常常在微信上看到有人写的一段话里花花绿绿,每隔几个字就有一个表情包。

正常的英语写作,句中只是第一个词的首字母大写,其他小写。但是在社交媒体上常有人每个字母都大写,表达愤怒和气恼的感情。特朗普每天发推特,常常是每个字母都是大写。下面便是一例:

> **Donald J. Trump** ✓
> @realDonaldTrump
>
> SUCH ATROCIOUS LIES BY THE RADICAL LEFT. DO NOTHING DEMOCRATS. THIS IS AN ASSAULT ON AMERICA, AND AN ASSAULT ON THE REPUBLICAN PARTY!!!!
>
> ♡ 231K   12:44 PM - Dec 18, 2019

现在还有人大小写串用，以示嘲弄或激怒，如：

GroovyShooble
@sammyjk

Me filling out the FAFSA: books and tuition are expensive

FAFSA: BoOkS aNd TuItIoN aRe ExPeNsIvE

上面说的是"书本费和学费太贵了"。

在词中重复字母也是表达强烈感情的手段，如：

I feeeeeeeel cold.（我觉得太冷了。）

I'm soooooo happy.（我太高兴了。）

Thaaaaaanks!（太太太感谢啦!）

美国语言学家黛博拉·坦嫩举了这样一个例子：

JACKIE I AM SO SO SO SORRY! I thought you were behind us in the cab and then I saw you weren't!!!! I feel soooooooo bad! Catch another cab and ill pay for it for youuuuu

这个短信说的是"杰姬，太太对不起啦！我以为你在我们后面的那辆出租车里，后来我看到你不在。太太太太不好意思！再叫一辆出租车吧，车费我给你付付……"。第一句每个字母都大写，第二句句尾用了4个感叹号，第三句里重复使用字母-o，第四句里重复使用字母-u，短信的结尾没有句号。英语里现在有个专门术语称社交媒体里这种越来越常见的重复字母的现象叫 stretchable words（可拉长的词）。被拉长的词表达各种含义，美国佛蒙特大学的泰勒·格雷（Tyler Gray）教授和他的同事们专门研究了这一现象，有兴趣的读者可参考他们的研究报告：

https://journals.plos.org/plosone/article?id = 10.1371/journal.pone.0232938。

如果图快图省时间误拼单词也许情有可原,但是现在也有人故意把词拼错。有的人或许是为了猎奇好玩儿,有的人或许是想向传统的语法挑战,下面是一些美国英语里的例子:

- bai 或 bi——bye
- nd——and
- form——from
- grill——girl
- guise——guys
- hai——hi
- kewl——cool
- liek——like
- mastah——master
- p10x——please
- powwah——power
- wamen——women
- wat/whut/wut——what
- wen——when
- winnar——winner
- yass/yus/yos——yes

中文里也有故意写错别字的情况,如童鞋(同学)、盆友(朋友)、辣么(那么)、蓝鲸(南京)、杯具(悲剧)。

社交媒体上语言交流的一个特点是只要意思能明白,人们就能容忍许多不规范的语言现象,如不准确的书写、错别字和语法错误。现在已有语言学家在总结和描写社交媒体上的新型语言的使用规则,其中的代表人物是加拿大网红语言学家格蕾琴·麦卡洛克。她在 2019 年出版了一本名为《因为互联网:知晓语言的新规则》(*Because Internet*: *Understanding the New Rules of Language*)的畅销书,书中详尽地列举和讨论了因互联网而产生的新的语言使用情况。她标题里的 Because(由于)一词的用法就是互联网的产物。because 在传统语法里是连词,后面需跟一个句子。如果做介词用,就需要用 because of 的形式,但在互联网上愈来愈多的人开始把 because 直接作为介词用,麦卡洛克索性把这个用法用在她的书名中,以引起人们的关注。

对社交媒体上不规范的语言使用情况,有的人忧心忡忡,认为这是"世风日下"。他们觉得这种随随便便、漫不经心的语言使用方式会影响青少年运用规范语言的能力,使他们以为这就是正常的文体,在正式写作和专业交流中也如此效法。但麦卡洛克依然持乐观的态度。她说:"人们在用新的拼写方式传递心声,我们也在为这些新的方式而创建新规则。这些规则不是从上面压下来的,而是从数十亿'社会猴子'的集体实践中产生的。这些规则使我们的社会互动更加活泼多彩。"麦卡洛克的观点与前文中提到的英国语言学家克里斯特尔的观点不谋而合。麦卡洛克认为我们不必担心青少年的语言实验。她觉得青少年故意出错正是因为他们知道正确的形式是什么,否则就谈不上"故意"。她在一次讲话中还说:"今天的英语与 20 年前没什么不一样。在短信这类电子交流中使用的语言 90% 左右是标准的英语。"

仁者见仁,智者见智。不管你持什么观点,必须承认的是互联网和社交媒体改变了语言和人们的言语习惯。麦卡洛克指出:"唯一不变的语言是死的语言。"克里斯特尔说:"英语一直在发展变化,所有活的语言亦都如此。现在,互联网在推动英语发展变化中起着举足轻重的作用。"

玫瑰与名字

孔子说："名不正，则言不顺；言不顺，则事不成。"中国自古就有名实之辩，很是重视人或物的命名。"玫瑰不管叫什么名字都一样芳香"出自莎士比亚的《罗密欧和朱丽叶》，原文是"A rose by any other name would smell as sweet"，基本意思是名字无关紧要。莎士比亚的这句话非常符合现代语言学的一个理念，那就是语言的任意性。所谓任意性，指的是语言里一个词的意思跟它的发音或形式没有自然或内在的联系。如果我们一开始就把"玫瑰"叫作"尸臭花"（学名为"巨型魔芋"），它不还是一样香吗？的确，它还是一样香，但在实际生活中，名字一旦跟人联系在一起，它们之间的关系常常就不再是任意的了。

我在美国生活了30多年，发现美国人对名字和名称还是很重视的。英语里甚至还有一个专用词onomastics，表示对专有名词的起源、历史演变和使用现状的研究。人名、地名、机构名等是专有名词。美国路易斯安那州有一个"美国名称学社"（American Name Society, https://www.americannamesociety.org），专门从事对各类名称的研究，他们的研究范围包括：

Anthroponym：人名或群体名

Brand-name：商品名

Charactonym：文学作品人物名

Choronym：行政地理名

Cryptonym：匿名

Endonym：群体自用名（外人不知道，知道了的话也不可用）

Ethnonym：族裔自称名

Exonym：异名（称其他群体的名字）

Hodonym：桥梁街道隧道交叉口名

Hydronym：江河湖海小溪池塘名

Last name：姓

Matronym：母系名

Metronym：母名

Necronym：称死者名

Onomastician：名称学研究者

Onomastics：名称学

Patronym：父系名

Pseudonym：笔名

Theonym：神灵专用名

Toponym：地名

Weather names：气象命名（暴风雪、云、旱灾、地震、火灾、洪水、风暴、飓风、龙卷风、海啸等）

Zoonym：动物名

每年美国语言学会年会期间，美国名称学会都会举办一次自己的大会。学会还出版一份名为《名称学》(*NAMES: A Journal of Onomastics*)的季刊。有趣的是此刊物的封面图案中还用了汉字"名字"二字。

英语中人名的排序跟亚洲语言相反，名在前，姓在后。入乡随俗，同时也为了避免混淆，生活在美国的亚裔在用英语写自己的名字时也都把名放在姓的前面。唯一的例外是要人和名人。他们是"坐不更名，行不改姓"的。记得 2006 年潘基文被任命为联合国秘书长时，主管部门还给所有员工发来一个通知，说明潘基文的英文名 Ban Ki-moon 里的 Ban（潘）是他的姓。在提到他的时候必须要把 Ban 放在名字前。中国驻外的外交官也都是保持中国名字的正常顺序的。如果用"姓+名"序，为了不使人误解，一般有两种办法标明自己的姓：一是把姓的每个字母都大写，如 WANG Hong；二是在姓的后面放个逗号，如 Wang, Hong。但在英语国家一般的华人怕引起混淆，在使用英文名字时基本上都是用"名+姓"的序列的。日本人名字的英文表达有点儿复杂。日语的人名和中文一样，也是姓+名，但明治时期（1868—1912）日本效仿西方，在用英文表达的时候一律用"名+姓"的方式，一直延续到今日。进入 21 世纪后，日本政府试图改变这一成规，改用"姓+名"序，但在日本国内和国外都没有得到支持。日本国内的英文媒体还是用"名+姓"序。随着天皇德仁 2019 年即位，日本进入令和时代。日本外务省觉得这是一个好机会，于是便向西方媒体提出，要求他们采用姓+名顺序拼写日本官员的英文名字。也就是说安倍首相的英文名字 Shinzo Abe 要写成 Abe Shinzo，跟中国国家主席习近平的英文名字 Xi Jinping 和韩国总理文在寅的英文名字 Moon Jae-in 一致了。尽管如此，西方媒体不愿响应，他们面临的一个实际问题是如果接受日方的建议，他们就得在以往的文件档案里把所有日本官员的名字都调个序，这是一个相当庞大的工程。

英语中有一熟语叫 on first-name basis，意思是跟某人关系亲密，可以只称名，不称姓。在工作单位，跟同事之间，甚至跟主管一般都是这样互称。我在联合国工作时，跟同事、主管、上到司级的领导都只称名，不称姓。司级以上便是助理秘书长、副秘书长和秘书长，见到他们却是要用尊称先生或女士的。其实如果跟助理秘书长和副秘书长熟悉的话也可只称他们的名。大中小学的学生称老师时还是需要毕恭毕敬，在老师的姓前冠以先生或女士的。但我也看到过有幼儿园老师让她们的学生用名叫她们，也许这样更亲近吧。我在哥大论文答辩通过时有一个难忘的小插曲，当时似乎是经历了一个"成人礼"。我的一位导师孔迈隆（Myron Cohen）在祝贺我通过答辩时说："从今天起你就叫我 Myron 吧。"学生不带姓直接称老师的名，这在中国文化里是绝对行不通的。我一开始也叫不出口，后来听说不遵从别人的要求称呼别人，那个人会不高兴的。恭敬不如从命，我鼓足勇气试了几次，后来也就习惯了。名从主人，在决定如何称呼别人时，一定要看对方的偏好和要求。正因为只用名不用姓表示亲近和随意，在跟不熟悉的人交往时，如果没得到对方的应允就叫他的名，常常会令人感到不快，觉得你没给他足够的尊重。美国南部曾发生这样一件事。当地有一位名叫阿尔文·普桑（Alvin Poussaint）的精神病医生。他是黑人，毕业于哈佛大学，在当地小有名气。有一天他在街上遭到一个白人警察的无端盘问，下面是普桑描述的他们之间的对话：

"—What's your name, boy?（伙计，你叫什么名字？）

—Dr. Poussaint. I'm a physician.（普桑博士，我是医生。）

—What's your first name, boy?（伙计，我问的是

你的名。)

　　As my heart palpitated, I muttered in profound humiliation:Alvin."(我的心颤抖着,受到奇耻大辱,嘴里喃喃地吐出"阿尔文"。)

　　这个事件后来被广为流传,成为社会语言学里的一个范例。白人警察对这位黑人的轻蔑是通过两个手段来表达的:一个是用南方白人蔑称黑人的字眼 boy(家伙),一个是称名不带姓。美国言语社会里不熟悉的男性之间的称呼一般遵循三个原则: 1)年龄,对长者或同辈称 Mr.,对晚辈可称 sonny,对小孩可称 boy;2)尊称,对上级或同辈称 Sir,对下级或年轻人可称 buddy; 3)职称,对医生要称 Dr.。作为美国言语社会一员,此警察应该使用上述三种惯例中的任何一个,不过他都没有。普桑医生提醒警察应该用 Dr. + 姓的方式来称呼他,但警察完全不予理会。这是种族歧视的典型表现。

　　在现今的美国社会,普通的人名在特定的时刻常常会成为一个含有某种意义的语言符号和社会思潮的评注。2020 年 5 月纽约的中央公园发生了这样一个事件。一个名叫埃米·库珀(Amy Cooper)的白人女子在公园里遛狗,但没用绳索拴狗,让它随意跑动。公园有规定,游人带狗进入公园必须用绳拴狗。公园里观鸟的一位黑人男子见状礼貌地要她用绳拴住狗,库珀不仅不听,反而打电话报警说:"这儿有个非裔男子在威胁我的生命。"黑人男子当时用手机录下了经过,发到社交媒体上。几天内此视频的点击量超过 3 000 万次,库珀随之遭网民痛批。第二天媒体普遍报道了这一事件,很多标题里把库珀称作"中央公园的卡伦(Karen)"。库珀怎么又成了卡伦呢？在回答这个问题之前,我们先来看看美国 2020 年五六月间的另一些报刊标题：

  Woman apologizes after "Karen"-like confrontation with resident goes viral and draws backlash（女子跟住户发生卡伦式的冲突在网上引起反弹后道歉）
  Company Cuts Ties With San Francisco "Karen" Who Called Cops Over "BLM" Art（旧金山"卡伦"见到"黑人的命也是命"艺术报警，公司跟她断绝关系）
  Angry NYC "Karen" Cough on Bagel Shop Patron After Being Asked to Wear a Mask（纽约市一名"卡伦"在饼店被告知要戴口罩大怒而冲一名顾客咳嗽）
  Unhinged Karen LOSES IT on Asian Woman（歇斯底里的卡伦对亚裔女子失控大骂）
  A Karen story that happened at my work（我上班地方发生的一桩卡伦事件）
  "Officer Karen" Mocked for Bizarrely Tearful Video About Having to Wait for McMuffin Order（"卡伦警官"在麦当劳等餐等得稍久一点儿的时候令人不解地哭起来的视频受到讥讽）

美国一下子怎么会冒出这么多"卡伦"呢？原来这里的"卡伦"已经不再是一个普通的女性名字，而是最近四五年出现的一个代码或"网络迷因"（internet meme），意指"自赋特权、多管闲事、凡事抱怨，特别是动辄因小事而要报警以威胁他人（通常是少数族裔）的中年白人女子"。还有人形象地把"卡伦"描绘成一个发型为齐耳短金发的中年白人女子，常常在商店和餐馆里要求见经理投诉什么事或要求什么事，这类女子常常是离了婚的。那么"卡伦"这个名字怎么会跟这个不佳形象联系起来的呢？缘由是这样的："卡伦"是 1960 年代中期最受欢迎的女婴名字。到了 2020 年,当年的这批女孩儿已届中年了。1960 年代美国人口的 80% 是白人,所以到 2020 年时叫卡伦的女性绝大多数都是白人。1960 年代另有一些受家长欢迎的女孩名字,如琳达(Linda)和辛西亚(Cynthia),这些名字其实也有可能成为"迷因",但不幸的是民众选了"卡伦"。很多人觉得"卡伦"得此贬义是 2007 年美国的一部电视剧《没人喜欢的朋友》(*The Friend Nobody Likes*)所致。在那部片子里,所说的没人喜欢的朋友就叫卡伦。还有人说这是出自美国 2004 年的一部电影《贱女孩》(*Mean Girls*),影片里的一名"贱女孩"就叫 Karen。不管出处如何,总之卡伦现在已经摆脱不了社会给它的负面意义了。可以预见,在未来几年甚至更久的一段时间里,家长们不大会给自己的孩子起名为"卡伦"了。美国《新闻周刊》2020 年 8 月 7 日发表文章,说得更绝对。文章说,美国现有 1 107 736 个叫 Karen 的人,由于 Karen 已成臭名,以后就不会有第 1 107 737 个人叫这个名字了。现在还有人开始用"卡伦"来指具有同样行为的男性,如美国《大西洋》(*The Atlantic*)期刊的一篇文章的题目就是:Donald Trump Is the Ultimate Karen (《特朗普是彻头彻尾的卡伦》)。不过很多人觉得用女性的名字来称行为不端的男性也是对女性的不敬,所以现在社交媒体上也在讨论应该用哪些男性的名字作为迷因。目前建议的名字有 Ken、Jeremy、Bret、Todd、Brandon、Tucker 等,每个建议都有自己的理由,但都莫衷一是,并没有得到普遍的响应。《纽约邮报》甚至登出启事,让读者把自己的提议发给报社。

美国一些地方政府正在出台一些政策或法令,禁止这类"卡伦"出于种族歧视无缘无故打电话报警。如 2020 年 7 月初,旧金山市议会提出一个名为"Caution Against Racially Exploitative Non-Emergencies, or CAREN Act"(《反对出于种族歧视目的非紧急状态下报警的警告法》)的法案,法案警告违反者会面临刑事指控。有趣的是这个法案的缩写是 CAREN,与 Karen(卡伦)的发音完全一样。我觉得他们在给法案命名时是刻意先定好缩写语,然后再找与之相应的词语的。

和中国人的姓一样,美国人对自己的姓也没有选择,只是美国人的姓比中国人的姓多得多,据说美国人的姓氏有 100 多万。相对中国人的名,美国人的名数量有限,所以同名的人很多。美国总统中有六位的名是 James,四位是 William,四位是 John。说到总统的名字,我观察到一件趣事。美国历任总统的姓大多以辅音结尾,所以,竞选总统时,人们常常不看好姓以元音结尾的候选人。当年奥巴马初次竞选总统时他有几个劣势要克服,其中一个就是他的姓 Obama 是以元音-a 结尾的。1986 年 3 月 23 日《华盛顿邮报》登了一篇题为《元音的力量》("Vowel Power")的文章,文章开篇就说到当时纽约州州长马里奥·库莫(Mario Cuomo)在考虑是否参加总统竞选时,使他止步不前的一个障碍就是他的姓以元音结尾。

中国传统文化里有"避讳"的礼俗,总原则是"为尊者讳,为亲者讳,为贤者讳"。也就是说在说话和写文章时不直接说出或写出君主或尊亲的名字,以表尊重,晚辈就更不能起长辈的名字了。但在英语里却是相反。晚辈如起长辈的名字则表示对长辈的尊敬和喜爱。18—19 世纪时英国还有此习俗:长子起爷爷的名字,二子起外公的名字,三子起父亲的名字,四子起大伯的名字,长女起外婆的名字,二女起奶奶的名字,三女起妈妈的名字,四女起大姨的名字。这样做的理由是把祖先的名字代代相传。现代社会很少有人再遵循这个原则了,但父子同名的现象还很普遍,如同为美国总统的乔治·布什父子,唐纳德·特朗普总统的长子也叫唐纳德·特朗普。区分他们的办法就是父亲用Sr.(Senior),儿子用Jr.(Junior),中文的翻译是"老"和"小"。父亲去世后,儿子可以把名字后的Jr.去掉,但也有很多人为了不使别人误解,在父亲去世后依然保持名后的Jr.。如果一家三代都用同一名字,名后就得用罗马数字Ⅰ、Ⅱ、Ⅲ。理论上四代以上也可以采用此法,但非常罕见,毕竟区分起来不方便。在英语世界,如果给自己的孩子取自己朋友的名字常常被朋友看作一种荣誉,但是在中国文化里则会是一种忌讳,因为你这样做就把你的朋友降低了一个辈分。

每年年底时,美国的媒体都会报道当年新生孩子最潮的名字,充分显示美国人对名字的兴趣与热情。媒体用的信息大多出自美国社安保障署(Social Security Administration,简称"社安署"),因为孩子出生后,父母要做的第一件事就是去社安署给孩子申请一个终身使用的社会安全号码。美国的社会安全号码类似于国内的身份证号码。父母在申请时当然要填写孩子的名字。根据全国汇总的资料,社安署会在其网站上公布前一年频率最高的 1 000 个宝宝名字。目前公布的是 2018 年的名字(https://www.ssa.gov/oact/babynames/),下表 7 显示的是前 10 名,第二栏是男性的,第三栏是女性的:

表 7　美国 2018 年前 10 个频率最高的名字

Rank	Male name	Female name
1	Liam	Emma
2	Noah	Olivia
3	William	Ava
4	James	Isabella

续 表

Rank	Male name	Female name
5	Oliver	Sophia
6	Benjamin	Charlotte
7	Elijah	Mia
8	Lucas	Amelia
9	Mason	Harper
10	Logan	Evelyn

社安署保存着1879年以来每年新生儿的热门名字,在其网站上输入年份和排名就能查找。对历年热门名字排名的变化进行比较也能管窥美国社会风尚的变迁,因为很多热门名字都与当年的时政、流行文化特别是文化名人、政治名流、明星有关。有的名字随着明星的退场而消失,有的名字却能经得住时间的考验而经久不衰。现在也有很多人热衷于预估下一年的热门名字。2020年新年伊始,美国一个专门研究新生儿名字的机构Nameberry 就在其网站 https://nameberry.com/ 预测下面这些名字将会是2020年的热门名字:男孩名 Austin、Alva、Acacius、Tate、Diego;女孩名 Adah、Reese、Mika、Paisley、Amina。2020年在世界范围里发生的最大事件莫过于冠状病毒(coronavirus)了。美国一家服务于怀孕妇女的网站 The Bump(https://www.thebump.com/)分析了2020年上半年父母给新生儿起名的倾向,于6月底公布了一份2020年可能会走红的100个男婴的名字和100个女婴的名字,推荐给待产的妈妈。女婴的第100个名字是 Corona,即 coronavirus 的前半部分(冠状)。Corona 的本义是"皇冠""花环",从意义上和词素上(词尾的-a一般用于女性的名字)都适合用作女孩儿的名字。Corona 出现在女孩儿热门

名单上这还是第一次,说明父母都希望通过孩子的名字记住这一肆虐全球的不幸事件。

虽然名字跟人没有直接的关系,任何人可以起任何名字,但是美国社会里很多人对不同的名字往往赋予不同的情感,把不同的名字跟不同类型的人联系起来,还有的人甚至会"以名取人"。为证实这一点,美国雪城大学(Syracuse University)的研究人员做了一项调查。他们的调查对象是 500 名大学生,调查内容是从 20 世纪 50 年代到 2009 年的 400 个最热门名字,让学生从三个方面给名字打印象分:年龄大小、是否亲和、是否能干。结果总体上显示女性的名字给人以亲和的印象,而男性的名字给人以有能力的印象。有些名字给人以老态的感觉,如 Dolores 和 Donald(特朗普就是这个名字);有些名字给人以青春的感觉,如 Danielle 和 Devon。

这些名字给人的印象是既能干又亲和:Ann, Anna, Caroline, Daniel, David, Elizabeth, Emily, Emma, Evelyn, Felicia, Grace, James, Jennifer, John, Jonathan, Julie, Kathleen, Madeline, Mark, Mary, Matthew, Michael, Michelle, Natalie, Nicholas, Noah, Olivia, Paul, Rachel, Samantha, Sarah, Sophia, Stephen, Susan, Thomas, and William

这些名字给人的印象是缺乏能力,但是很亲和:Hailey, Hannah, Jessie, Kellie, Melody, and Mia

这些名字给人的印象是能力很强,但是不很热情:Arnold, Gerald, Herbert, Howard, Lawrence, Norman, Reginald, and Stuart

这些名字给人的印象是既缺乏能力,又缺乏热情:Alvin, Brent, Bryce, Cheyenne, Colby, Crystal, Dana, Darrell, Devon, Dominic, Dominique, Duane, Erin, Larry, Leslie, Lonni, Malachi, Marcia/Marco, Mercedes, Omar, Regina, Rex, Roy,

Tracy, Trenton, Vicki, and Whitney

　　看来还是得名正言顺,玫瑰只有被叫作玫瑰才有其独特的芳香。

社会思潮的风向标

此书付梓的时候,21世纪的第2个10年刚刚结束,美国2019年语言"盘点",新科年度词也刚刚出笼。这就是表示中性性别的人称代词they。我们在前面讨论过they成为年度词的背景和意义。年度热词是社会风尚、大众心态的晴雨表或风向标。我们不妨在这里回顾一下21世纪迄今为止在美国选出的其他年度词。

美国推选年度词的机构不止一个,但最受关注、也是最权威的是《韦伯斯特词典》。该词典从2003年开始评选年度词,遴选的根据是大众在网上的搜索率。《韦伯斯特词典》至今已经选出了如下17个年度热词:

2003年的年度词是democracy(民主)。此词成为年度词的主要原因倒不是美国民众要求国内的民主,而是对当年3月美国发动伊拉克战争,推翻萨达姆·侯赛因政权的一个反应。"民主"一词在当年搜索率居高不下,但其本身并没有释放出民众对伊战的态度。我查阅了当年美国的主要民意调查,发现半数以上的民众持支持的态度,但在随后的若干年内,随着美军的伤亡人数增加以及并未发现伊拉克有大规模杀伤武器,民众的支持率大幅度下降。

2004年的年度词是blog(博客)。这一年博客风起,逐步开始影响主流媒体。"博客"很自然地成为当年民众网上搜索最多的一个词。《韦伯斯特词典》在宣布"博客"为2004年的年度词后,随即在2005年把"博客"一词收入词典,所给的定义是"表达个人思想和评论的个人网络日志"。

2005年的年度词是integrity(诚信)。这是当年搜索率最多的一词,因为当年美国爆出很多商界、演艺界、体育界,甚至国会和联邦政府的道德丑闻。其中社会影响较大的是歌手迈克尔·杰克逊受到七项性侵儿童以及其他两项指控,虽然法院最终裁定所有罪名因证据均不足而不成立,但他的事业受到无可挽回的影响。

2006年的年度词是truthiness(真实性)。当年的年度词是《韦伯斯特词典》首次采用网上海选的形式决定的。英语里原本没有truthiness这个词。美国谐星斯蒂芬·科尔伯特(Stephen Colbert)在当年10月的一个节目中自创了这个词,指的是"本能感觉是真实的,而并无事实证明"。此词虽是科尔伯特在一个说笑节目里创用的,但却有深刻的哲学意义。"真实"成了人们内心感觉的结果。媒体在讨论此词时举了这样的例子:美国国防部长唐纳德·拉姆斯菲尔德(Donald Rumsfeld)喋喋不休地说美国正在赢得伊拉克战争,其实这并不是事实。美国国务卿约翰·克里(John Kerry)在竞选总统时说他始终是反对伊拉克战争的,但他任参议员时,在表决是否对伊拉克出兵时投的是赞成票。还有的人执意认为全球变暖是一个神话,只是因为他们本能是如此感觉,而没有任何证据。truthiness一词当年也被美国方言学会选为年度词。

2007年的年度词是w00t。这是一个用计算机语言把数字和文字符号合为一体的杜撰词。w00t 最初用于网络游戏,是一个兴奋至极、欢呼雀跃的惊叹词。它的出处之一是网络游戏里人们常用的"we owned the other team"（我们打败/收编了对方）一语中的首字母。此词的入选表明了当年网络游戏在美国社会的盛行程度。

2008 年的年度词是 bailout（解困）。美国在 2007 和 2008 年之间经历一场很多经济学家认为是美国 1930 年代大萧条后最严重的金融危机,很多著名的金融机构纷纷破产倒闭,很多白领人士失业,人心惶惶,颇有《红楼梦》里说的"忽喇喇似大厦倾"的感觉。为了遏制多米诺骨牌效应,美国政府当年也想尽办法出台救市方案来纾解经济困境。

2009 年的年度词是 admonish（训诫）。当年美国总统奥巴马在国会发表一个关于医疗保险改革的演讲时,共和党众议员乔·威尔逊（Joe Wilson）违背国会礼节规定,在会场大喊"你撒谎"。媒体报道后,民众四处搜寻一个能适当处理此事件的词语。在搜寻出的词语中,"训诫"名列第一,充分反映出社会舆论要求对威尔逊的这个不当行为予以谴责。事后国会真的通过了一个训诫此议员的决议。较之其他表示谴责的词语,admonish 算是语气比较缓和的词语。

2010 年的年度词是 austerity（紧缩）。美国在 2007 和 2008 年之间经历的金融危机也引起了世界范围的波动。欧洲最大的危机发生在希腊。希腊政府为了避免经济崩溃,采取了削减公职人员的薪水和加税的办法,这引起人们的恐慌和抗议。世界上的很多国家都采用了"勒紧裤带"的紧缩措施以削减开支。

2011 年的年度词是 pragmatic（务实）。《韦伯斯特词典》说此词反映出当年全国人民的一种普遍心绪。"务实是人们觉得自己或他人,特别是领导人最珍贵的一个特点。"

2012年的年度词有两个：一个是socialism(社会主义)，一个是capitalism(资本主义)。这一年是大选年，奥巴马在当年的11月前全力展开竞选第二任总统的活动。他的一个施政纲领是"奥巴马医改"(Obamacare)。此举被共和党指责为社会主义行为。此词不断地见诸报端和电视屏幕。美国有很多人其实并不明白socialism的含义，他们在查纸质或在线词典时也常常会顺便查看一下capitalism的具体含义。对于大部分美国人来说，socialism是个贬义词，即便是持有社会主义理念的人也很少说自己是socialist(社会主义者)。有趣的是，既然socialism是个贬义词，capitalism(资本主义)就应该是个褒义词，但实际上也很少有人把自己说成是capitalist(资本主义者)。我们原先在国内学英语时通常把capitalist翻译成"资本家"，意思当然是负面的，后来发现即使是美国的富人也很少用这个词称自己，多少可以说明作为名词用的capitalist还是有一定的负面意义的。

2013年的年度词是science(科学)。看起来有点儿奇怪，这个很普通的词居然会被选为年度热词。这年发生了什么事呢？起因是这一年联邦政府削减了对科学研究的资助经费，从而威胁到国家的创新。这一年对希格斯粒子(Higgs boson)的发现和对干细胞(stem cell)的成功克隆激发了哲学和道德变量。气候变化也是当年的一个热门话题。

2014年的年度词是culture(文化)。文化也是一个极普通的词。我注意到在过去几十年里很多中国人喜欢把"文化"二字加在某一事物的后面，如饮茶文化、酒文化、烹调文化等。与此类似，这一年里，美国的媒体也大肆报道了各种"文化"，如hookup culture(只要性、不要爱的"约炮文化")、rape culture(强奸文化)、car culture(汽车文化)等。人类学家把文化当作研究的己任，给文化下了一百多种定义。所以我们在不同场合下看到的"文化",含义也不尽相同。

　　2015年的年度词其实不是一个可以独立使用的词,而是一个后缀-ism(主义)。我们在很多英语单词的后面加上这个后缀就构成了XX主义,如individualism(个人主义)、Marxism(马克思主义)。这一年在美国媒体里大量出现带此后缀的词:socialism(社会主义)、fascism(法西斯主义)、racism(种族主义)、feminism(女权主义)、communism(共产主义)、capitalism(资本主义)、terrorism(恐怖主义)。这一年伯尼·桑德斯(Bernie Sanders)、希拉里·克林顿(Hillary Clinton)和唐纳德·特朗普宣布参加总统竞选,他们代表三种不同的意识形态,很自然地在社会上和舆论界引起对不同主义的关注和辩论。

　　2016年的年度词是surreal(超现实)。当年美国发生了不少意想不到的事,让民众感到震惊和茫然,很多人便去查surreal的意思。超现实的感觉就是梦中的感觉,不可能或不合常情的事成了现实。其中最意想不到的事便是当年美国的大选,特朗普当选为总统。其他令人震惊不安的事件还有英国脱欧、美国奥兰多一名安保在一家同性恋夜总会枪杀49人、射伤53人。

　　2017年的年度词是feminism(女权主义)。根据词典的定义,feminism不只是指一种信念或主张,而是指"伸张女性权利的有组织的活动"。这一年在美国兴起的#MeToo(我也是)运动引发了世界上很多国家的女性示威游行。当年跟女性有关的电影《神奇女侠》(*Wonder Woman*)和美剧《侍女的故事》(*The Handmaid's Tale*)都大获成功,产生了巨大的影响。

　　2018年的年度词是justice(正义)。这一年美国发生了好几件跟司法调查有关的事件,如对特朗普总统涉嫌通俄的穆勒调查案、对美国最高法院法官人选布雷特·卡瓦诺(Brett Kavanaugh)的国会听证会、刑法改革、性别平等的努力。"正义"自然成为人们搜索的热词。

2019年的年度词是they(表示中性性别的单数代词),我们已在前面讨论过此词的产生背景。

2020年刚刚过半,年度词已浮出水面。美国观察和研究全球语言使用趋势的全球语言监测公司(Global Language Monitor)根据今年民众使用词语频率的调查发现,Covid名列第一,coronavirus名列第二。Covid里的co-是corona(冠状)的缩写、vi-是virus(病毒)的缩写、d是disease(病)的缩写。Coronavirus则是冠状病毒的全写。2020年新冠病毒肆虐全球,年终时这两个词中的任何一个成为年度热词都是意料之中的事。

解读和认识一个国家的年度热词能让我们体察到其社会的思潮,把握其民众的脉搏。

语言文化差异对比

中国人的数学为什么略胜一筹?
为什么英语里问不了这样的问题?
语言的强制观察和文化关注
打顿多寡
曲与直
小叙聊

中国人的数学为什么略胜一筹？

美国社会常常对生活在境内的少数族裔有不同的刻板印象，即认为同一族裔的人都有同样的行为。要好就都好，要不好就都不好。对华裔，也不例外。如美国社会普遍认定华裔学生的数学好。学校里的老师和同学如果看到哪个华裔学生的数学成绩不佳，常常会说："你不是中国人吗？你的数学怎么会不好呢？"这样的话现在也被看作一种刻板印象式的偏见。美国社会上之所以存在这种先入之见，的确也跟美国大中小学校华裔学生在数学上的出色表现有关。在各种国际性数学比赛或测试中，中国的学生总是名列前茅。我们不妨看看中国学生在三大国际数学比赛或测试中的具体表现。

在青少年中享有盛誉的国际数学奥林匹克比赛（International Mathematical Olympiad，简称"奥数"）每年在世界上一个不同的国家举行一次。参赛选手的年龄限制在 20 岁以下，基本上是高中生。中国自 1985 年参赛，迄今除了在第一年（1985）名列 36、一年第 8、一年第 6 外，其余均为第 4 名以上，以冠亚军为多。2010—2019 年之间有 5 年是第 1 名，2 年是第 2 名，3 年是第 3 名。2000—2009 年之间有 8 年是第 1 名，2 年是第 2 名。

总部设在巴黎的经济合作与发展组织（Organization for Economic Co-operation and Development,简称经合组织）于 2000 年发起了一个针对基础教育的跨国家（地区）"学生能力国际评估"项目（Programme for International Student Assessment,简称 PISA），目的是对 15 岁学生的阅读、数学、科学素养和运用知识解决现实问题的能力进行评价，希望能反映学生参与未来生活的能力。PISA 测试每三年进行一次，现有 79 个国家、60 万学生参与。PISA 已经成为世界上规模较大、具有广泛国际影响力的基础教育第三方评价项目。PISA 主要测试三个领域：阅读素养、数学素养及科学素养。2009 年和 2012 年，由上海中学生代表中国大陆参加 PISA 测试，获得两连冠，由此受到国际上的广泛关注。2012 年如下国家和城市的学生数学得分为：上海（613），香港（561），澳门（538），韩国（554），日本（536），加拿大（518），澳大利亚（504），爱尔兰（501），新西兰（500），英国（494），美国（481）。经合组织于 2019 年 12 月 3 日公布了最新一次的测试结果，中国学生取得全部三个科目（数学、阅读、科学）第一的成绩，平均成绩分别为 555 分、591 分、590 分。

美国有个名为"国际教育成就评估协会"（the International Association for the Evaluation of Educational Achievement）的专业机构，实施的一个主要项目是"国际数学和科学评测趋势调查"（The Trends in International Mathematics and Science Study,简称 TIMSS）。TIMSS 主要测试的是四年级和八年级学生的数学与科学课成绩以及达到课程目标的情况。中国大陆目前没有参与此项目的测试，但有台湾和香港的中小学校学生参与测试。TIMSS 的目的是对国家间的教育成就进行比较，特别是比较美国和其他国家之间的差距。名列榜首的基本是新加坡、韩国、日本这几个亚洲国家,以及中国的台湾和香港地区。TIMSS 每四年举行一次测试,最近一次结果是 2015 年的,见图 14 和图 15:

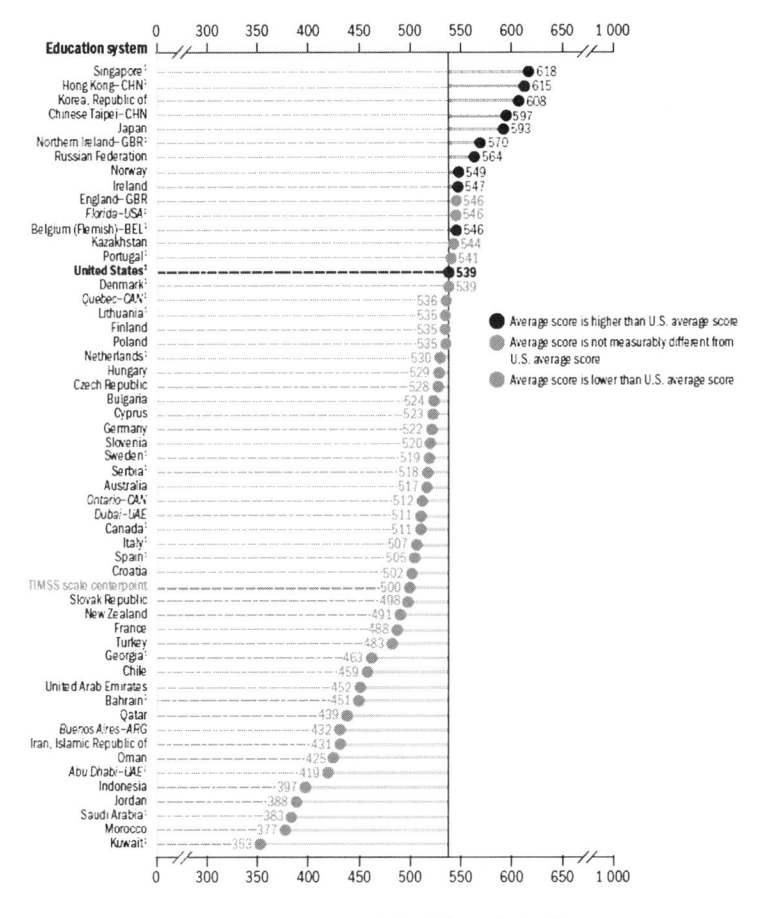

Education system	Score
Singapore	618
Hong Kong-CHN	615
Korea, Republic of	608
Chinese Taipei-CHN	597
Japan	593
Northern Ireland-GBR	570
Russian Federation	564
Norway	549
Ireland	547
England-GBR	546
Florida-USA	546
Belgium (Flemish)-BEL	546
Kazakhstan	544
Portugal	541
United States	539
Denmark	539
Quebec-CAN	536
Lithuania	535
Finland	535
Poland	535
Netherlands	530
Hungary	529
Czech Republic	528
Bulgaria	524
Cyprus	523
Germany	522
Slovenia	520
Sweden	519
Serbia	518
Australia	517
Ontario-CAN	512
Dubai-UAE	511
Canada	511
Italy	507
Spain	505
Croatia	502
TIMSS scale centerpoint	500
Slovak Republic	498
New Zealand	491
France	488
Turkey	483
Georgia	463
Chile	459
United Arab Emirates	452
Bahrain	451
Qatar	439
Buenos Aires-ARG	432
Iran, Islamic Republic of	431
Oman	425
Abu Dhabi-UAE	419
Indonesia	397
Jordan	388
Saudi Arabia	383
Morocco	377
Kuwait	353

图 14　TIMSS 平均数学分数(四年级学生)

(数据来源:美国教育部/全国教育统计中心 2015 年 TIMSS 要点报告:https://nces.ed.gov/pubs2017/2017002.pdf)

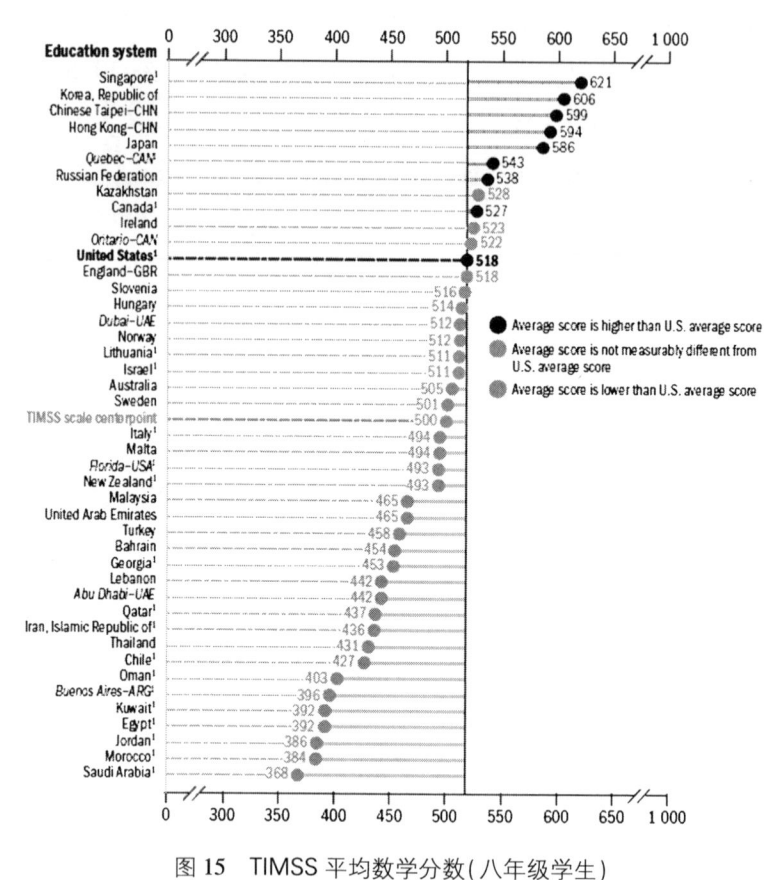

图 15　TIMSS 平均数学分数(八年级学生)

(数据来源:美国教育部/全国教育统计中心 2015 年 TIMSS 要点报告:https:// nces.ed.gov/pubs2017/2017002.pdf)

由此可见,在四年级和八年级两个年级段上名列前 5 名的都是新加坡、韩国和日本这几个亚洲国家,以及中国的台湾和香港地区,而美国这两个年级段的学生则分别处于第 15 位和第 12 位。

现在美国主要大学的数学系和跟数学有关的统计学系基本被中国学生所垄断。以我的母校哥大为例,哥大数学系的中国学生占全系学生的半数以上,统计学系的中国学生占全系学生的80%以上。因为中国学生在数学方面的杰出表现,系里的美国同学常常打怵。

中国学生在数学方面的杰出表现,自然就成为社会谈论和学界探讨的一个热门话题。究竟是什么原因致此,众说纷纭,不一而足。很多人认为这一现象是中国文化强调教育和父母的"拼娃"精神所致。所谓"拼娃"是指父母为了孩子在学业上出人头地,采用"权威式教养方式"或"专制式教养方式"培养孩子,以上名校为最终目的,牺牲孩子快乐的童年,让他们拼命刻苦学习,业余时间几乎全都用来读书。有两本在美国出版的畅销书充分体现和描写了这一现象。一本是2011年登上《时代》杂志封面的耶鲁大学华裔教授蔡美儿的《虎妈战歌》(*Battle Hymn of the Tiger Mother*),一本是2017年《纽约时报》特别推荐的美籍华人莱诺拉·朱(Lenora Chu)的《小小兵:一个美国男孩、一所中国学校、在全球范围内力争上游》(*Little Soldiers: An American Boy, a Chinese School, and the Global Race to Achieve*)。莱诺拉·朱2009年与美国丈夫带刚学步的儿子移居上海,夫妻俩让儿子从学前班开始就上中国人的学校,以沉浸式方式跟中国学生一起上课。经过多年的观察,她得出结论,中国学生考试成绩好的原因跟中国的文化、教育传统有关。学生先死记再理解。老师不断向学生灌输的信念是成功来自勤奋,而不是天赋。孩子成绩如果不佳,老师和家长通常怪罪他不够刻苦用功。

宾夕法尼亚大学的学者厄凌·博(Erling Boe)对前文提到的TIMSS测试做过研究。他注意到一个现象,被试学生在测试前还必须填写一份问卷。问卷非常详尽,上面大大小小问了120个问题,包括父母受教育的程度,父母对数学的看法。很多学生觉得填这份冗长的问卷乏味无聊,常常空着一二十题不答。

后来厄淩·博和其他研究人员把问卷填写得是否详尽的名次与TIMSS数学考试的名次进行比较,发现它们有很强的一致性。也就是说,那些能够集中精力、坐得住、不厌其烦地回答问卷上每个问题的学生往往就是数学成绩好的学生。厄淩·博教授说,我们甚至可以在不问一个数学问题的情况下精确地预测每个国家在奥数竞赛中的名次。所要做的只是给学生一些任务,看他们的用功和努力的程度。

图 16 展示了美国各族裔高中生每天早上 8 点到晚上 10 点做功课的时间,下午 3 点放学以后,代表亚裔的曲线远远超过了其他曲线,可以看出亚裔学生做作业的时间最久,睡得也最晚。

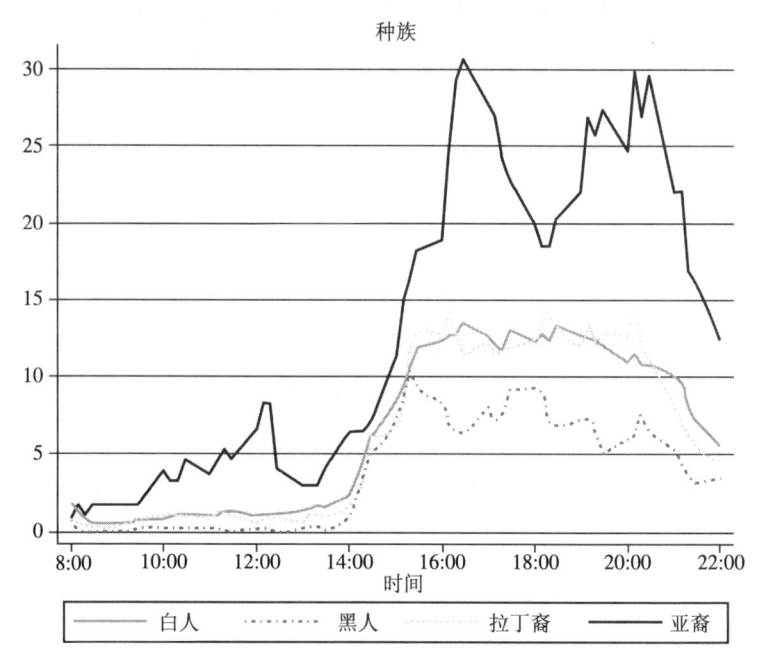

图 16　美国各族裔做功课时间

(资料来源:https://mp.weixin.qq.com/s/p7P9iFuRxS6_-_R4zAxhSg)

用文化传统和父母的教养方式来解释为什么中国孩子在数学方面技高一筹显然不能令人满意。因为他们只是在数学方面表现突出,在其他学科方面并未显示不寻常的地方。西方有些学者认为中国人数学好是中文的语言性质所致。这也是本章要重点讨论的。

第一种观点认为汉英的数词命名方式是造成中文使用者和英文使用者数学能力产生差异的原因。2014年9月15日,《华尔街日报》登载了一篇题为《最适合数学的语言》的文章,文章的作者苏·佘棱巴格(Sue Shellenbarger)把美国儿童在基本数学技能方面落后于中国、日本、韩国和土耳其儿童的原因归咎于英语。她认为,与英语相比,中文、日语、韩语和土耳其语的数词更简单,对数学概念的表达更清楚,有助于儿童掌握计数和算术。持这一观点的人认为英语数词的三大特点给说英文的孩子学习和掌握数字带来困难。这三大特点都跟两位数的数词构成有关。第一,某些数词无章可循。英语14、16、17、18、19是fourteen、sixteen、seventeen、eighteen、nineteen,teen前面的部分分别是4、6、7、8、9。按此逻辑,11、12、13和15就应该是oneteen、twoeen、threeteen和fiveteen,但这样的词在英语里并不存在,而是eleven、twelve、thirteen和fifteen。英语的40、60、70、80和90是forty、sixty、seventy、eighty和ninety,-ty前的部分跟4(four)、6(six)、7(seven)、8(eight)和9(nine)在语音上一致,但twenty(20)、thirty(30)和fifty(50)中的第一个音节跟two(2)、three(3)和five(5)在语音上没有明显关联。第二,某些数词的构成不规则。如20以上的数字,英语把十位数放在前面,个位数放在后面:twenty-one(21)、thirty-two(32)等,但20以下的数字却是相反,十位在后,个位在前:fourteen(14)、seventeen(17)、eighteen(18)。第三,某些数词不"透明"。"透明"指的其实是自解或合乎逻辑。如 seventeen(17) 是 7+10,27 中的 20 也是用不"透明"的词(twenty)表达的。跟英文比起来,中文则非常规则和"透明",如 11 就是一个 10+1,23 就是 2 个 10+3,34 就是 3 个 10+4,95 就是 9 个 10+5。这里顺便说一下荷兰语里的情况。荷兰语里所有的十位数都是十位在后、个位在前,如 94 写作 vieren-negentig (4+90)。这种序列非常不利于儿童对数学的掌握。有研究者让一群说英语的幼儿园孩子和一群说荷兰语的幼儿园孩子心算两位数字的加法,结果显示说荷兰语的孩子的表现不如说英语的孩子。这两个群体的孩子在数学的其他方面,如数数能力、计算和比较圆点的数量和做一位数数字的加法,则没有差别。这两个群体的差异只反映在两位数的加法上,这就更说明了差异产生的原因是不同的语言所致。

欧洲威尔士的数字表达原先很复杂,如 92 是 dau ar ddeg a phedwar ugain,意思是 2+10+4×20。由于这种表达法严重影响了儿童的数学认知,威尔士政府于 20 世纪 40 年代废除了原先的数词体系,而采用东亚语言的数字表达法:naw deg dau(9×10+2),这充分显示了中文和其他东亚语言的逻辑性、合理性和先进性。这里顺便提一下法语和丹麦语的情况。在法语里,92 是 quatre-vingt douze,意思是 4 个 20+12。在丹麦语里 90 是 tooghalvfems,意思是 4 个半 20。外国人在说这类语言的数词时都需先在脑子里计算一番,可见是个额外的负担。

在分数方面,中文的表达法似乎比英文也要更清楚和透明。中文说五分之三,从字面上就能看出是在五个部分里取三,分母和分子的关系很明白,而英语里则说 three-fifths,从字面上看不出两者之间的逻辑关系。

2008 年名列《纽约时报》畅销书籍榜首的是 *Outliers: The Story of Success* 一书。作者是加拿大人马尔科姆·格拉德韦尔

（Malcolm Gladwell）。我看到有人把书名翻译成《异类》。"异类"有时有贬义,可能译成"出类拔萃者"或"超凡者"更为合适。书中介绍了一些出类拔萃人物的成功秘诀。作者在第8章讨论了为什么中国人数学特别好。他的结论也是中国的语言所致。具体地来说,他认为这是中文的单音节（monosyllabic）特性所致。所谓单音节就是一个词是由一个音节组成,如我、你、他、这、那、是、的。现代汉语里的词虽然已经演变成双音节占主导地位,如国家、语言、房子、学校等,但常用词还多为单音节。即便是双音节词,所含的两个词素都在一定程度上还保持自己原有的意义,在某些情况下各自还是可以当作一个词来理解。如我们虽然不能说"世界上有很多国""你会说多少种语",但是我们可以说"我国"和"双语"。英语则是一个多音节的语言,音节最多的一词由 19 个音节组成（pneumonoultramicroscopicsili-covolcanoconiosis（超微粒硅酸盐尘埃沉着症,简称火山硅肺病）,分解开是 pneu-mo-no-ul-tra-mi-cro-scop-ic-sil-i-co-vol-ca-no-co-ni-o-sis）。那么中文的单音节特性是如何影响中国人对数学的掌握的呢?格拉德韦尔是这样论证的。他给受试者看一下几个数字:4,8,5,3,9,7,6,然后让英语使用者和中文使用者在 20 秒内记住这些数字并读出来。说英语的人记住这几个数字的概率是 50%,而说中文的人几乎是 100%,屡试屡验。

　　为什么会出现这个结果?格拉德韦尔说人类的瞬时记忆贮存时间（memory loop）大概是 2 秒钟左右,也就是说人们最容易记住的是在两秒钟内说的内容。中文使用者几乎都能记住 4、8、5、3、9、7、6 这几个没有规律的数字,是因为中文可将这 7 个数字贮存于 2 秒钟的瞬时记忆中,英语则无法做到。格拉德韦尔还引用了斯坦尼斯拉斯·德海恩（Stanislas Dehaene）在《数字之意义》（The Number Sense）一书中提到的一个数据,中文是单音节语言,读出每个数字用时不到四分之一秒。英文是多音节语言,读出一个数字至少要三分之一秒。也有其他研究人员调查了不同语言里读出数字所需时间跟瞬时记忆贮存时间的相关性,得出的结论亦相同。他们认为英语使用者和中文使用者的记忆差别完全是由发音的长短造成的,比起说英文的孩子,说中文的孩子能记住更多的数字。研究显示 4 岁的中国儿童平均可以数到 40,而同龄的美国儿童只能数到 15。多数儿童要到 5 岁才能数到 40,他们掌握的算术基本运算要落后中国和亚洲其他一些国家的同龄儿童一年的时间。

　　格拉德韦尔注意到的中文单音节特点有助于中国孩子记忆数字的现象也表现在中国人对其他事情的记忆方面。中国的孩子学算术在很大程度上依赖于口诀,中国人在其他方面为便于记忆也常常根据要点把复杂事物的内容编成朗朗上口的口诀,如《三字经》《弟子规》。寥寥数句就把几千年的中国历史和儒家的孝悌仁爱说得清清楚楚了。文中用的均是单音节词,易记易诵。哈佛大学有两位教中国历史的美国教授。他们见到中国历史悠久,朝代繁多难记,就把中国朝代名字编成顺口溜,配上美国人熟悉的音乐,让学生背诵,他们很快就能熟记。这两位教授领唱的视频传到网上,很快也成了网络红人。他们编的顺口溜是:

　　　　商周秦汉,商周秦汉
　　　　隋唐宋,隋唐宋
　　　　元明清 Republic(中华民国),元明清 Republic(中华民国)
　　　　毛泽东,毛泽东

单音节是中文所属的汉藏语系语言共有的特点之一，了解中英两个语言在音节构成上的区别有利于进行汉英对比和外语学习。我在美国从事语言教学和师资培训时会专门讲汉英音节构成上的差异。如前所述，英语是多音节的语言，一个音节由一个元音（vowel，简称 V）或一个元音加一个或若干辅音（consonant，简称 C）构成。英语的一个音节可以是一个词，但更多的是一个词的一部分，此部分有时有意义，有时没有意义。英语里至少有 16 种音节的构成模式：

V（如 I）

VC（如 up、at）

CVC（如 big、pat、map）

CCVC（如 bred、dread、stone）

CVCC（如 mask、best、sand）

CCV（如 fly、blue、grow）

CCCV（如 screw、spray、stray）

VCC（如 old、and、ink）

VCCC（如 Olds、ants、amps）

CCVCC（如 brand、trains、swings）

CVCCC（如 tests、tenths、lunged）

CVCCCC（如 thirsts、texts、worlds）

CCVCCC（如 slurps、prints、flirts）

CCCVC（如 street、squat、strut）

CCCVCC（如 struts、squats、sprained）

CCCVCCC（如 scrimps、sprints、squelched）

英语有 20 个单元音，24 个辅音。按照上述的音节构成方式就会有 15 万个组合的可能。如果都列出来的话，至少是一本小书。中文有 6 个单元音（a、o、e、i、u、ü），22 个辅音（b、p、m、f、 d、t、n、l、g、k、h、j、q、x、z、c、s、zh、ch、sh、r、ng），基本的音节构成方式是：

  V/VV/VVV（如：啊、爱、要）

  VC（如：恩、昂）

  CV/CVV（如：大、毛）

  CVC（如：南、中）

  这里需要特别说明的是，CVC 中元音后的辅音不能是随意的辅音，而只能是两个鼻辅音 n 和 ng，如贫（pin）和瓶（ping）、嫩（nen）和能（neng）、言（yan）和阳（yang）。中文是单音节语言，中文里的音节组合就极为有限。我每次给语言专业的学生和中文老师上课时都会让他们回答一个问题：把中文里所有可能存在的音节组合列出来大概需要多少篇幅？很多学员思考后能正确回答，也有很多学员答不出。上面说了，如果把英语里的音节组合都列出来的话应该是一本小书，因为有 15 万左右的方式，但要把中文里所有的音节组合列出来的话，只需要很少的篇幅，见表 7。

  一个学中文的外国人只要能掌握表上所列的所有音节组合就能正确发出中文里的每个词。中文是声调语言，学生当然也要掌握正确的声调了。加上四个声调，所有的组合方式也不过一千多种。与此相反，没有一个英语母语者能说他可以正确地发英语里每一个词的音，因为英文的音节组合实在太多。中文的这一特点对那些把中文看作一门艰难语言的外国学生来说应该算是个福音。

语言文化差异对比 207

表 7 中文音节组合表

元音(n/ng)辅音	a					o			e					i									
	a	ai	ao	an	ang	o	ong	ou	e	ei	en	eng	i	ia	iao	ie	iu	ian	iang	in	ing	iong
b	ba	bai	bao	ban	bang	bo				bei	ben	beng	bi		biao	bie		bian		bin	bing	
p	pa	pai	pao	pan	pang	po		pou		pei	pen	peng	pi		piao	pie		pian		pin	ping	
m	ma	mai	mao	man	mang	mo		mou		mei	men	meng	mi		miao	mie	miu	mian		min	ming	
f	fa			fan	fang	fo		fou		fei	fen	feng										
d	da	dai	dao	dan	dang		dong	dou	de	dei		deng	di		diao	die	diu	dian			ding	
t	ta	tai	tao	tan	tang		tong	tou	te			teng	ti		tiao	tie		tian			ting	
n	na	nai	nao	nan	nang		nong	nou	ne	nei	nen	neng	ni		niao	nie	niu	nian	niang	nin	ning	
l	la	lai	lao	lan	lang		long	lou	le	lei		leng	li	lia	liao	lie	liu	lian	liang	lin	ling	
z	za	zai	zao	zan	zang		zong	zou	ze	zei	zen	zeng	zi									
c	ca	cai	cao	can	cang		cong	cou	ce		cen	ceng	ci									
s	sa	sai	sao	san	sang		song	sou	se		sen	seng	si									
zh	zha	zhai	zhao	zhan	zhang		zhong	zhou	zhe	zhei	zhen	zheng	zhi									
ch	cha	chai	chao	chan	chang		chong	chou	che		chen	cheng	chi									
sh	sha	shai	shao	shan	shang			shou	she	shei	shen	sheng	shi									
r			rao	ran	rang		rong	rou	re		ren	reng	ri									

续表

元音 (n/ng) 辅音	a a	a ai	a ao	a an	a ang	o o	o ong	o ou	e e	e ei	e en	e eng	i i	i ia	i iao	i ie	i iu	i ian	i iang	i in	i ing	i iong
j													ji	jia	jiao	jie	jiu	jian	jiang	jin	jing	jiong
q													qi	qia	qiao	qie	qiu	qian	qiang	qin	qing	qiong
x													xi	xia	xiao	xie	xiu	xian	xiang	xin	xing	xiong
g	ga	gai	gao	gan	gang		gong	gou	ge	gei	gen	geng										
k	ka	kai	kao	kan	kang		kong	kou	ke	kei	ken	keng										
h	ha	hai	hao	han	hang		hong	hou	he	hei	hen	heng										

元音 (n/ng) 辅音	u u	u ua	u uo	u ui	u uai	u uan	u un	u uang	u ueng	ü ü	ü üe	ü üan	ü ün
b	bu												
p	pu												
m	mu												
f	fu												
d	du		duo	dui		duan	dun						

续表

元音 (n/ng) 辅音	u	ua	uo	ui	uai	uan	un	uang	ueng	ü	üe	üan	ün
t	tu		tuo	tui		tuan	tun						
n	nu		nuo			nuan				nü	nüe		
l	lu		luo			luan	lun			lü	lüe		
z	zu		zuo	zui		zuan	zun						
c	cu		cuo	cui		cuan	cun						
s	su		suo	sui		suan	sun						
zh	zhu	zhua	zhuo	zhui	zhuai	zhuan	zhun	zhuang					
ch	chu	chua	chuo	chui	chuai	chuan	chun	chuang					
sh	shu	shua	shuo	shui	shuai	shuan	shun	shuang					
r	ru	rua	ruo	rui		ruan	run						
j										ju	jue	juan	jun
q										qu	que	quan	qun
x										xu	xue	xuan	xun
g	gu	gua	guo	gui	guai	guan	gun		guang				

语言文化差异对比 209

续 表

辅音\元音 (n/ng)	u	ua	uo	ui	uai	uan	un	uang	ueng	ü	üe	üan	ün
k	ku	kua	kuo	kui	kuai	kuan	kun	kuang					
h	hu	hua	huo	hui	huai	huan	hun	huang					

为什么英语里问不了这样的问题?

20世纪80年代初,我在南京大学参加一个由教育部主办的全国英语教师培训班,培训老师是英国文化教育协会的三位语言学家。一次课后我问了他们这样一个问题:在英语里怎么对句子"Jimmy Carter is the 39th President of the United States."(吉米·卡特是美国第39任总统)当中的序数词发问,而得到"the 39th"(第39)这个答案呢?同样,对句子"I was the second person to come to school today."(今天我是第二个到校的),怎么对序数词发问而得到"the second"(第二个)这个答案呢?

中文里问这样的问题很容易,"吉米·卡特是美国第几任总统"和"你今天是第几个到学校的"就能轻松解决问题了。但我的问题竟然问倒了这三位英国专家。他们一下子怔住了,每人试了几次,然而都觉得不是英语正常的问话方式,就都互相否定了。最后他们说给他们一点儿时间,等他们回宾馆讨论后第二天回答我。第二天他们来给我们上课,见到我时郑重地说,他们昨晚回去讨论过了,结论是英语里无法问这样的问题,也就是说英语里无法对序数词发问。他们说如果一定要问的话就只能这样问:

George Washington was the first President of the United States. What about Jimmy Carter?（乔治·华盛顿是美国的第一任总统。吉米·卡特呢？）

这也就是说英语里只能分两步来问，而不能直接问。这个答案其实我是知道的，因为我先前在一本书里看到过这个问题，只是想通过英国专家证实一下而已。那么英语里为什么不能问这样的问题呢？英国专家说不清，我当时也不知道。难道是说英语的人对序数也就是序列这样的概念不重视，所以不问的吗？中国人的确对先后的顺序、座次、名次等很重视，但说英语的人对此也未必不在意。特别不理解的是为什么说英语的人从没想到要问这样的问题，他们为什么从不为不能问这样的问题而绞尽脑汁、纠结不宁？我被这个问题纠缠了近20年，最后终于悟出了道理。我且把答案留在后面说，这里只说一下这和语言与思维的关系有关。

语言与思维孰前孰后，是语言决定思维还是思维决定语言，这是一个语言学界、人类学界、哲学界和心理学界争执了两百多年的问题。学界在讨论这对关系时一般追溯到德国语言学家和哲学家威廉·冯·洪堡特（Wilhelm von Humboldt）。洪堡特对语言学、人类学、哲学、民族学和德国教育改革做出了卓越的贡献。我们现在经常谈论的是他在《论人类语言结构的差异及其对人类精神发展的影响》一书中表达的关于语言和思维关系的观点，这一观点后来被称为"新洪堡特学说"。洪堡特认为一个国家的语言是这个国家民族精神的体现。不同语言在语法结构上的差别很可能会影响到以这些语言为母语的人的思维方式。他在这篇文章中指出：

> 每一个人，不管说的是什么语言，都可以被看作一种独特的世界观的持有者。世界观本身的形成要通过语言这一手段才能实现……每种语言都有自己的世界观。

这里说的世界观在英语里叫 worldview，指的是看待世界的方式。人类观察世界是通过语言实施的。也就是说在人和客观世界之间还有一个媒介，这就是语言。在洪堡特看来，介于人和客观世界之间的语言不是透明的窗子，而是一个可使被观察到的事物变形的棱镜或变色镜。对于说不同语言的人来说，世界是不同的。按照他的观点，语言的不同就意味着语言使用者对客观世界的理解和解释不同，有多少种语言就有多少平行世界。有不少人赞同洪堡特的观点。如瑞士语言学家瓦尔特布尔格（W. Von Wartburg）就说过："我们通常说是人掌握语言，但其实人是被语言所左右。"现代语言学之父索绪尔（Ferdinand de Saussure）亦赞同洪堡特。他曾说："如果词语代表的是现存实体，那么它们在每个语言里的含义都会完全相同，但这并不是事实。"就连文学家也有附和的，如被誉为但丁之后最伟大的意大利诗人贾科莫·利奥帕第（Giacomo Leopardi）1832 年说过："知晓几种语言能使我们更便利和清晰地表达思想，因为我们是通过语言来思维的。"

洪堡特的学说在美国得到语言学家爱德华·萨丕尔和本杰明·沃尔夫（Benjamin Whorf）的响应和发展。说到萨丕尔，我还有一点儿自豪感。因为我跟他不仅是哥大校友，还同系、同专业。萨丕尔出生在德国，5 岁时随父母移民到美国。他于 1901 年进入哥大人类学系语言学专业，研究方向是日耳曼语言。在哥大时,他受教于我们系一位元老级教授弗朗兹·博厄斯(Franz Boas)。博厄斯在学界被称为"美国人类学之父"。萨丕尔在博厄斯的指导下梳理了人类学和语言学的关系。从这一点上来说,萨丕尔可算是美国人类语言学的创始人。在博厄斯的建议下,萨丕尔把研究兴趣转向美国印第安部落的语言。1909年他获得哥伦比亚大学博士学位。在随后的15年里任加拿大国立博物馆人类学部主任。1925年起任芝加哥大学人类学与语言学副教授、教授。1931年萨丕尔应聘耶鲁大学,任刚成立的人类学系主任。此时他已是北美人类学界和语言学界的领军人物。他也担任过美国语言学会会长和美国人类学会会长。关于语言和思维的关系,萨丕尔有一段著名的论述:

没有两种语言能够相似到可以被视为代表相同的社会现实。不同的社会所处的世界是不同的,不是仅仅贴着不同标签的同一世界。

沃尔夫是萨丕尔在耶鲁大学的学生。这对师生一致认为,不同语言里蕴含的文化概念和对世间事物分类的差异会影响和制约语言使用者对世界的感知和认知。也就是不同语言的使用者会因语言差异而有不同的思维方式和行为方式。沃尔夫在萨丕尔去世后于1940年在一份大众科技杂志《麻省理工学院科技评论》上发表了一篇标题相当朴实的短文《科学与语言学》。这篇文章始料未及地掀起了20世纪学术界"最时尚的知识思潮"。他们的学说在学界被称为"萨丕尔-沃尔夫假说",也常被称为"语言相对论"或"沃尔夫主义"。此假说有两个版本:一个是"强版",即认为思维完全是由语言决定的;一个是"弱版",即认为语言会影响和制约思维和某些非语言行为。这一假说让其后的一代学者和大众认为我们的母语限制和禁锢了我们的思维。

　　萨丕尔-沃尔夫假说自产生的那天起就一直受到质疑。支持和反对的两方都能举出强有力的例证。反对派批驳的重点是"一门语言里没有表达某一概念的词,说此语言的人就不能理解这一概念"的论点。我也同意反对派的观点,一门语言里没有表达某一概念的词,并不代表说此语言的人就不能理解这一概念。最先提出的反证是关于颜色的词语。人的肉眼可以区分出一百万种左右的色彩,但大多数语言里表示主要色彩的词不超过 12 个。英语里有 11 个:black、white、red、green、yellow、blue、brown、orange、pink、purple 和 grey。中文里也有 11 个:红、黄、蓝、白、黑、绿、灰、紫、棕、褐、橙。中英文的不同之处是:英文有 pink(粉色),中文没有;中文有褐色,英文没有。语言里的颜色词数量不同,最少的只有两个:黑和白,黑包括其他语言中的棕色、紫色、红色和绿色;白包括黄色、粉色、浅蓝色等。按照"萨丕尔-沃尔夫假说",说这种语言的人就不能辨别黑白以外的颜色了。但实验证明,他们可以和我们一样辨别所有的色彩。德语里有一词 schadenfreude,意思相当于中文的"幸灾乐祸"。但在英语里没有相对应的词,英语词典里的解释就是"不怀好意的快乐",并不能完全传达德语的本意,不过如果跟说英语的人解释为 malicious pleasure in other people's misfortunes,他们一定会理解的。印度语里有 kal 一词,英文词典和中文词典都把它翻译为"明天"。其实不很准确。kal 一词不仅指"明天",还可指"昨天",如 Main kal aaunga(直译:我明天将来),Main kal aaya tha(我昨天来了)。印度人常喜欢讲这样一句话:"Kal, Aaj, Kal.",意思是"永远",直译的意思是"过去、现在、将来",听起来不甚理解,但其实 kal 跟中文里"最近"一词也差不多。

"最近"不仅可指过去，如"我最近去了英国"，也可指未来，如"我最近要去英国"。中文里的"最近"其实指的是离现在最近的一个时候，这个时候可以是过去，也可以是未来。现在很多对外汉语教材里把"最近"翻译为英语的 recently 就不准确了，因为英语的 recently 只能表示过去，不能表示未来。中文里有大量的词语在英语里没有对应词。如"缘份"就是一例，但并不代表说英语的人不能理解这一概念，只不过我们要多费点儿口舌跟他们解释而已。

现在虽然有很多人反对萨丕尔-沃尔夫假说，但他们一般也都能接受这一说法：语言虽不能完全决定思维，但对感知和认知行为有一定的影响和制约作用。下面便是一些例子。

说双语或多种语言的人在变换语言时经常被发现在性格、态度、思维，甚至道德标准上都会有变化。语言学家让-马克·德威尔（Jean-Marc Dewaele）和阿内塔·巴乌棱科（Aneta Pavlenko）2006 年调查了 1 039 名双语者，问他们在说另一种语言时是否觉得自己变成了另一个人，其中 65% 的人给的是肯定的回答。有的双语者觉得他们在两种语言之间变换时连自己的嗓音都产生了变化。旅居法国的美国作家朱利安·格林（Julian Green）写过一本传记《欢乐时光》。他起先是用法语写的，写完 20 页后他决定此书还是用英文写。他原以为只需要把写好的 20 页翻译成英语就行，可是动笔以后，他发现他好像在写另一本书，遣词造句的方式完全不一样。

2016 年《科学美国人》杂志刊登了一篇题为《外语是如何改变道德标准的》的文章，作者朱莉·塞迪卫（Julie Sedivy）会说英语、法语和捷克语。她说："我在说三种语言时感觉自己的性格不尽相同。我觉得自己在说英语的时候更强势，说法语时更轻松，说捷克语的时候会更动情。"文章中还提到对联合国外交人员的调查。联合国现有193个会员国,每个会员国都会派代表常驻联合国议事。他们议事时通常用的是联合国的工作语言:英语和法语。代表们发现他们在讨论中如遇到跟道德有关的纠结,用外语和母语时,他们做出的反应往往是不同的:使用第二语言时,他们会更理性。这是因为人们在使用母语时都会带有大量的与生俱来的感情色彩,而在使用第二语言时则可以"超脱"和置身度外,给理性留以空间。

美国有研究者以一批日本妇女为调查对象,结果发现她们用英语和日语谈论同样的话题时态度很不一样,如:

当我的意愿跟家人的意愿冲突时……
……我感到十分痛苦(日语)
……我按我的意愿行事(英语)

真正的朋友应该……
……互相帮助(日语)
……坦诚相见(英语)

此外日语里有大量的敬语表达。外国人在说日语时常常会觉得自己更谦卑和更小心翼翼,对人与人之间的尊卑关系也更有意识。

德语、西班牙语、法语的名词都有性之分别。有趣的是无生命的物体也被赋予语法的阳性或阴性,但相同的事物在这些语言里却不尽相同。如桥、钟、公寓、叉子、报纸、肩膀、邮票、小提琴、太阳、世界、爱在德语里是阴性,在西班牙语里则是阳性。相反苹果、椅子、扫帚、蝴蝶、钥匙、山、星星、桌子、战争、雨在德语里是阳性,在西班牙语里则是阴性。语法中的阴阳性对人们的认知有一定的影响。有人做过一个调查,让说德语的人和说西班牙语的人列出这些物品的特征。说西班牙语者会觉得桥、钟、小提琴这类物品更具备"男性"特征,他们想到的是"力量"和"结构",而说德语者想到的特征却是"苗条"或"典雅"。在另一项研究中,说法语者和说西班牙语者被要求看一幅卡通画,画上有若干物体。研究人员要他们用男声或女声给这些物体配音。当说法语者看到画中的一把叉子(la fourchette)时,大多数给它配的是女声,但叉子在西班牙语里是阳性(el tenedor),所以说西班牙语者大多数给它配的是男声。

2012年耶鲁大学管理学院的一位华裔经济行为学教授陈凯世(Keith Chen)写了一篇题为《语言对经济行为的影响:来自储蓄、保健行为和退休资产的证据》的文章。次年他在 TED 上发表同一话题的演讲。他的基本论点是,我们可以通过人们所说的语言预测他们的经济行为和健康行为。他的研究基于不同语言里"现在"与"未来"的语法体现。陈教授对比了有将来时的语言跟没有将来时的语言,发现在世界各地,没有将来时或没有将来时标记的语言,如中文和德文,其使用者都会做更多的跟未来有关的选择和决定。这些语言的使用者会更多地储蓄,退休时有更多的存款,抽烟的人少,做爱时采取保护措施的多,肥胖的人少。他提供的具体数字是,在教育程度、收入和宗教信仰相同的情况下,欧洲没有将来时语言的使用者比有将来时语言的使用者在任何一年里的储蓄都高 30%。如果收入保持不变,那么退休后的存款将高 25%。

陈教授认为语言能够影响人对未来的心理距离,而这种心理距离还可以影响到人们几乎所有的行为。如果人们的语言不用语法手段区分现在和将来,人们就会把现在和未来视为一体。未来要做的事也是现在要做的事,无形中达到未雨绸缪的效果。

如果人们的语言里有将来时，人们就会把现在和将来看作两个截然不同的时段，觉得未来很遥远，未来的事现在不必顾及，其结果往往是透支未来，推迟去做那些对将来有益的事情，如增加储蓄、加强锻炼和更多地采纳健康的生活方式。此外陈教授还发现一个人的母语越是能够清晰地通过语法手段表示未来，他就越会觉得未来遥远，而更有"享受当下"的冲动。反之，一个人的母语越是难于通过语法手段表示未来，他就越觉得未来就在眼前，而越会为未来做准备。陈教授的文章长达 50 页，他查询了许多大数据库，包括各个国家时态使用频率统计的数据库、记录人们经济行为的数据库、欧洲人口健康状况的数据库，以及国际经合组织对世界各国储蓄率的统计数据。有兴趣的读者不妨阅读一下他的原文。

2015 年 4 月 4 日，《华尔街日报》登了一篇文章，谈到一项有趣的研究。自 1978 年起，世界气象组织开始用英文的男性名字和女性名字交替给飓风命名。伊利诺伊大学的研究者发现用女性名字命名的飓风造成的死亡和损失平均下来超过用男性名字命名的飓风。他们比较的是风力等级相同的飓风。对此现象，研究者们有个假设，为证明这个假设，他们做了这样一个试验。他们告诉被试者马上有场飓风要到，一半的时候告诉被试者的是以男性名字命名的飓风，另一半时候是以女性名字命名的，然后让被试者预测风速。结果被试者预测的用男性名字命名的风速要超过以女性名字命名的风速。随后他们又做了另一个试验。他们告诉被测者一场飓风马上就要来临，同时告诉他们风速、气压等细节。被测者的最后判断是以男性名字命名的飓风杀伤性和破坏性更大。这时他们会更加服从政府下达的撤离命令。被测者中的男性和女性的结论是一样的。据此，研究者得出结论，以女性名字命名的飓风造成更大损失的原因是女性的名字给人以假象,让人们觉得这场飓风不严重而掉以轻心。如果这个结论成立,也许对我们有两个启示:1)取消用有性别特征的名字命名飓风;2)即使是在我们不注意的地方也存在着对性别的偏见。

关于语言对思维和行为的影响还有很多研究,如研究人员发现换一种语言思考可以避免偏见,从而更有理性地做决定,因为人们在用母语思考时往往会依赖于本能而感情用事,用第二语言进行交流会迫使人们冷静客观。还有研究者发现人们在说不同语言时道德标准也不尽相同,说另一种语言觉得符合道德的事,说本族语时就觉得不太道德。数年前有人注意到在相同的环境下芬兰的工伤事故要高过瑞典的工伤事故,他对此百思不得其解。最后有学者经研究发现是它们的语言结构所致。芬兰的语言更强调"静态"(static),所以芬兰的工人更松懈些,而瑞典的语言更强调"时序"(temporal),所以瑞典的工人更注意程序。上述的研究是否可信就有待于读者自己的钻研了。

最后我再回到此章开头谈到的英语里无法对序数词发问的例子。说英语的人为什么从来想不到要问这样的问题?究其原因,我的答案是英语的语言结构里存在着不能对序数词发问的一个空白点。人们是用语言来思维的,语言里存在着这样一个空白点,所以就不会致使或引导其使用者想到要问这样的问题。这也是语言对思维影响的一个例子。这样的空白点其实在每个语言里都有,探讨各种语言里的空白点也是很有意义的一件事。

我们在讨论语言和思维的关系时需要注意这一因素:不同语言使用者的思维方式不尽相同,原因究竟是语言差异、文化差异还是环境差异?我们现在可以确定语言的确对思维有一定的影响,但是否与普遍的社会行为有关联还有待大量的研究和取证。

语言的强制观察和文化关注

我们在前一章里讨论了语言和思维的关系。对萨丕尔-沃尔夫假说的一个批评意见是此假说过于强调我们的母语对我们思维的限制。现在语言学家普遍接受的是,不同的语言能迫使其使用者观察到客观世界的不同细节。世界的存在是客观的,是不以人们的意志为转移的,但我们(新生儿除外)观察到的世界却是各自不同的。这并不是说同一个事物对一个人来说是一样东西,对另一个人来说则是另一样东西。我们是说不同民族的人对同一个事物所摄取的信息和关注的焦点是不同的,而这种不同往往是由人们所说的语言造成的。从这个意义上来说,语言不是我们观察事物的透明窗口,而是介于我们感官和外部世界之间的"有色眼镜"。

语言对我们观察世界的制约一般是通过显露(explicit)和潜隐(implicit)两种方式实施的。显露的方式是通过词汇实现的,而潜隐的方式是通过语法实现的。由词汇产生的制约一般容易引起人们的注意,而由语法产生的制约是一般非语言学家(包括不能将自己的语言与外语相比较的语言学家)很难察觉的。我们先说说词汇方面的情况。

生活在世界上不同地方的人有不同的经历,他们的经历和对外部世界的观察及归类远在古时就反映在语言上,其直接的结果是产生概括性不等的词汇。对特定文化具有重要意义的特定事物往往由若干专义(specialized)词语体现,而对该文化不具重要意义的事物往往只用一个或为数不多的词语表达。人类语言学把这种现象叫作"文化关注"(cultural emphasis)。这种情况一旦形成,便会对后人在观察世界时产生引导和制约作用。语言学家最常援引的例子是因纽特人表示"雪"的种种词语、阿拉伯人表示"骆驼"的种种词语。非洲马赛(Masai)人表示"牛"有 17 个词语,菲律宾伊富高人(Ifugeo)表示"米"有 20 个词语。在中文里我们有这样的例子:中国人把"水道"(waterway)分为江、河、湖、海。对中国人来说,"江"和"河"是不同的,但是对于说英语的人来说,它们没有任何区别。这两个词翻译成英语都是 river。但是如果我们问中国人,"江"和"河"到底有什么区别,他们也未必能够给出一个令人信服的回答。很多中国人说,"江"比"河"大,但钱塘江、珠江、黑龙江比黄河大吗?汉语里有众多表示"拿"和"携带"的词语,如扛、提、抱、背、拎、携、挟、顶、抬、挑,而英语只有 carry 一个词,英语表示这些中文词的意思就要加上一个包含身体部位的短语,如 carry on the shoulder(扛)、carry in the arms(抱)。汉语中"酸"和"疼"是不同的感觉,但在英语里却只有"疼"而没有"酸",所以很难向英美人解释"酸"是什么感觉。烹调是中国文化里的一门艺术,中国人对烹调异常重视,所以在中文里便有种种关于烹调的词语,如炒、煎、炸、煸、爆,而在英语文化里对烹调的关注和热情似乎不及中国文化,所以他们只有 fry 一词。如要他们表达这几种烹调方法,就只得借助于一些修饰语,如 stir fry、deep fry 等。其他的例子还有英语里不分动物的"骨头"和鱼的"刺",将它们统称为 bone,

英语里也不分"毛"和"发",将它们统称为 hair。

　　汉语和英语在这方面最显著的区别大概是亲属称谓了。英语的亲属称谓属"爱斯基摩体系",将我们认为属于不同类别的亲属归于一类,如 uncle 可以是伯伯、叔叔、舅舅,aunt 可以是伯母、婶婶、舅母、阿姨。更有甚者,英语认为堂哥、堂弟、堂姐、堂妹、表哥、表弟、表姐、表妹之间的区别不重要,将它们统称为 cousin。其实在英语里 cousin 还可以用来称辈分不同的人,如你的 cousin 的孩子跟你的关系也是 cousin,那个 cousin 的孩子跟你的关系也是 cousin。中国的亲属称谓属"苏丹体系",其中每一类亲属都有自己独特的称谓。属"苏丹体系"的语言认为各类亲属之间的关系是不同的,有必要将它们加以区分。

　　在另外一方面,汉语里认为是同一事物的东西在英语里分属不同的事物,比如说英语区分 mountain 和 hill(大山和小山,汉语一般用"山"概之)、ship 和 boat(大船和小船,汉语一般用"船"概之)、desk 和 table(书桌和饭桌,汉语一般用"桌子"概之)、high 和 tall(表示山之"高"和表示楼房或人之"高",汉语一般用"高"概之)、shirt 和 blouse(男式衬衫和女式衬衫,汉语一般用"衬衫"概之)、door 和 gate[小门和大门,汉语一般用"门"概之。在古汉语里有大门(门)和小门(户)区别,这种区别还保留在一些熟语中,如门当户对、自立门户]。西方国家法律制度庞大复杂,所以英语里有众多表示"律师"的词语,如 attorney、lawyer、counsel、solicitor,也有众多表示"杀人"的词语,如 assassinate(暗杀)、butcher(屠杀)、massacre(大屠杀)、manslaughter(过失杀人)、murder(谋杀)、slaughter(屠杀)等。如同汉语里有众多表示"拿"和"携带"的词语,英语里有众多表示"走"的词语,如 amble、clump、lurch、peregrinate、plod、prance、saunter、scamper、shamble、shuffle、stamp、step along、stride、stroll、tiptoe、tread、 trudge、waddle、walk。此外,英语对动物的分类也比汉语细。英语考虑的分类标准包括公母,如是公的,还分阉割与否、成年与否、是否新生。试看下表8:

表8 英语对动物的分类

	牛	马	羊	猪
母的	cow	mare	ewe	sow
未阉割的公的	bull	stallion	ram	boar
阉割过的公的	steer	gelding	wether	barrow
未成年的	heifer	colt/filly	lamb	shoat/gilt
新生的	calf	foal	yeanling	piglet

而在汉语中我们所感兴趣的只是性别的区别,但即便如此,我们也只是用"公"和"母"来修饰表示动物的中性词,而不是像英语一样用专门的词汇来表示它们的不同。每年一到中国新年,常谈的一个话题是生肖。中国人对生肖的名称似乎从未有过异议。鸡年便是鸡年,羊年便是羊年。但在海外,我们常见到五花八门的英译。如羊年就被译为 Year of the Sheep、Year of the Lamb、Year of the Goat、Year of the Ewe、Year of the Ram。在西方,鸡年历来被译为 Year of the Rooster。究竟是谁规定的鸡年的"鸡"一定是公鸡呢?

人们不同的生活经历或观察事物的方式一旦反映在语言里,并形成约定俗成的具体词汇,便会对后来该语言使用者的思维和他们看待客观世界的方式产生影响。如时间的流逝是无形的,但中国人把时间的流逝看作是从上到下,上面的是过去,下面的是未来,这是同汉语里"上"和"下"的含义分不开的,如上午和下午、上个月和下个月、上个星期和下个星期、上次和下次。如果我们让英美人想象时间流逝的方向,他们绝大多数会说时间是从左向右流逝的,左边是过去,右边是未来。"上下五千年"这个短语是绝对不能直译为英语的。由于词语具有如此威力,英美很多语言学家用 logophobia(词畏)和 tyranny of words(词如暴君)这样的说法来形容他们对词语的敬畏。

我们接着说说语法对我们观察世界的作用。用语法形式传达的民族思想或精神是潜在隐微的,也是强制的。一门语言的语法要求,甚至迫使其说话者观察、注意并表达一定的潜在信息,而这些潜在的信息在其他语言里并不一定重要,从而不予体现。很多人以为英语等语言的语法要比原始部落语言的语法复杂,其实这是一种误解。很多原始部落语言的语法远比英语等语言的语法复杂得多。如英语里只有一个过去时,但美国西北部的一些印第安语里却有三种过去时:最近过去时(recent past)、遥远过去时(remote past)和远古过去时(mythological past)。再如"工具坏了"这样的话在汉语里司空见惯,不足为奇。但对美洲印第安部落纳瓦霍人(Navaho)来说这句话则毫无意义,因为从名词"工具"上看不出它是有生命的(animate)还是无生命的(inanimate);这个工具是长的、短的、细的,还是粗的;这个工具是木头的、铁的,还是其他材料制成的。这些特性都体现在他们的语法体系中。他们的语法还迫使他们精确地表示动词"坏"的方式。纳瓦霍的语言里有两个表示"坏"的动词:一个动词表示的是人为造成的损坏,另一个动词表示的是由自然造成的损坏。所以纳瓦霍人在说"工具坏了"这句话的时候必须选择其中一个动词。

每个语言都诱导说话者表明一些潜在的信息而忽略另一些,对此我们没有选择。从这个意义上来说,我们在一定的程度上是语言的"俘虏"。英语有"数"的区别。说英语的人无法准确地表示汉语的"你有哥哥吗"和"我和我的朋友去吃饭"这样的话。他们必须说明"哥哥"和"朋友"是一个还是多个。中国文化的一个特点是"隐",而中国的文学作品在译成英文时往往被英文的语言特点逼得不得不"显"而顿失色彩。如张艺谋在其电影《英雄》中并未指明谁是片中的英雄。观众在看完电影后不得不思索"英雄"究竟是无名,还是秦王,还是长空、飞雪或残剑,还是上面的每一个人。但影片的名字译成英文时用的是单数 Hero。这就明确地告诉观众"英雄"是无名或秦王,而绝不会是长空、飞雪或残剑,或是上面的每一个人。由此可见,中国文学里给读者以想象余地的一些掩隐手段在形态显露的英文里失去了作用。在这个意义上我们是否可以说英文对其使用者缺乏信任感,而要越俎代庖,代为想象?另如,汉语只有"态",没有"时",说英语的人在听到"我在北京的时候常常去颐和园"这样的话时往往不满,因为他们不知道这句话说的是过去(When I was in Beijing, I often went to the Summer Palace)还是现在(When I am in Beijing, I often go to the Summer Palace),而中国人则觉得这句话很正常,他们对这句话所说的时间并没有太大的兴趣。

很多人说汉语简洁(concise),而英语精确(precise),其实这种说法也不是完全正确的。这里且举汉语里的一些语法现象予以说明。汉语中的"类词"〔classifier; 很多人用"量词"(measure words),我认为这是不准确的,因为它们表示的是"类"而不是"量"〕是外国人学汉语的一个难题。"本""条""件""张""把""枝""辆"这些类词传达的额外信息对中国人来说是重要的,也是必不可少的。很少有人能听懂"我有六书""他有五毛衣""老师有两伞"这样的话。但对英美人来说,这些额外的信息是无关紧要的。说英语的人在学习汉语时对汉语里的"趋向补语"(来/去)也觉得很头疼。说汉语的人在听到"把汽车开进车库＿＿＿＿""他从山上走下＿＿＿＿""外国学生坐火车到北京＿＿＿＿了"这样的话时总觉得不满足,因为他们要知道动作是向哪个方向进行的,而英美人则对动作进行的方向毫无兴趣。对他们来说,只要知道发生了什么动作就已足够了。英语中的 understand,相当于汉语的"懂"。汉语中我们虽然也常常单独用"懂"一词,但是我们总觉得好像不满足。我们总希望知道这个"懂"是通过人体的什么感官获得的,所以我们一般在它的前面加上"听"或"看",如"我听不懂你的话""这篇文章你能看懂吗"。

　　汉字中的偏旁为我们提供语义信息,但我们今天使用的汉字多数是在几千年前形成的,由于古人对世界认识的种种局限,不少形声字对今天的人往往有"误导"的作用。如古人认为思维是由心而不是由脑子承担的,所以造出了诸如"想"和"思"这样的字。他们生怕我们产生任何误解,还创造出"心想"这样的词语,明确地告诉我们,思维是一种心理活动而不是脑力活动。古人把"鲸"划归鱼类,现代人看到字里的鱼字旁而以为鲸是鱼类,却不知鲸鱼实际是哺乳动物。这些都是语言强制观察的表现。英语里如下一些"误导"现象和汉字偏旁的这种"误导"有相似之处:guinea pig 既不是猪,也并非来自几内亚(是豚鼠),greyhound 不是灰色的狗（可以是任何颜色的狗）,boxing ring（拳击场）不是圆的(是方的), sweetmeat 不是甜肉（是果脯）, sweetbread 不是甜面包(是杂碎)。

　　与语法结构相比,词汇受文化的影响最多也最快,同时它对语言使用者看待外界事物的影响也最多最快。我们也要注意到词汇的变化要远远大于语法结构的变化。带有文化关注意义的词汇常常会因为文化的变化或文化关注点的变化而消失,而语法结构的变化则是极其缓慢的。一百多年来语言学家和哲学家在讨论语言和思维的关系时重点也是放在语法结构上。由于语法结构具有强制性,所以它对说话者观察世界的潜在约束也就更大。语法结构在一定程度上引导并强制说话者对外界事物的一些区别予以关注,而对另一些区别则视而不见。有人说学会一门新的外语便是获得一个新的心灵(second soul)或新的世界观(worldview),这是千真万确的。通过学习外语,我们不但能学会一种新技艺,也能深层次了解另一门语言的说话者观察和看待外部世界的方式。

打顿多寡

　　大概是由于学语言学专业,所以对语言比较敏感吧,我当初来美国后不久就有个感觉:说英语的人即兴说话时要比说中文的人流利。所谓"即兴"指的是在没有准备情况下的言语表达。流利与否指的是语句中打顿现象的多少。打顿现象少,言语就流利;打顿现象多,言语就不流利。自从注意到这一现象,我就开始留意并收集这方面的数据。后来我在哥大做博士论文研究时还专门拿出一章来探讨这个问题。我学位论文的题目是"Aspects of Discourse Structure in Mandarin Chinese"(《中文的话语结构》),毕业后论文被一大学出版社出版成书。传统语言学研究多以书面语言为对象,以句子为最大的分析单位。而现代语言学更多地以口头语言为研究对象,分析单位超出句子,因为一个完整的思想常常是由若干句子表达的,在有的语言(如中文)里有时甚至很难界定什么是一个句子,什么不是一个句子。在这一转变下,话语分析(Discourse Analysis)便应运而生。研究言语里的打顿现象就超出了句子范畴,属话语分析的一个方面。

　　"打顿"如用语言学的专用术语来说是 disfluencies,直译起来就是"不流利的表现形式"。具体指的是话语中那些不具词汇意义或语法意义,只有语用意义的言语形式。这类言语形式具体表现为"未想好就说"(false or premature starts)、"重复"(repetition)、"拖长嗓音"(prolongation)、"修订"(reformulation)和使用"填塞语"(hedges)。英语里的"填塞语"有 well、uh、you know 等,中文里有"呢""啊""嗯""的话""就是""这个"等。需要说明的是,这里说的"填塞语"在其他的语境下有自己特定的词汇或语法意义,这时它们就不再是"填塞语"。那我们怎么判断它们什么时候是"填塞语",什么时候不是"填塞语"呢?方法很简单。"填塞语"是口语里出现的情况,我们可以把这些词语放到书面语里检验一下。如果它在书面语里不复存在,它就是"填塞语",否则就不是。书面语里不存在"打顿"现象,除非是在表现一个人的话语情景,这时表现的还是口语的情况。

　　我在前文说的"说英语的人即兴说话时要比说中文的人流利"只是一个观察或假设,需要得到验证。最好的办法,也许是唯一的办法,就是对说英文的人和说中文的人的话语做对比分析。一个人言语是否流利跟若干因素有关,包括说话人的教育程度、对话题的熟悉程度、话语所处的环境等。为了避免出现误差,我选择的比较对象在教育程度、对话题的熟悉程度、所处的话语环境等方面相当。我调查了20个人,10个是中国人,10个是美国人。这20个人属三个职业范围:教师、政界人士、牧师。当时选这三类人主要是他们比较容易找到。美国政界人士的话语资料取自美国 C‑Span 电视频道,此频道专门做实况转播;中文的资料主要取自纽约的"世界电视"(World TV)。"世界电视"是中文频道,当时转播的大部分是台湾的新闻。牧师的话语资料我是星期天带着微型录音机去教堂参加礼拜时采集的。纽约地区也有不少华人的教堂,这些教堂的牧师多用中文布道,这提供了一个绝好的对比对象。教师的话语资料则是通过访问形式采集的。我在采访教师时并没有告诉他们我是在做一项研究，因为他们如果提前知道我的采访目的，就会"留意"（monitor）自己的话语。说话人一旦"留意"自己的言语，说出来的话就不是即兴的，而是经过准备和修饰的，也就达不到我的目的了。因此我对他们的采访是隐蔽的，主要通过闲聊的方式进行。我会在一定程度上引导他们谈论某个话题，特别是能够表达自己观点的话题。

我对上述20个人的话语做了录音，然后从每人的讲话中提取5分钟的样本，原封不动地抄录为文字。抄录好后便开始做文字分析，主要是标注和计算打顿现象的多寡。对这20人话语资料的分析结果显示，中国人话语里的打顿现象是美国人的3倍左右。下面便是从"世界电视"频道上逐字录下来的，是台湾一位官员接受新闻记者采访时的一段讲话：

> 当然，可以，我以为呢，这次股票的风潮噢，里面呢，有，这个，很大的，因素，就是这个，大家嘛，可以说，看见，波斯湾的，这个危机，伊拉克，这个威胁，要控制，石油的产销，油价呢，这个涨，别的呢，也，这个，跟着涨了。那么呢，大家，这个，心里，很慌。慌呢，股票就，这个，往下跌了。其实呢，其实有，这个，很多。全是，这个，心理的作用。

这段话应该是很不流利的。听的时候我们可能不觉得有什么，但录下来就不能看了。那么中国人说话时打顿现象较多的原因是什么呢？我把统计过的数据告诉我在哥大内外的一些同学，问他们有什么看法。很多人说不出原因，但也有一些人说这是中国人教育程度不高,或传统教育不重视"公众言谈"(public speaking)所致。这种解释显然是站不住脚的,因为考察对象中的中国人很多教育程度很高。对于政界人士来说,公众言谈是他们政治生涯的一个重要部分。看来我们要从其他角度找答案了。我的结论是:这是中文的语言结构所致。具体来说,就是中文里的话题结构所致。

话题句是中文里一个独有的结构,传统的中文语法从不深层次地分析这种结构。赵元任在他1968年出版的《中国口语语法》一书中说"中文里百分之五十的句子是话题句"。此后这一结构引起研究中国语言的学者们的高度重视,学界也出现了很多著说。那么,什么是话题句呢?话题句里的关键词是"话题",从形式上说,它是句首部分。从语义上说,它是全句谈论的主题或对象。跟主语不同,话题跟句子里的其他部分一般只有语义关系而没有语法关系。话题后的部分在语言学里一般称为"述语"(comment),因为它是对话题的陈述。我们来看一些例句,黑体部分都是话题:

> **我**肚子早饿了。
> **苹果**他削了皮。
> **那个山头**,我们已经种上树了。
> **婚姻的事**我自己做主。
> **水果**,我最喜欢香蕉。
> **价钱**,这里的便宜。
> **小明**人很好。
> **天大的事**我一人承担。
> **这份协议书**总经理要签字。
> **这场大火**,幸亏消防人员来得早。

由此可见,话题和述语之间往往有停顿,在书面语里甚至用逗号分开。即使是在中文的主谓句里也有一种加逗号的现象,如"老舍,出生于北京"。这在英语里是绝不可以的。我认为这一现象也是受到中国人更习惯于说话题句的影响。我们在说话时常常会刻意地切断话题和述语之间的语法关系,当然我们这样做是下意识的。对中国人的语言意识来说,话题和述语之间越没有语法联系,话题性就越强。比如"婚姻的事我自己做主"的话题性就比"我肚子早饿了"要强。

因为话题和述语之间不存在时态、人称、数、格、语法、语态、语气这类语法关系,这就造成了一个有趣的现象:可用来陈述一个特定话题的述语可能很多。这和英语很不同。英语是典型的"主语突出"(subject-prominent)的语言,主语和谓语之间存在一致关系。美国语言学家华莱士·蔡菲(Wallace Chafe)说过:"说英语的人在组织一个句子时要做两个选择,一个是含有若干句法成分的句子框架,一个是这个框架里的主语。说话人基本上是同时做出这两个选择的。"而中文没有英文中的这些形态变化形式,话题和述语之间不存在语法制约,所以在选择上就出现一种"时间差"。一种特定的语言结构反映出说此语言民族的特定思维和认知方式。中文里的话题句反映出中国人的一种"两步思维方式"。所谓"两步"就是中国人在表达一个意念时往往是把要谈论的事或最感兴趣的内容当作话题,确定后再走第二步,去选择一个适当的述语。正是因为中国人在实施第一步,确定好话题再选择适当的述语,所以在这个关口上就需要时间来考虑,这就造成了言语上修修补补及使用填塞语的现象。

我认为是中文话题句导致中国人言语表达不甚流利的另一例证是,在我收集的语料里中国人的打顿现象大多出现在话题和述语之间。与此相反,美国人的打顿现象出现在意群之间或在某些说话人觉得很难决定的词汇之前(即我们平常说的"卡壳"),很少出现在主语和谓语之间。我采集的语料里有这样一句"他在考试的过程中呢,就是,嗯,考完了试以后呢,他心情不好"。说话人在话题(整个第一句)和述语之间连用了三个填塞语,充分显示他在思考下面要说什么话。结果他发现用什么述语都不会,就推翻原来的话题,另起炉灶,选用了另一个话题"考完了试以后"。

我在进行此课题研究时意外地得到两个旁证。我所在的人类学系在哥大的 Schemehorn Hall 楼,楼里还有心理学系。当时心理学系的一些教授做了一项英语口语里打顿现象的研究。他们的目的是调查教授不同学科的教师说话时打顿的多寡是否不同,如果不同,原因何在。他们调查的对象是自然学科、社会学科和人文学科的老师。他们运用的方法是派学生带着隐蔽的录音机去相应老师的课堂上听课并录音。结果发现打顿的频率和学科的确存在关联。具体来说,自然学科的老师打顿最少,社会学科的老师其次,人文学科的老师打顿最多。如自然学科的老师平均一分钟使用 1.39 个填塞语 uh,社会学科的老师使用 3.84 个,人文学科的老师则使用 4.85 个。研究人员的结论是这和"选择"有关。自然科学比较严谨,很多是公式定律,选择的余地较小。社会科学比自然科学"软"一些,比人文学科"硬"一些,所以打顿的频率是其次。人文学科的选择实在太多,所以任课老师就得不时地想接下来说什么。思前想后就会更多地使用填塞语来争取时间。为进一步证明他们的结论,研究人员又让学生在社交场合观察这三个学科老师的话语并录音,结果发现他们在一般交际场合下打顿的频率没有区别。也许我们可以做这样一种比喻:英语有互相牵制的形态变化,是一种自然科学式的语言;中文没有互相牵制的形态变化,自由选择的余地比较大,是一种人文语言。

我得到的另一个旁证是英国有一项研究,旨在调查中产阶级和劳工阶级的言语流利程度。研究人员发现劳工阶级的言语比中产阶级的更流利。中产阶级是受过良好教育的阶级,他们的言语流利程度怎么会不如劳工阶级呢? 此项研究的结果也是:选择所致。劳工阶级的言语更公式化和板块化,也就是说劳工阶级更多地使用惯用语和套话。这些惯用语和套话不用思考,可顺手拈来,随口说出,所以当然流利。而中产阶级唯其良好的教育总想在言谈时有所创新,在字斟句酌时就需要有时间来思考。由此可见,言语不甚流利倒不一定是坏事。

我的研究并没有到此为止,我还有第二个假设:一个真正精通汉英两门语言的人说英文时要比说中文时流利。这个假设听起来让人难以置信,一个中文是母语的人在说英文时怎么会更流利呢? 为证明这个假设,我又做了一个不同的调查:调查美中两国人言语中打顿现象时做的是"人际间"(interpersonal)的调查,我在调查汉英双语者的打顿现象时做的是"自身"(intrapersonal)的调查,即同一个人在说英语时和说中文时的区别。我选了10个在哥大学习的研究生(我们那个时候哥大的中国学生都是研究生,没有本科生)做研究对象。选择调查对象的一个重要标准是他们的英语一定要说得流利自如。当时哥大文科的中国研究生大多是国内英语系毕业的,其中有不少还是英语老师,所以选10个英语好的调查对象不是很难。我对他们的调查采用的也是采访式,基本上是跟他们聊天,前一半时间是用中文聊,后一半时间是用英文聊。回来后还是跟先前一样,取一段5分钟的样本,抄录下来,注出打顿现象并计算其频率。调查结果显示,他们说中文时的打顿现象是说英语时的3倍,跟先前所做的中美人士之间的比较结果完全一样。很难想象一个人在说外语时比说自己的母语还流利，但在我调查的10个人中无一例外。

　　我认为，中文中俯拾皆是的话题结构造成了中国人言语流利度稍逊说英语人的现象。需要说明的是，我们研究的是即兴言语，而不是有准备、打好腹稿或思考妥当的发言。此外，这里的流利指的是言语的流利，而非认知层面思想的流畅。中国人在即兴说话时出现更多的打顿现象，这是因为中文句子成分之间有更多的选择自由。如果读者可以接受我上述的论断，我们是否可以进一步假设：一个人越有知识，他的话语就越不流利？因为越有知识，他可选择的范围就越大，他做选择时需要的时间也就更多。

曲与直

我 20 世纪 80 年代来美国留学,抵美后在书店里买的第一本书是《日本人的心理》(The Japanese Mind)。买这本书的一个原因是当时我在学人类学,对讲某个民族的心理或性格这一类的书比较感兴趣,还有一个原因是我觉得此书对日本民族的分析非常精辟,曾想把这本书翻译成中文。后来因为学业紧张只得放弃翻译的打算,不过这么多年来我不时地还会翻阅一下。我印象最深的是此书的第二章《日本的心灵与心理》(The Heart and the Mind of Japan)。作者罗伯特·克里斯托弗(Robert Christopher)在这章开篇时讲述了他在日本亲身经历的一个故事。有一天,他跟日本的一位政府官员共进午餐。日本的官员一般是西装笔挺,恭敬且拘谨,但这位官员却身着休闲装,举止从容。令作者耳目一新的是此官员说一口标准的英语,讲话直来直去,不绕弯子。聊了一阵子,得知这位官员曾在英国生活过多年。作者问他平常跟他的日本同事说话时能否以同样的方式,这位官员回答说当然不能。他跟西方人讲话和跟日本人讲话要"换挡"。他如果用跟西方人讲话的方式跟他的日本同事讲话很可能会得罪人。最近有位法国人士访问日本,回来后说

了这么一番话:

> 从日本人的角度来看,法国人非常直率。日本人通常不大会说"不"字。他们更多使用的是"但是"或"尽管"这类闪烁其词的话语。我理解这样做的目的是想取悦于听话的人,但是这样交流,说话人的本意往往会藏而不露,令人不解。我真的希望人们是怎么想的就直接说出来!

英语里有个词叫 inscrutable,意思是"无法理解"或"不可理喻"。不知为什么这个词常被专门用来形容日本人。英美人觉得日本人很难理解,主要是因为他们跟日本人交谈时常常不得要领。他们觉得日本人不直抒胸臆,他们的言语习惯是迂回和绕圈子,寄希望于听话的人自己揣摩出说话人的意思。其实,"迂回"和"绕圈子"在很大程度上也是中国人的言语习惯。美国传教士明恩溥(Arthur Henderson Smith)写的《中国人的性格》(*Chinese Characteristics*)一书的第八章标题就是"拐弯抹角"。他在这章里说:

> 一个外国人大多无需亲身经历,就会得出结论,仅仅听一个中国人讲的话,是不可能明白他的意思的。不管一个人汉语口语讲得多么流利——甚至他也许能理解所有的短语,甚至还可能把听到的句子一字一句地写下来,他同样还是不能准确地明白说话人心里的意思。原因自然是说话人没有说出心中的意思,只说了一些多少有点类似的事情,他希望对方能从中明白他的意思,或者他的一部分意思。

一位叫 Linda Wai Ling Young 的美籍华人学者在一篇文章("Inscrutability Revisited". *Proceedings of the Sixth Annual Meeting of the Berkeley Linguistics Society.* 1980, pp. 219-226)里说:"说英语的人士跟中国人交流有很多障碍。中国人话语里的要点被遮掩在众多细节里。他们不了解中国人话语的要点是如何体现的。说英语的人试图从杂乱的信息里捋出头绪时又遇到一个障碍,那就是中文话语并不开宗明义,起始句并不告诉听话的人要点是什么。"有趣的是 Young 的这篇文章的标题是"Inscrutability Revisited"(《再谈不可理喻现象》)。

对于 inscrutability,中国人当然是不能接受的,西方人不能理解中国人和日本人的言语方式并不是中国人和日本人的过错,只能说明他们不了解中国和日本的文化、中国人和日本人的思维方式。我们需要承认的是,我们习以为常的言谈方式是"间接"和"迂回"的。我们先举一个古典文献里的例子,然后再看现实生活里的例子。

《论语》里有一段孔子和他的弟子子张的对话。子张问:"十世可知也?"子曰:"殷因于夏礼,所损益,可知也;周因于殷礼,所损益,可知也。其或继周者,虽百世,可知也。"子张是问孔子能否预知此后十个朝代的礼仪制度,孔子没有直接回答能还是不能,而是引征夏商周三代礼仪的沿革。他先说商继承了夏的礼仪制度,其增减的内容是可以知道的;周又继承了商的礼仪制度,所增减的内容也是可以知道的。由此推断,周之后的一百朝也是可以预知的。孔子是等到最后才给答案的。

我在美国的一个电台听过这样一个报道。有个美国访问团去西安音乐学院访问。客人问钢琴系的系主任学校有多少年的历史。系主任没有马上回答有多久,他是这样说的:"解放前,学校原是在山西的。抗战时期,学校搬到一个大山里。1945年学校正式迁到西安。所以学校一共有76年的历史。"

此回答与2 000多年前孔子的回答如出一辙。这是中国人习以为常的应答方式。有一留美中国留学生在网上发了如下感言:

> 到美国读书后,我越来越明显地感受到中美文化的差异,也费了一段时间才适应。曾经在饭桌上听到一则笑话,讲的是美国人表白的时候,会直接说:I love you,嫁给我好吗?而中国人就说:你愿意和我一直在一起吗?你愿意天天帮我做饭吗?你愿意成为我儿子的妈妈吗?虽然只是笑话,却展现出中美文化的不同。
>
> 在美国生活,发现美国人爱把喜恶挂在嘴边,喜欢谁讨厌谁都直说并且挂在脸上。他们起冲突的时候通常就是明争。一起干事的时候各不相让;见面互损,吵架。打架的事情在校园里经常发生。我有一个中国同学,她的美国男朋友做了些对不起她的事情,独自悲伤。其美国室友一听,勃然大怒,马上冲过去找她男朋友评理。

我在《说话也要有学问》(戴奇著)一书中看到这样一段话:

> 据说外国人来到中国,尽管汉语的听写读已经很利索了,但还是会经常陷入交流的障碍之中。他们普遍的难处是:中国人说话太委婉含蓄了。明明一张口就能说清楚的事情和道理,却喜欢旁敲侧击,左右迂回。就像舞台上唱京剧的演员,本来三步两步就可以

直达目的,却偏要甩着长长的水袖,踩着细碎的莲花步,"锵锵锵锵"地绕个大圈子。

一个民族的话语行为是受该民族的思维方式影响和制约的。南加州大学的教授罗伯特·卡普兰(Robert Kaplan)曾用下图说明了不同语言使用者的思维方式。图 17 里的顺序是英语、闪语族、东方语言、罗曼语、俄语:

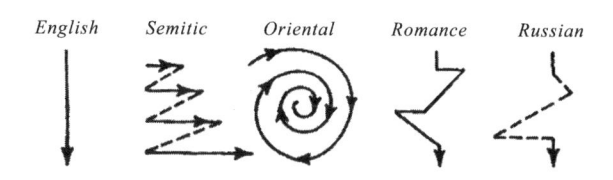

图 17 不同语言使用者的思维方式

(资料来源:Robert Kaplan, "Cultural Patterns in Inter-Cultural Education", in *Language Learning*, Vol. XVI, 1966.)

由此可见,英语的思维方式是直线型,直截了当,开口就直奔主题,而东方人的思维方式是螺旋型的。卡普兰是这样解释东方思维的:

> 东方语言的表达法是间接式。段落推进的方式是兜圈子——兜出的圈环绕着主题,若即若离,但不直触主题。解释事情时从反面说(即它们不是什么),而不是从正面说(即它们是什么)。

英国语言学家理查德·路易斯(Richard D. Lewis)会说十种语言,可谓"语言达人"(polyglot)。他周游世界列国,著有《当文化互撞的时候》(*When Cultures Collide*)一书。他在书中把世界各国分为三类文化模式:"多维行动型"(multi-active)、"线性行动型"(linear active)、"反应型"(reactive)。

"多维行动型"的文化特点是计划性不强,时间观念不强,同一个时间里做几件事。事情不分轻重缓急,常常看实施者的心血来潮。意大利、拉美国家和阿拉伯国家属于此类。"线性行动型"的文化是从计划到实施、一环扣一环,一个特定的时间里只做一件事,美国、英国、德国等属此类。"反应型"文化强调礼貌、尊重、和谐。对方提建议时能先认真倾听和考虑,然后再发表自己的看法。中国、日本、韩国、越南等国家不同程度地属此类。图18是路易斯对"反应型"文化的展开说明:

图18　引自路易斯《当文化互撞的时候》

路易斯在阐述"反应型"文化时举的最多的是日本的例子。特别需要注意的是他在说明时也用了 inscrutable(令人不得要领、无法理喻)这个词(左下方)。

美国公共广播电台的记者弗兰克·兰格利特(Frank Langritt)2019年出版了《上海免费出租汽车》(*Shanghai Free Taxi*)一书。他在中国生活过几年,为了解普通人的生活,他想出一个办法,在上海为大众提供免费的出租车服务,自己当司机,目的是和乘客交谈。这本书记录的就是他和上海各行各业的人士在出租车里交谈的内容。他在书中对中国人的交谈方式有如下观察:

> 传统的中国言语方式与美国人有很大的区别。在中国,你得更耐心,更迂回,更注意隐藏自己的感情。在对话中,你要轻触要点,顾左右而言他,绕几圈后再折回去。相比起来,美国人更直接,他们生气时是不掩饰的。

曾任美国斯基德莫尔学院(Skidmore College)亚洲研究系系主任的 Yu-Kung Chu 教授在他写的《汉语语言与思维间的互动》("Interplay between Language and Thought in Chinese")一文中有一段很有意思的描述:

> 我曾在中国一所大学担任过教务长。教员中有中国人,也有外国人。我在主持学术会议时发现,我如果想让与会者用中国方式来解决一个问题,也就是说用间接的方式和带有人情味的方式,我就用中文主持会议。如果我想按章办事,客观和直截了当地解决问题,我就用英语主持会议。与会者在用不同的语言做出反应时,他们动用的是不同的思维方式,中外教员皆如此。

上面中美人士观察到的例子和现象还可以列举很多,充分说明中国人习以为常的言语行为是间接式和迂回式的。正是这样的言语行为才让很多西方人觉得中国人是个"谜",中国人的话语 inscrutable。中国人的话语开宗不明义,投放给听话人大把的具象细节,令西方人无所适从。那么这种言语行为是如何产生的呢?很多人会说这是中国传统文化和哲学所致。中国的文化传统推崇隐晦、委婉、悟性和间接。庄子曾说:"可以言论者,物之粗也。可以意致者,物之精也。"意思是可以说出来的话不如让人意会的话。但是中文的语言结构会不会也是导致中国人话语方式的一个因素呢?我在前一章里谈到中文的话题句导致中国人言语表达时会有比较多的打顿现象,我同样认为中文的结构也导致了中国人间接和迂回的话语方式。《日本人的心理》一书的作者观察力还是很敏锐的。他不认为日本人转弯抹角的言语方式是风格上和社交礼仪上的差异,他感觉是日语所致。但他因为日语不臻,没做深入分析,只是说可能是因为日语的结构太复杂,有太多的敬语,造成了日本人迂回绕弯的言语行为。这样的论断是很难使人信服的。

我在前面《语言的强制观察和文化关注》一章里讲到语言对人们行为的影响和制约一般是通过显露(explicit)和潜隐(implicit)两种方式实施的。显露的方式是通过词汇,而潜隐的方式是通过语法。我认为中国人倾向迂回间接的言谈方式是受中文语序的影响。语序在中文语法里起着至关重要的作用。著名语言学家赵元任曾精辟地说过:"中文的语法其实就是句法,中文的句法其实就是语序,因此中文的语法其实就是语序。"我曾经在我出版的一本中文教材里总结出中文语序的三大规律,其中两个规律与中国人的言谈行为有密切的关系。

中文语序的一个规律是修饰语处在被修饰语前。在词法角度层面,名词可以修饰名词,如"**中国**餐馆";形容词可以修饰名词,如"**美丽**的风景";动词可以修饰名词,如"**学习**的机会";副词可以修饰动词，如"**白忙了**"；副词可以修饰形容词，如"**更加努力**"。黑体字都是修饰语，它们都位于被修饰词的前面。在句子层面，定语处在名词的前面，如"**这是我昨天在书店买的书**"；状语处在动词的前面，如"**如果你来纽约**，我带你参观联合国"，这里的定语和状语是修饰语，它们还是处在被修饰的词前。值得注意的是，英语和中文在词的层面是一样的，即形容词在名词前，副词在形容词或动词前（亦可在动词后），但不同的是中文始终遵循修饰语在被修饰语前的原则，而英语的修饰语一旦超出词的层面，以短语或从句的形式出现就要后置，放在被修饰语的后面，如"the books **in the library**"（图书馆的书），the movie **that I saw yesterday**（我昨天看的电影），She didn't go to work **because she was sick**（直译：她没去上班，因为她病了）。

从信息结构的角度来看，修饰语和被修饰语相比，被修饰语更重要。从某种意义上来说，修饰语只是点缀，提供一些额外信息，往往去掉无伤大雅。我们不妨看一下英语句子三大类型：一是简单句，句子里有一个主语和一个谓语；二是并列句，即两个简单句用并列连接词连接起来；三是复合句，句中有一个主句，一个或多个从句。在英语里，主句一般处在从句之前。主句是要点，信息量最多，所以是开宗明义，直截了当地把要点告诉听话的人。从句是附加信息，如果是状语从句的话，提供的信息就是从句表达的时间、地点、原因、条件等。但是相当于英语状语从句的中文句子却是置于主句前，它们可以说是为主句提供"场景"。在中文里是需要先交代清楚背景和场景才能进入主题的。

中文语序的另一个规律也能解释中国人为什么倾向于把次要信息放在主要信息之前。这个规律叫"时序律"。"时序律"指的是，现实世界里先发生的事情在语言的表达里先说，后发生的事后说。这个规律体现在中文句子的各个层次。

词的层面：

　　古今、先后、早晚、父子、子孙、老少
　　始终、本末、尧舜、进出、开关、学习、裁缝
　　收支、教学、兴亡、生死、起伏、取舍、打倒
　　赶跑、缩小、降低、减少、推翻、压缩、解脱

短语的层面：

　　从中国到美国
　　从纽约开车到华盛顿
　　水由河里流入大海
　　从飞机上走下来
　　坐下来喝咖啡
　　拿起筷子吃饭
　　开车去车站接她来我们学校参观

句子的层面：

　　因为天气的原因，航班取消了。
　　他在中国的时候去过黄山。
　　如果没有你们的帮助，我们是不可能成功的。
　　请把家具搬出去。（家具存在于动作发生前）。

下面是《红楼梦》里描写的林黛玉初进贾府的一段，时间顺序显而易见：

轿子抬着走了一箭之远,将转弯时便歇了轿,后面的婆子也都下来了,另换了四个眉目秀洁的十七八岁的小厮上来,抬着轿子,众婆子步下跟随。至一垂花门前落下,那小厮俱肃然退出,众婆子上前打起轿帘,扶黛玉下了轿。

"时序律"在句法上要求中国人先铺垫,交代清楚时间、地点、原因、条件等,然后才能逐步进入,最后点明主题。这其实不是迂回和绕圈子,而是中国人步步深入的逻辑思维方式。如果前面的铺垫太多,提供的"场景"信息有太多的枝蔓,就有可能使不熟悉这种话语习惯的西方人不得要领。

英语的句子很少是按"时序律"安排的,往往是后发生的事情先说,先发生的事情后说,如这句所示:

He had flown in just the day before from Georgia where he had spent his vacation basking in the Caucasian sun after the completion of the construction job he had been engaged in in the south.

由此可见,英文的语序跟中文恰恰相反,最先发生的事却是最后才说:had been engaged in – completion – spent – basking – had flown in。

我们现在来看一下体现英语思维的英语说明文(expository writing)的模式。中文里区分说明文和议论文,但在英语里是同一种模式。这种模式以演绎的方式推进。英语说明文的段落和文章的内部结构完全一样。所以如果想写好英语文章,就要从学写段落入手。段落的基本结构是:第一句是主题句,开宗明义,

随后是若干例证句,最后一句是结论。结论其实就是用另一种方式再把主题重述一遍。所以典型的英文段落的结构是这样的:

主题句
例证句 1
例证句 2
例证句 3
结论

下面让我们看一个取自英文写作教材《从段落到文章》(*From Paragraph to Essay*)的例子:

Effective Writing—A Must in Universities

(1) The ability to write well organized, concise paragraphs is essential to a student's success in almost all university courses. (2) In preparing scientific reports of laboratory experiments, a student must present his findings in logical order and clear language in order to receive a favorable evaluation of his work. (3) To write successful answers to essay questions on history or anthropology examinations, a student must arrange the relevant facts and opinions according to some accepted pattern of paragraph structure. (4) And certainly when a student writes a book report for English, or a critique for political studies, or a term paper for sociology, style and organization are often as important as content. (5) Clearly, skill in expository writing is crucial to successful achievement in most

university subjects.

这个段落充分体现了英语说明文的模式。第 1 句是话题句,第 2 至第 4 句是例证句,第 5 句是结论。前文说到英语段落和文章的内部结构完全一样,如下图 19 所示。文章里的每一段是对段落里的每一句的拓展,拓展段落的内部结构完全一样。

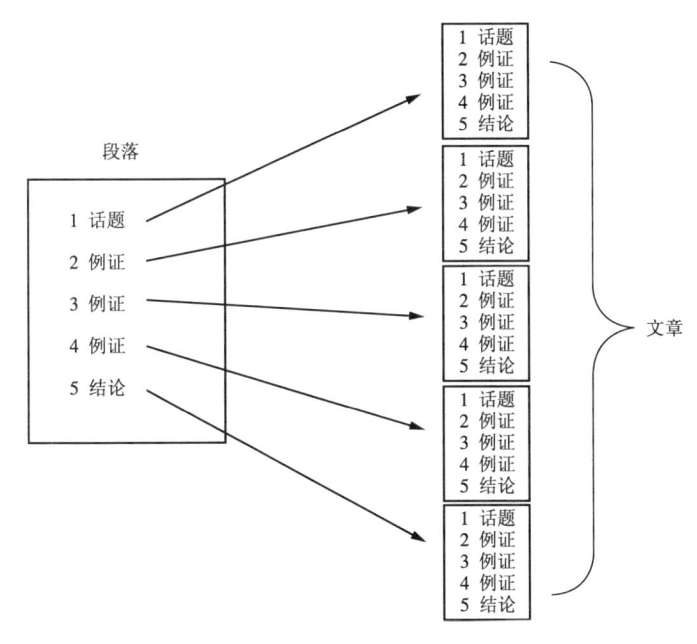

图 19　英语段落与文章的内部结构

说到英文的写作模式,顺便说一下我看到的国内一份辅导高考生的高考作文模式的指南。此辅导指南说,议论文的正确写法可总结为"引议联结"四个字:

引:引用原文材料,对原材料进行分析后,或概述,或摘要,取其精要,并据此提出自己的观点。引用名言、谚语、警句或引述事例。

议：一般先对论题作定义和阐释。再对观点作提纲挈领的概括议论。围绕观点，利用材料中提供的信息进行分析议论，使观点确立起来。

联：是文章的关键，由材料推开去，联系广阔的社会生活，或历史，或现实，或集体，或个人，反反正正，多角度、多侧面地把中心论点阐述得深刻有力。

结：收尾，总结全文，宜对论述的问题有所深化或拓展。

辅导指南中对思维方式的指导是：

求同排异，选取中庸、无争议的观点。强调和谐，注重社会群体对个人的约束。

利用所搜集的具体形象素材来进行判断或推理，最后进行概括总结，从而集中地再现客观事物的本质和规律，是螺旋式思维活动方式。

先因再果。从侧面入手，从次要到主要，从背景到相关主题，往往把自己的想法、对别人的要求和建议等主要内容或关键问题保留到最后或含而不露。

指南中对于论证方法的建议：

采用名人例证。常常认为只有名人事例才是典型、确凿、有影响力的事例，说服力强。

大量引用名人名言、谚语警句、古诗词名句。以旁征博引作为文化修养的体现。

大量运用比喻、类比等含蓄的暗示性论证。

采用归纳法,推迟主题到文章和段落的最后或中间,或不明确提出主题。注重迂回悬念、逐渐达到高潮的效果。

我们且不评论这份辅导方案是否合适,这里面说的不正是卡普兰教授和中美很多人士观察到的中国人的话语方式吗?指南里毫不隐讳地用了这些词语:反反正正、多角度、多侧面、螺旋式思维活动方式、先因再果、从侧面入手、从次要到主要、从背景到相关主题、采用归纳法、把自己的想法或关键问题保留到最后或含而不露、大量运用含蓄的暗示性论证、推迟主题到文章的最后、不明确提出主题、注重迂回悬念。

我们在这一章里讨论中国人和英美人"曲"与"直"两种言语习惯,目的不是评价它们孰优孰劣,而只是想说明它们不同,且这种不同很可能是它们各自的语言结构所致。中国人要了解英美人的话语行为首先需了解英语的语言结构,英美人要了解中国人的话语行为也需了解中文的语言结构。

小叙聊

说到语言的功能,大家都会不假思索地说不就是交流思想,传递信息嘛。的确,这是语言的主要功能,但并不是唯一的功能。语言还有其他功能,比如美学功能。现在很多西方人对中国书法感兴趣,但不少人只是把书法当作一种艺术形式学习或欣赏,对书法里的内容不一定有兴趣。毕加索说过:"如果我出生的时候是中国人,我就会做书法家,而不做画家。"另一位对中国书法有精辟评论的是美国德裔汉学家谢康伦(Conrad Schirokauer)。他在《中国文明简史》(A Brief History of Chinese Civilization)一书中说:"中国的上层文化是高度的视觉文化,而最高的艺术形式是书法。"他们都是把书法当作一种艺术形式,所以语言在这里起的是美学作用。

语言还有一个作用,就是联络社会成员的情感、维系人际关系的纽带。这就是 phatic communion 的作用。这一词语是英国人类学家布罗尼斯拉夫·马林诺夫斯基(Bronislaw Malinowski)在他 1923 年写就的《原始语言的语义问题》一文中独创的。phatic 源于希腊语的 phatos,意思是"言语的"。communion 的来历比较复杂,直接来源是拉丁语 communio,意为"共同分享",而 communio 又来自希腊语的 κοινωνία。马林诺夫斯基给 phatic communion 下的定义是:"用于维系人际纽带的一种口头的、自由且漫无目的的交谈"。俄裔美国语言学家罗曼·雅克布森（Roman Jakobson）进一步阐述了马林诺夫斯基的观点，他把 phatic communion 归于语言的六个功能中的社交功能。雅克布森对 phatic communion 的解释是语言的此功能在于强调说话者和听话者之间存在"有交道可打"的关系。他说的"交道"指的是社交联系。他们之间交际的目的不是为了传递和获取信息，而是为了维系他们之间的社交关系。

　　phatic communion 在英语里有很多同义的说法，如 phatic communication、phatic speech、phatic language、social tokens、chit-chat。用日常的英语来说就是 small talk，直译就是小聊天，也就是闲聊、闲谈的意思。但是只有出于维系人际关系纽带的闲聊才能算 phatic communion，其作用是打破沉默，开启对话，延续会话，表示赞同、同情、友谊、敬意等。我在此文中权且把 phatic communion 翻译成"小叙聊"吧。

　　这里需要说的是"小叙聊"打破沉默的作用。英语中有谚语"沉默的人是危险的"。不管这句话意味着什么，人们需要用言语的交流来维持相互之间的关系，即便没什么可说的也要想法说点儿什么。与人相见时沉默不语只会给双方带来不快和尴尬。马林诺夫斯基在其提出 phatic communion 的文章里说："对一个正常的人来说，和他相对的另一个人沉默不语是一件危险的事。用言语破冰，取得共融是建立和谐关系的第一步。"

　　"小叙聊"最常见的表现形式是打招呼和寒暄，最显著的特征是它的目的不是为了传递实质性的信息。各个民族打招呼和寒暄的方式各不相同，话题大多跟天气、时间、电视节目、体育比赛、时政要闻有关。它们的共同点是：形式大于内容。也就是说，对话双方在意的不是话语的内容，而是这种交谈形式本身。问话和答话采用的都是现成、固定的说法。如果不按"套路出牌",用非常规方式答话则说明说话者不谙当地的文化习俗。英国人见面喜欢谈天气,不管天气如何,他们常说的一句话都是:It's a lovely day, isn't it? (今天天气真好,不是吗?),说话人其实并不期待对方跟他大谈天气,对方也不会当真。即使是天气不好,回答时也要说"确实是好天气"。美国人跟熟人见面时喜欢说"What's up?",相当于中文的"怎么样"。你如听到这句话千万别因为当真而细说你的近况。你只需附和一下说"不错"就可以了。中国人见面打招呼问:"(你)去哪儿啊?"回答"(我)去那儿。"这样的对话是很正常的。

我观察到美国人常常是这样打招呼的:

A:How are you?

B:How are you?

美国人跟熟人见面时问"How are you?"相当于"你好吗?"教科书里说正确的回答是"I'm fine. And you?"(不错,你呢?)。但是在实际情况下美国人的答话也是"How are you?"也就是说问答都是"How are you?",充分说明对话的双方对话语的内容并不在意。英语里在回答别人感谢时说"You're welcome",句中的"welcome"的本义是"欢迎",但在这里只是答谢的一种固定话语,意思就是"不客气",跟"欢迎"毫无关系。

西方人常常对中国人"明知故问"的言语习惯不解,如中国人看到家人回来时会问"回来了?",看到孩子从睡眠中醒来会说"醒了?"。他们大惑不解,明明看到家人回来了为什么还问"回来了?"明明看到孩子醒了为什么还问"醒了?"殊不知这正是"小叙聊"的用法。也有西方人对中国人见了人问"你去哪儿?""吃饭了吗?"感到不舒服,觉得这是侵犯隐私,问不该问的事儿。他们不知道这也是"小叙聊"的用法,说话者和听话者并不在意说的是什么,而是通过这样的言语交流增进相互之间的关系。我有位朋友在美国教中文,她先生是韩国人。她跟我说过一件她无法理解,也无法接受的事。她每次跟先生回韩国住在公婆家里时,都会受到婆婆的训斥。原因是韩国人在家对长辈、伴侣,早上要说的第一句话是"昨晚睡得好吗"。这样问长辈她还能理解,但是不能理解的是睡一个房间,一张床的夫妻也得这样问。这位朋友跟我说的原话是这样的:"两个人又不是好久不见,干嘛要问昨晚睡得好不好……难道不知道吗?"其实问对方睡得好不好就是韩国语境里的"小叙聊"。

马林诺夫斯基说"小叙聊"是自由且漫无目的的交谈,其实也不完全正确。"小叙聊"常常是有意义和有目的的。目的常常是为了揣摩对方,试探对方,套近乎,联络情感,寻求共识或安慰,制造和谐气氛。其意义不是词汇意义,而是语用意义。

"小叙聊"一般是言语行为,因为 phatic 在希腊语里的意思就是"口头的",但是随着越来越多的人使用社交媒体,现在也出现了一种书面形式的"小叙聊"。常用微博、脸书、推特、色拉布(snapchat)、微信这类社交媒体平台的人都有自己的朋友圈,而这样的朋友圈也就是自己的一个社区。发推文、跟帖子、点赞等行为涉及不少"小叙聊"。很多人看到朋友发的推文,常常在没有兴趣细细浏览的情况下就点赞。点赞在这里起的作用就是维系相互之间的关系。现在有个很时兴的说法叫"刷存在感",其目的就是通过发推文引起别人的注意,而点赞的人也是想让刷存在感的人知道有人在关注他。有时有人发的推文看起来好像并没有什么意义,比如一个人在朋友圈里发文:"外面跑了一圈发现肚子饿,原来早饭还没有吃。"这样无关他人的事有必要说给别人听吗?有的人一天发十数条推文,把自己一天的琐事公布于世。会有人对这些事感兴趣吗?发这样推文的人其实是在问:"有人在吗?有人关注我吗?"这样的推文虽然没有什么意义,但也有不少人点赞。他们其实是通过点赞的形式在相互确认对方的存在。一个习惯发朋友圈的人很久不"冒泡"就会让他的朋友觉得是不是出了什么事;如果长期不点赞朋友发的推文很容易让朋友怀疑相互之间的关系。所以朋友之间即使对对方发的推文没有兴趣也需要时常点赞或附和,告诉对方自己在关注呢。附和的最简单的方式就是发个表情包或说一句"Uh-huh"(嗯嗯)。英语里已经出现形容这种形式大于内容的推文的新词:phatic-posts 或 phatic-media。现在逢年过节时不少人相互发些图片祝贺,并不用语言进行交流。他们其实是通过这种方式来维系相互的情感。西方人注意到韩国人在给他们的正式商务信件的开头也会先寒暄一下,如:

Dear Ms. Smith. This is Joe Schmo. The rainy season in Korea is now upon us. I hope you have a good umbrella. I'm contacting you because …

(史密斯女士:我是 Joe Schmo。韩国现在是雨季。希望您有把好伞。我跟您联系是为了……)

文中的"韩国现在是雨季。希望您有把好伞"就是小叙聊在书面语里使用的例子。

通过社交媒体维持人际关系虽不是言语行为,但也是语言行为。"小叙聊"还可以采取非言语、非语言的手势形式。这些形式包括招手、微笑以及其他手势和身态姿势。手势和姿势对加强和巩固人际纽带所起的重要作用也不可低估。可以设想一下这两者的区别:在路上见到一个熟人跟他招手示意,以及什么也不跟他说,什么手势也不用。

"小叙聊"其实是为说话而说话,没话找话,有时是明知故问,虽不传递实质性信息,却是不可缺少的社交生活里的润滑剂。能够巧妙地使用闲聊和攀谈是一种处理人际关系的技巧。不同的文化里可以作为"小叙聊"的话题不尽相同,我们需要特别留意。比如在亚洲和阿拉伯的一些国家可以问对方的家庭状况、收入如何,但在另一些国家这些则是禁忌话题。研究和收集不同文化里"小叙聊"的话语是一件很有意思的事。我听人说过在印度某地人们早上见面时的问候语是"你上厕所了吗?"。在中非布隆迪某地,当地妇女在道别时总是说"我得回家了,不然我老公就要揍我啦"。有兴趣的读者不妨留意收集各种文化里联络人们情感、巩固人们之间关系的"小叙聊"。

2020年9月13日美国《大西洋月刊》登载了一篇题为《颂小叙聊》的短文,语言诙谐精美,更重要的是它点出了小叙聊的社交作用,我忍不住试译了一下,就作为本章的结束吧。

> 对"How are you?(你好吗?)"这个问题的正确回答是"Not too bad"(不错)。
>
> 为什么?因为这是一个万能的回答。无论在什么环境、在什么情况中,"不错"这个答话能让你应付各种局面。在境遇好的时候,它表现出一种不失身份的谦卑,略显消沉,且不骄矜。平凡无奇的一天中,此语流露出一种胡乱打发日子的谦恭。境遇不好、日子非常难过的时候,"不错"就会成为具有英雄气概的淡写。最棒的是,Not too bad这三个音节均重读,这样它就弱弱地不让对方盘根问底再追问下去。这是因为"不错"一语基本上是没有具体意义的。
>
> 小叙聊也是一种语言艺术。美国人尤其擅长小叙聊。他们必须擅长这一艺术。美国是一个不受拘束的

国家,但人与人之间又不得不需要有共识与合作,就是这一最为脆弱与单薄的纽带将一个人与另一个人联系在一起。所以,"祝你有愉快的一天","天气够热的","Mets(纽约棒球队)表现得怎么样?"——这些话语起着重要的作用。这些小叙聊虽不表达具体意义,但却能缓和语气,建立起瞬间的社会契约。没有它,街头将会失去控制,混乱不堪,甚至引发灾难。

上面说得有点儿消极。我和他人的一些极为欢愉的交流都是短暂、霎那间的小叙聊。这是很了不得的。一个人来到你面前,素昧平生,从未谋过面,全然的陌生人——即使用最简单的日常招呼也能让你一头扎进他或她炽热的灵魂虚空。

前几天我出去散步时,一辆联合包裹速递公司的卡车轰隆隆地开到我面前,在路边停下。当司机从驾驶舱里跳下来准备送货时,我听到卡车里的收音机传出音乐声——一个久违、轻衾的蓝调摇滚曲调。高音部总有那留余感的闪烁,还有那总是屡弱无力的节奏。……是的。绝对是"感恩死者"(The Grateful Dead)摇滚乐队的。这是他们无数实况录制中的一曲。我知道这首歌。是"感恩死者"乐队乐曲中我最喜欢的一首。"《中国猫葵花》(*China Cat Sunflower*)吗?"当送货司机跑回他的卡车时,我对他说。他咧嘴大笑:"你说对了,宝贝!"

那一瞬间,能量的交集,我俩的心照不宣,那是"感恩死者"粉丝之间独有的默契和共鸣。尤其那"宝贝"的尊称——在随后的十分钟里,我好比那空中风筝,借着小叙聊的光束,直冲云霄。

获取第二心灵

获取第二心灵
追寻哲人
美国外交官的外语能力是在这里练成的
费希平的故事
汉字叔叔的故事

获取第二心灵

我从事外语教学已经有30余年了，其中8年是在国内大学教英语，近30年是在美国的大学、教育机构和联合国教中文。因为是在美国教中文，对象是美国人，所以对他们来说，中文也就是外语。我在美国也出过七八本中文教材和词典。多年来经常有中外人士问我学外语有没有什么好办法，其实介绍学外语方法的书籍和文章市面上和网上都很多。我这里且讲讲我自己学外语和教外语的一些体会。先说说我自己是怎么学英语的。

我最初学英语完全是自学的，那还是在"文革"时代随父母下放农村的时候。务农之余没有别的事儿可做，百无聊赖之下，我翻起家中父亲从南京带来的一批英语教材和故事书。我当时对英文是大字不识一个，但书里精美的插图却非常吸引人，由此我就萌生了自学英语的念头。

我父亲是北大西语系英语专业毕业的，按理说我应该有很好的老师，但是他并不主张我学英语。尽管如此，我的兴趣还是一发而不可收。虽然当时在精神上想不到任何前途出路，在物质上可以说一无所有，我仍果断地走上了自学英语之路。没有老师，没有器材，录音带、录像机、磁带等更是连听都没听过，但我依然义无反顾地学了起来。

　　我用的是个笨办法,就是凭借一本英语词典直接阅读。阅读时一个词一个词地查词典。当时觉得最纳闷的是:英语怎么隔几个字就是一个 the,而词典上给出的定义就是"这"?

　　我当时给自己定的指标是每天记 20 个英语单词。我采用的办法就是大声朗读,有时对着荒野大声喊叫,有时则在田野里喃喃自语。那时南京下放的人员常常也互相串门,打发时光。有一天在跟南京老乡聊天时,得知邻近某大队有位从南京下放的中学英语老师,我不禁喜出望外,便择日去拜访。这位老师比我大 20 岁左右吧,姓杨,名竞远,是"文革"前某大学英语专业的毕业生。杨老师饱读英美经典却毫无用武之地,加上苏北地区的落后与贫穷让他郁闷无聊,度日如年。如今突然有人上门请教,让他找到了知音。每次见面,他都会滔滔不绝地跟我谈英美文艺理论,谈英美经典。我们之间悬殊的年龄差距仿佛根本不存在,倒更像是两个爱好文学的多年好友,年长者在循循诱导,年少者则无比钦佩。从我家走到他家需要一两个小时,我每次都是徒步往返。具体怎么走在我记忆里已模糊不清,但每次到他家谈论英美和俄罗斯语言文学的情景,至今回忆起来都是我农村记忆里最美好的时光。当时我使用自家的一套北外教授许国璋主编的教材,跟着他一课一课地学习,他则常常情不自禁地跟我谈论英美文学的经典作品。

　　务农期间,英语成了我唯一的寄托,而且我对英语有种挚爱的感情,因此焉能学不好这门语言?我几乎把所有的空闲时间都花在了英语学习上。由于词汇量的迅速提高,我大概在开始学习英语后的第三个月就开始翻译文学作品。翻译的目的当然不是为了出版——在当时宿迁农村那样的穷乡僻壤里,我们简直不知道外面还有个世界。我翻译文学作品的目的之一是为了打发自己的空闲时间,另一目的是为了提高自己的英语能力。多年后我成了大学英语老师时才进一步意识到:英语的理解能力很大程度反映在翻译上。阅读时似乎理解的东西未必是真正地理解了,但做翻译时则要完全理解才能正确地翻译。

我翻译的第一本书是 Moonstone(《月亮宝石》)。这是英国文学史上第一本侦探小说,作者是柯林斯(Wilkie Collins)。因为情节扑朔迷离,扣人心弦,400 多页的书我没用多久就翻译完了。完稿以后我才看到书的封底印有一行字:南京师院英语系三年级学生泛读教材。一个扛着锄头在田间劳作的高中毕业生,凭着自学翻译了大学三年级学生的英语教材,我不禁为自己的大胆吓了一跳。

译完《月亮宝石》以后,就一发不可收了。我马上又翻译了第二本书,讲述一个白人在南非生活的故事,但现在我已想不起书名和内容情节了。随后便是一本又一本地译。我的译作都是给自己看的,当时也没有别的任何读者。

回顾我学英语的这段历史,我想给语言学生提的第一个建议可以用英文的三个词表达。第一个是 love,学习外语的人首先要挚爱所学的语言。很难想象只是任务观点而并不喜爱所学的语言能够学好和学成。第二个词是 passion,也就是激情。真正想学好一门语言并在学习过程中寻获一种新的思维方式需要有相当的激情。第三个词是 obsession。这个词大概只适用于一小部分人。它大概可以翻译成"痴迷",也就是不顾一切的爱。真正想学好一门外语需要投入大量的时间和精力,而这种投入往往是终身的。非得如此是很难精通的。我在《中国人的数学为什么略胜一筹?》一章里提到马尔科姆·格拉德韦尔写的 Outliers: The Story of Success 一书。书中谈到一个"一万小时定律"(10 000-hour rule)。作者在书中说:"人们眼中的天才之所以卓越非凡,并非天资超人一等,而是付出了持续不断的努力。一万小时的锤炼是任何人从平凡变成超凡的必要条件。"如果要成为某个领域的专家需要一万个小时,按比例计算就是:如果每天工作8个小时,一周工作5天,那么至少需要5年的时间。最近格拉德韦尔的这个定律受到很多人的批评,他们说一万小时只是个平均值,有一半的成功人士没花一万个小时就成功了。但无论怎样,要精通外语是需要投入大量的时间和精力的。

对语言的挚爱、激情和痴迷并不是建筑在虚无的基础上的,需建立在一定的动力上。这种动力能驱使你不畏艰难而乐此不疲。所谓动力就是学习外语的目的,可以是出国留学,与人交流,深层次地了解一个外域文化、艺术和文学,做语言老师,担任翻译等。有个明确的目标就有了奋斗的方向。下面就根据我个人的经历和体会讲讲我觉得行之有效的学外语的一些具体办法。

学外语的最好办法莫过于沉浸式,也就是全天候地沉浸在目的语环境里。而最好的沉浸式又莫过于到语言所在国去学。因为在那儿,学习者可以近距离或零距离地接触和运用真实的语言,平时在课堂上和书本里看到和听到的词语都会变得鲜活起来。同一词语在目的语所在国的咖啡馆、健身房、商店、餐馆、超市里听到的常常跟书本上的意思不同。身临其境学到的词语往往是生动难忘的。有一次我在国内带联合国的工作人员外出旅行,在机场看到乘客跟一家航空公司的客服产生纠纷而争执。客服要乘客们排队,其中一名乘客因什么事不满而大声喊"排什么排?"我带的客人觉得很有意思,回来以后一遍又一遍重复,并说出"吃什么吃""看什么看"这样的话来。这样的句子在课本上是绝不会出现的。隶属于美国国务院的外交学院是专门训练美国驻外人员的机构。他们针对以英语为母语的外交人员,把世界上70门主要语言按难易程度分为四类,并且列出了学习每类语言所需要的时间。熟练掌握第一类语言只需24周—32周(600小时—750小时),这类语言包括法语、意大利语和西班牙语等。第二类语言有德语、印度尼西亚语、马来西亚语和斯瓦西里语,熟练掌握需要36周(900小时)。第三类语言有孟加拉语、捷克语、希腊语等,需要44周(1 100小时)。第四类是最难的,掌握起来需要88周(2 200小时)。东亚的三种语言中文、日文和韩文都属此类。外交学院对第四类语言还有一个特别的说明,就是第二年必须在语言所在国学习。我们在后面一章里会专门谈美国外交学院的外语培训。总之,在目的语的环境里,语言能力可以得到极大提高。

出国学习当然是理想的,但仅仅出国并不表示就一定能把外语学好,一切还得靠自己的觉悟和努力。过去二三十年来美国访学和留学的人员越来越多,但我经常发现很多访学人员和留学人员喜欢"扎堆",也就是说整天和中国人在一起,而失去接触美国人和跟美国人用英语交流的机会。有一位访问学者曾跟我说过,他来美国后英语反而有退步,这是因为他生活在中国人的圈子里,整天说的是中文,看的是中文书籍、报纸和电视。不去接触美国人、融入美国主流社会、关心美国所发生的大小事情,怎么能把英语学好呢?

那么没有机会去目的语国家学习外语怎么办呢?大部分英语学习者可能都没有机会出国学习。不出国其实也能自创沉浸条件,如利用一切机会看外语电视、电影、书籍、报纸、听广播和播客。联合国的大部分会议都是用英语进行的,而大部分的会议在联合国的"新闻与媒体"网页上(https://www.un.org/en/sections/news-and-media)和"现场直播"网页上(http://webtv.un.org)都有实况或视频及音频,是很好的学习资源,学习者不妨充分运用。另外，美国的几大电视台的网站上也有大量的视频音频材料。我自己比较喜欢的是美国全国公共广播电台（https://www.npr.org），他们的节目很丰富，播音员的发音非常清楚。特别值得一提的是，他们播出的很多节目都配有文字材料，非常适合做听力材料。

很多人觉得看外语电视剧是个提高外语能力的好办法。我们当年学英语的时候没有这个条件，因为当时电视机还没有普及。现在从电视上或者网上看美剧已经很方便了，我甚至看到有看美剧学英语的 app。我在《美国的外语教学》和《中文在美国》两章里提到美国现代语言学协会 2016 年发布的美国高校注册学外语学生的人数。报告显示美国大学生学韩语的人数近 10 年来逐年上升，2009 年比 2006 年增加了 18%，2013 年增加了 45%，到 2016 年又增加了 13.7%，在各科外语注册人数普遍下降的情况下成为一个特例。究其原因就是韩国的流行文化（K-Pop）在美国年轻人中产生了巨大的影响。而韩剧则是韩国流行文化的一个重要部分。很多大学生或是为了看韩剧而学韩语，或是看了有英文字幕的韩剧而产生学韩语的兴趣。寓教于乐是学外语行之有效的方式。

有很多美剧很适合英语学习者。这里只举一个例子。《老友记》(Friends) 是一部在美国上演 25 年之久的电视剧。这部剧轻松幽默，情节诱人，世界各地的很多英语学习者都曾把它当过学习教材。我还看到报道说韩国的父母甚至逼自己的孩子看《老友记》来学英语。2017 年《纽约时报》报道美国职棒联盟队中来自多米尼加、委内瑞拉等南美国家的球员每晚都看《老友记》以提高自己的英语水平。外语教学界不少人士把此剧产生的影响叫作"老友效应"（The Friends Effect）。《老友记》的编剧对这一效应也感到意外。他们后来在编写台词时还特别考虑到英语学习者这个观众群体,专门让演员说很多在美国流行的口语表达法。2012 年美国著名的英语辅导机构 Kaplan International在世界范围内做过一个问卷,82%的答卷人说他们学英语时得益于美剧。美剧中最受欢迎的是《老友记》,其次是《辛普森一家》(The Simpsons),第三是《老爸老妈的浪漫史》(How I Met Your Mother)。学生看这类"肥皂剧"(sitcoms 或 telenovelas)时是通过"视听"来学美语的。"听"指的当然是听剧中人物的对话,而"视"指的是两方面:一方面是看剧情,另一方面是看字幕。通过一集集地观看,学习者进入角色,往往忘了自己在学习,沉浸在剧情中。当然在观看剧情的同时,学习者不能只关注剧情,还要关注字幕,有意识地做笔记。程度高的学生可以只看英文字幕,程度低的学生不妨找有中英文字幕的视频来看。有些部分也可以通过重放而反复观看。此外有意识地模仿也很重要。如果听到在日常生活里可以用到的会话不妨多加模仿,包括口音,并在合适的场合加以运用。时间一长,这些生动活泼的地道英语就会成为你英文交际能力中的一部分了。

我自己原先在国内的高校教过八年英语,来美国后也在某社区学院教过 ESL 课程。教过 20 余年的中文后,我现在纽约大学的翻译专业任教,因为是用英语上课,教学内容是汉英对比,所以在很大程度上也算是英语教学。外语教学中我们常常说要提高学生的听说读写能力,但我觉得我们首先要提高的是学生开口说话的能力,我一般也是把学生能否说看作衡量一个老师教学是否成功的首要标准。如果学生在学了相当长时间后仍不能开口说话则说明老师的教学是不成功的。提高口语能力诚然需要学生苦练,老师的作用也是至关重要的,可以设计不同的课堂活动让学生讲起来。美国外语教师委员会(ACTFL)给外语教师和学生制定的目标是在课堂上 90%的时间需要说目的语。

我也听过国内有的高校规定教留学生中文的老师必须100%地用中文教学,如果被领导听到说一句英文则会被当作教学事故,这虽然有点儿极端,但强调用目的语教目的语还是很有必要的。其实学生们也欢迎老师在课堂上多用目的语。我带联合国的工作人员去南京大学进修中文,他们很喜欢老师用中文教中文,即使他们并不能听懂每句话。

有一个活动网站值得介绍给在美国学习语言的人士,帮助他们结交新朋友,更好地融入当地的生活,这就是 meetup.com。注册后,可以根据自己的兴趣选择适当的群体加入。如果兴趣是学语言的话,可以加入语言交换群。你也可以自己根据需要跟志同道合的人建立自己的群并组织活动。meetup 里也有很多口语课可选修。

写作也是提高外语总体能力的一个关键,因为我们现在跟人交际在很大程度上是通过书面方式进行的。写作对于本族语者和非本族语者同样重要。美国的高校很重视学生的写作能力。几乎所有的学校都有"写作辅导中心",学生可以就自己写作的薄弱环节去寻求辅导,也可以把自己的作品拿去请专家点评。而辅导中心的写作专家往往并不是老师,而是写作能力比较强的研究生。美国的一些金融机构很愿意雇英语专业的毕业生,因为觉得他们的写作能力普遍比较好。提高写作能力的关键在于要多写,勤写。一开始时可以从写日记着手,然后写读书报告。我大学毕业留校后为提高自己的教学能力阅读了大量的英美文学名著,特别是英国维多利亚时代的小说。维多利亚时代指的是维多利亚女王(1837—1901)在位时期。这一时期,诞生了一大批文学巨匠,特别是小说家狄更斯、萨克雷、勃朗特姐妹等。他们的语言特点是句子长、结构复杂。他们写的大多属现实主义作品,或叫批判现实主义作品,从多侧面、多角度反映了英国各行各业人士现实生活的方方面面,情节很吸引人。当时我就一本本地读,特别是狄更斯的,他的小说凡是学校图书馆有的我几乎都看过了。我当时不只满足阅读,在每读一个章节后都会写一个总结。这样做的目的有两个:一个是帮助自己以后记住书的内容,一个是锻炼自己的写作能力。长此以往,这些小说家的写作风格对我也有很大的影响,以至于我后来的写作句子偏长和复杂,当然这也不一定是好事。

自微信 2011 年出现以来,这个社交媒体也成为学中文的一个好平台。我每年夏天带 60 名左右的联合国工作人员去南京大学学中文,我们自己有个微信群,大家在里面相互交流。一开始学员们都是用英文进行交流,到中国后很快就有人用中文发各种信息。此外他们在中国期间也加了不少中国好友,他们回来后通过关注中国朋友的朋友圈和与中国朋友交流,不少人的中文写作水平有很大提高。随着微信的普及,现在也有很多外国人在使用,应该也是中国人学外语的一个理想的平台。

经常有人问我什么时候开始学习外语为好,是否过了一定的年龄就不能学了。诚然学习外语年龄越小越好,理想的是在 10 岁之前,这段时间孩子的大脑可塑性最强,接受外语的能力也最强,但是成年人绝不是不能学。成年人学外语也有自己的优势。他们的认知能力更成熟,对语言结构的理解更深刻。这里我想引用美国现代语言协会的一个口号:Never too early, never too late(绝不会太早,绝不会太晚),所以什么时候开始学外语都是值得鼓励和值得提倡的。有志于学好外语的朋友不妨参考一下这本书:《永久性的流利:如何快速学会任何一门语言并永久不忘》(*Fluent Forever: How to Learn Any Language Fast and Never Forget It*),书里介绍了很多学外语的好办法。

不同的人因为不同的目的学习外语,学习外语也能给我们带来很多可以终身享用的益处。对我来说每学一门外语,就打开一扇通往另一世界的大门,就能看到一种别样的文化和思维方式。这正如加洛林帝国的查理大帝在八世纪说的,"学得一门外语就等于获得了第二心灵"(To have another language is to possess a second soul)。

追寻哲人

20世纪80年代中期我来哥大攻读学位，这是我人生的最大转折点。我从国内的一名大学讲师一夜间又变成了学生，好像是降低了身份，实际上是开启了人生的一个新历程。我这里要说的是来美随身带的一样物品和与此物品有关的一个人的故事。

这件物品其实就是一本英文原著，丹麦语言学家叶斯柏森（Otto Jespersen）所著的《语法哲学》（*The Philosophy of Grammar*）。为何只带了这本英文原著，是因为我跟此书有特别的情缘。叶斯柏森是我非常敬仰的一位语言学家，此外我也是《语法哲学》中文版的译者之一。我一直有这样一个感觉，对英语有真正研究的人往往是外国人，而不是英美人。因为外国语言学家往往有对比的视野，对另一门语言有更深的理解和更敏锐的洞察力。

叶氏是位多产作家，一生有近500部著述，涉及普通语言学、语法学、语音学、语言史、符号系统、语言哲学、外语教学和世界语。他编写的7卷本《现代英语语法》（*Modern English Grammar*）是他最宏大的一部著作，其规模和深度都超过我喜欢的另一部由四位英国学者 Randolph Quirk, Sidney Greenbaum, Geoffrey Leech 和 Jan Svartvik 合作完成的《英语综合语法》(*Comprehensive Grammar of the English Language*)。由于他对英语语法学所做的杰出贡献,他被语言学界公认为英语语法的最高权威,同时也享有"语言学之父"的美誉。此外他还独创过一门世界语,先是叫"依德语"(Ido),后是叫"诺维亚语"(Novial)。《语法哲学》是叶氏的另一部代表作。我成为此书中译本译者之一的故事是这样的。

20世纪70年代末正是改革开放、百废待兴的年代,中国的学术界也异常活跃,开始与西方学术界全方位的接触。我本人在一年内先后两次去南京大学参加教育部主办的全国高校英语师资培训班,接受来自英国文化教育协会的语言学家们的培训。当时中国的语言学界一方面在引进美国语言学家乔姆斯基的转换生成语法的最新学说,一方面在介绍西方语言学史上各经典流派,同时大量引进西方学术界的著作。当时我在徐州师院(现名江苏师范大学)外语系任教。我们学校中文系有位国内知名的语言学家廖序东先生。廖先生20世纪30年代问学于黎锦熙、许寿裳、罗根泽等多位大师,1941年7月从北师大毕业后即投身教育界,开始了长达半个多世纪的汉语教学生涯。他与黄伯荣先生1979年共同主编的《现代汉语》一书至今仍被国内许多高校的中文专业用作指定教材。他时任中文系主任,后来又担任了学校的副校长。廖先生对汲取西方语言学理论的精髓以资研究中国语言十分重视,经常组织他的研究生与我们外文系的青年教师进行交流和探讨,我们也从廖先生渊博的学问中获益甚多。

廖先生在和我的交谈中多次提到近百年来一直被视为语言学史上经典文献的叶氏所著《语法哲学》一书,他对此书的喜爱溢于言表。叶斯柏森是西方语言学史上介于传统和现代描写派之间的一位重要人物。他在《语法哲学》中运用新的方法分析探讨语言学、语法学上的重大问题，系统地阐述了他的语言理论。叶氏在此书中指出，语言理论应是概括语言事实的工具，而不是让语言事实去迁就语法的教条。这对一般语法理论的探索具有很重要的意义，发出了现代描写语法的先声。《语法哲学》对20世纪中国著名的语言学家王力和吕叔湘等人都影响甚大。廖先生认为《语法哲学》是叶氏论述其语法理论和语法体系的代表作，是一部有划时代意义的语法著作，对汉语语法的研究和发展有深刻的影响。

当时我对叶氏其实也很熟悉。我特别尊崇他1922年写的《语言的本质、发展和起源》(*Language：Its Nature, Development, and Origin*) 一书。此书也被学界认为是他学术成就最高的一部著作。他领先于时代，在此书中率先讨论了20世纪六七十年代成为热门话题的诸多社会语言学、人类语言学问题，如女性语言的问题和语言物质特性的理据问题。

源于我们对叶氏的共同兴趣，廖先生问我是否愿意协助他组织一个翻译团队，将《语法哲学》译成中文，让更多的中国语言工作者从中获益。我欣然接受了廖老师的邀请。

随后我请了南京师范学院（后改为南京师范大学）的夏宁生老师和本系的司辉老师参加翻译，本系的韩有毅老师担任校订，廖老师又请到他在苏州的好友张兆星老师和徐州师院中文系的王惟甡老师分别参加翻译和校订，于是一场翻译大战便揭开了序幕。我们在翻译过程中遇到的并不是专业方面的问题，而是叶氏的旁征博引，引用的众多语言里的例子。他在书里并没有提供这些例句的英译，但是我们必须要把这些例句都翻译成中文。20世纪80年代初国内的外国人还不是太多，特别是我们在徐州那样的城市很少有机会接触到说英文以外语言的外国人。我们当时想到的一个办法就是给相关语言所在国的驻华大使馆写信求助。有时也给国外高校的学者发函询问。

经过近两年的齐心合力，并在廖先生的指导和主持下，我们终于完成了翻译。译本先由徐州师院印刷，分寄给国内各高校的中文系，作为交流资料。多年后国内还有不少同行与我说起，他们曾看过我们的那个本子，有的还保存着那本书。

徐州师院的自印本印出后，廖老师随即与时任语文出版社社长的吕叔湘先生联系正式出版此书，未几语文出版社便接受了。《语法哲学》于1988年正式出版，给我们多年的辛勤努力画上了一个圆满的句号。

就在语文出版社将《语法哲学》付梓的前夕，我被哥伦比亚大学录取，前去攻读人类语言学专业。我来美国时由于行李箱的空间有限，不能带很多书，但是在我随身带的书籍中就有一本英语版的和一本中文版的《语法哲学》。我在哥伦比亚大学的语言学导师哈维·皮得金（Harvey Pitkin）教授对叶斯柏森也很推崇。他听说我参与了此书中文版的翻译很高兴。虽然他不懂中文，还是跟我索要了一本译本，足见叶氏在语言学界的地位。

我到了美国后，一直与廖先生保持联系。廖先生也告诉我《语法哲学》的译本出版后不久就已售罄。译作出版后，廖先生寄赠两册给中国语言学界的泰斗吕叔湘先生。吕先生1990年2月7日回信说：

> 收到您的信和两本《语法哲学》，谢谢。此书在五十年代曾由语言所请人翻译，由于种种原因未能完稿，现在终于有了中文译本，实为好事。最近商务印书馆

正在筹划续编《世界名著汉译丛书》100 种,我间接托人表示此书可以入选,不知商务意思如何。

斗转星移,在吕先生写了上面那封信的 16 年后的 2006 夏天我回徐州拜访廖老师的时候,廖先生说他已同商务印书馆联系,商务已同意再版此书。廖先生嘱我回美国后也同商务印书馆联系,再次确定。我回来后便同商务取得了联系,终于在 2008 年的 7 月得到确定,此书将由商务年内再版。我得到这个消息时正带一团联合国的工作人员在南京大学培训中文,不禁欣喜若狂,准备在月内去徐州时告诉廖先生这个好消息,可是我到徐州后才得知廖先生已于 2006 年的 12 月仙逝。我虽知廖老师年事已高,但听到他去世的消息仍是觉得突兀。我在再版后记里写道:"万分遗憾廖先生未能看到《语法哲学》的再版。廖先生为叶氏一书的翻译、审订、再版呕心沥血,倾注了近三十年的心血,是《语法哲学》中文版的第一功臣。在此书再版之际,我觉得我们纪念廖先生的最好办法就是把这一译本献给他老人家。"

叶斯柏森在《语法哲学》的序言中一开头就说此书基于他 1910—1911 年在哥大的一个题为"英语语法导论"的系列讲座,我在翻译此书时对此并没有在意,译作完稿后一年我被哥伦比亚大学录取读博,不禁对《语法哲学》产生了更多的亲切感,也觉得离叶斯柏森更近了一步。到了哥大后我便开始搜寻叶氏的足迹,近些时候又几经周折通过纽约大学的馆际借书服务处借到叶斯柏森的自传。叶斯柏森的自传是用丹麦语写的,1995 年才被翻译成英语,有英文版的图书馆很少,所以我要通过任教的纽约大学去其他图书馆调这本书。

叶斯柏森生前来过美国两次。他的两次美国之行都给美国学术界带来很大的影响。他第一次来美国是 1904 年 8 月应邀参加在圣路易斯举行的世博会美国文理大会（Congress of Arts and Sciences），并做演讲。当时叶斯柏森是哥本哈根大学的教授。此次会议邀请了 100 位欧洲和 100 位美国的科学家和人文学者参会。每门学科安排两场讲座，一场谈本学科的话题，一场谈本学科和其他学科交叉关系的话题，用今天的话说就是跨界交流了。我觉得 100 多年前的这种研讨形式非常值得我们今天借鉴。英文学科的两个话题落在哈佛大学基特里奇（Kittredge）教授和叶斯柏森身上。基特里奇教授谈英文学科的问题，叶斯柏森谈英文学科和其他学科的关系。大会主席在致辞时还专门提到叶斯柏森。他说："欧洲有个不起眼的半岛，可是那儿的知识水平可是了得，我们这次从那儿请来一位人士讲我们自己的语言。"世博会结束后，叶斯柏森跟其他参会嘉宾前往华盛顿，受到美国总统（老）罗斯福的接见。华盛顿之行结束后，各位嘉宾又去波士顿的哈佛大学参加活动。活动结束后欧洲的嘉宾都返回自己的国家，只有叶斯柏森多留了几个星期，因为他很想体验一下美国大学的日常生活。此时哈佛大学有不少知名的语言学家。叶斯柏森找到知音，很快就跟他们结为好友。在哈佛待了几个星期后，叶斯柏森又应耶鲁大学两位语言学家之邀访问耶鲁，随后他又去纽约待了一个星期。在纽约的日程和起居都是哥大修辞学教授乔治·卡彭特（George Carpenter）安排的。通过卡彭特教授，叶斯柏森又结识了多位哥大的教授。纽约之行为他第二次访美奠定了一定的基础。

1908 年，也就是叶斯柏森首次访美的四年后，哥大校长尼古拉斯·莫里·巴特勒（Nicholas Murray Butler）访问叶斯柏森任职的哥本哈根大学。哥伦比亚大学有一座巴特勒图书馆，是哥大标志性建筑。这座图书馆就是以尼古拉斯·莫里·巴特勒的名字命名的。巴特勒校长在哥本哈根大学做了三场关于美国文化生活的讲座。在讲学期间他问哥本哈根大学的校长有无可能派一名教授去哥大进行为期一学期的讲学。当时美国跟欧洲各国的这种学术交流刚刚成为时尚。哥本哈根大学的校长很愉快地接受了邀请。学校的校务委员会一致通过派叶斯柏森于1909年的9月到1910年的1月去哥大讲学一个学期。叶氏在做行程计划时又收到加州大学伯克利分校校长本杰明·惠勒(Benjamin Wheeler)的一封信。信上说他听说叶斯柏森秋季要去哥大讲学,问他有无可能夏天先来伯克利讲学六个星期。因时间紧急,惠勒校长请他接信后电报作复。经与太太商量后,叶氏次日就发了一份一字电报回复:Yes。他如此爽快地接受邀请的一个重要原因是惠勒校长本人也是同行,是著名的历史比较语言学家,在任校长前曾在哈佛大学和康奈尔大学任语言学教授。叶氏也想跟他建立私人之交,以便日后的学术交流。6月3日他和太太还有11岁的儿子就"扬帆起航",登上了远洋邮船,开启第二次赴美的行程。叶教授到伯克利后开设了一门语音学课程并以世界语为题做了系列的讲座。叶氏在回忆录里说他在伯克利度过了既愉快又有学术收获的六个星期。

1909年的9月20日叶斯柏森到哥大英语系任职。在随后的五个月里哥大完全把他看作自己的教授,享受哥大教授所有的权利,学生也不知道他是访问学者。他在哥大教的是博士生,开的课程是"普通语音学""英语语法原则""历史英语句法研讨课"。在看叶斯柏森的自传时,我看到他说他的《语法哲学》一书就是他在哥大上的"英语语法原则"一课的基础上扩展开的,感到自己跟叶教授的关系又亲近了许多。

哥大人类学系的弗朗兹·博厄斯教授听说叶斯柏森在英语系开语言学的课程,就让他所有的学生都去注册。博厄斯是举世闻名的人类学家,在学界被称作"美国人类学之父"。博厄斯在做人类学田野调查时研究过很多美国印第安部落的土著语言,并在很多论著里谈到语言问题。我在出国前就看过他1940年写的《种族、语言与文化》(Race, Language, and Culture)一书,当时还以为他只是语言学家呢。说到博厄斯就不能不提一下我在哥大时的导师 Myron Cohen,他的中文名字是孔迈隆。孔教授也是美国著名的人类学家,是我在哥大的导师之一。当时他是系里唯一研究中国的教授,所以我跟他的关系很近,也协助他做了一些关于中国的研究。孔教授后来还担任过哥大人类学系的主任和哥大东亚研究所所长。我之所以在谈博厄斯教授的时候提到孔教授是因为孔教授用的办公室就是当年博厄斯的办公室。所以我每次去孔教授的办公室都有一种进入学术圣殿的敬畏感觉。

叶斯柏森在哥大教语言学课程时有个发现,77年后我来哥大也有同一发现,这就是哥大语言学专业的研究生大多不是美国人。学生大多是外国人也有好处,因为叶教授上课时经常援引各种语言的例子。每到这时他就会让说这些语言的学生朗读这些例子。他们是本族人,发音当然是标准的。不过这些外国学生也有他们的短处:叶教授发现他们的语言水平普遍不如丹麦学生的语言水平。他上课时引法语或德语的例子时,学生大多不懂,得让他翻译。但学生们都很勤奋,从不缺席一堂课,给叶教授留下深刻的印象。

叶斯柏森所在的英语系在哥大的哲学楼。楼里当然就有哲学系。哥大哲学系当时最著名的一位教授就是杜威。杜威是大哲学家,常被称为"美国进步教育之父""改变美国教育和中国教育的人"。我写此章的时候(2019年)正值杜威教授访华100周年、160周年诞辰。叶斯柏森在哥大的时候,杜威也在同一楼里。我尚未找到这两位学者交往的资料。不过我想这两位在各自领域里的领军人物没有交往是不大可能的,尤其是语言和哲学有不可分割的密切关系。叶氏的代表作不就叫《语法哲学》吗？说到杜威,我跟他还有一个缘分呢。我当年在哥大的博士论文答辩就是在杜威原先的办公室进行的。我毕业后不久就去杜威和胡适、郭秉文、孟禄(Paul Monroe)等哥大学人于1926年在纽约创立的华美协进社工作了。

叶斯柏森在哥大讲学期间还应周边一些高校之邀,利用周末的时间去做语言学讲座。他去过哈佛讲语言中的逻辑,去过卫斯理学院(Wellesley College)给学生讲语音和句法。卫斯理学院是所女子文理学院,讲座那天来了300名听众,令叶教授很是惊讶。

叶斯柏森在结束讲学之际,哥大为表彰他的功绩,授予他名誉博士学位,仪式是在校长办公室进行的,这是莫大的荣誉。叶教授在回忆录里谈到他在哥大五个月的生活时用了两个词,跟他用来形容六周伯克利生活的两词一样：instructive(获益匪浅)和 enjoyable(欢乐,愉快)。叶斯柏森回国后便再没来过美国。他于1920年60岁的时候出任哥本哈根大学的校长,达到他事业的巅峰。叶氏70岁生日时,毕业于哥大人类学系的美国语言学家、人类学家萨丕尔在丹麦著名报纸《明智人》上撰文祝寿,并对这位大师的学术成就和人品给予了高度的评价。

结束此章的时候正逢叶斯柏森160周年诞辰、出任哥本哈根大学校长100周年。我谨以此文缅怀这位跟我学术生涯有不解之缘的现代语言学之父,并向他致以崇高的敬意。

美国外交官的外语能力是在这里练成的

来美国留学、访学、旅游、出差的人都有面签的经历。面签就是去美国驻华领事馆面见签证官。见面时签证官常常会用中文"盘问"申请人。不知有此经历的人是否好奇这些签证官是在哪儿学的中文？答案是：他们绝大部分人的中文是在美国国务院下属的外交学院学的。

二战结束后不久，美国政府于1946年通过了一项法案，要求美国的外交人员熟悉所派驻国家的语言和文化。有外语能力要求的岗位必须由达到一定熟练水平的人担任。在此背景下，美国政府1947年在华盛顿建立了外交学院，至今已有70多年的历史，其职责是为美国国务院培训派往美国驻世界各国使领馆的外交人员。目前美国在全世界有273个使领馆，派驻外交人员有数千人之多。这些外交人员在赴任前都需接受岗前培训，而这种培训都是在外交学院进行的。从某种意义上来说，外交学院是一所小型大学，培训的课程包括外语、管理、经济分析、信息技术、地区研究、领事事务等。其中最大的一块是外语培训，因为美国国务院对驻外外交官的第一要求就是需会说当地的语言。因工作关系，我和外交学院中文部的负责人和一些老师有些来往,由此了解了外交学院外语教学的一些情况。

在过去的 70 多年里,外交学院培训过的语言达 80 多种,是美国外语教学语种最多的地方。外交学院语言部的正式名称是 School of Language Studies,直译成中文就是"语言学校"或"语言学院"。语言部又按不同语言所在的地区分成五个系。中文属于东亚和太平洋语言系,其他四个系是欧非语言系、近东-中亚-南亚语言系、罗曼语系、斯拉夫-欧亚语系。语言部的组成人员有语言培训主管、语言培训专家、语言和文化教员。"语言和文化教员"就是任课老师,他们大多是母语者。任课老师除教学外也组织一些跟所教语言相关的文化活动。外交学院对中文教师的资质要求是美国公民,有教育学、语言学或外语教学的本科学位,GPA 为 3—4,有一定的成人教学经验,精通英语和所教的语言。教师是联邦政府雇员,除规定的年休假外没有寒暑假。语言部之外还设有五个职能性机构,其职责是为语言部提供各方面的服务。这五个部门的单位在英语里是 Unit,我们权且翻译成"处"吧。它们是:

课程-职员-学员发展处。此处的职责是通过职员培训、课程和教材开发、运用教学技术来协助学员推进语言学习。学员的迎新和课程介绍也由他们负责协调。

测评处。此处的职责为协助任课教师收集和分析与学员学习相关的数据,了解课程进展的情况,为必要的课程调整和修改提供依据。

驻外项目服务处。此处的职责是通过远程教学和岗后培训的方式支持海外外交驻地人员的语言培训。

行政处。此处的职责是处理语言部的行政事务,如签署合同和采购。

语言测试处。此处负责外交学院的语言水平考试、保管考试记录和质量把关。其重要职责是确保试题的有效性和可靠性。

从这些部门的设置和任务分工,我们可以看出外交学院的语言部跟一般高校的设置不同。高校没有外交项目处,其他四个处的职责都由语言部的负责人和教师担任。外交学院设置这些专职机构就给任课教师减少了不少负担,教师从而可以集中精力从事课堂教学。

外交学院的语言培训是强化性的。学员每天要上五个小时的课,加上每天在实验室完成两到三小时的规定自习,学员每周在校学习时间达 40 小时之多,其强化程度非任何高校可比,美国高校的外语课时一般是每周三到五个小时。外交学院的语言课都是小班,一个班里如有四个学生就算是大班了,有时一个班只有一个学生。教学采用的是团队教学法,即由若干教师组成的教学团队在这五个小时里轮流授课。中文的教学团队往往由十几位老师组成。学生在 44 个星期里会接触到十几位老师。目前语言部有 30 多位中文老师,也是美国任何一所大学或机构没有的情况。老师基本上是用学员所学的语言教学。对于中文课来说,老师就是用中文教中文。课程的时长各种语言不尽相同。全套的中文培训项目为 88 个星期,分两年进行。第一年 44 个星期在外交学院总部学习,第二年 44 个星期在外交学院设在台湾的一个培训中心完成。但目前大多数学员只在总部学一年就赴华就职。这就要求老师在不到一年的时间里把一个零基础的学员培训成一个能在驻华使领馆用中文处理签证事务的官员。课程的第一阶段,学员学的是普通中文。这和普通高校外语系科教授的内容基本一样。但第一阶段过后,教学的内容马上就跟学员将来的工作结合起来。语言教学的目的就转向培养学员用所学的语言处理公务和完成某些任务的能力,如签证官在面签时向申请人问询相关的情况,武官了解军事情况,经济事务官了解关税情况,农业事务官了解农作物情况等。对学员的语言实际运用能力还包括:能用所学语言发表讲话、能看懂跟签证事宜有关的证件和证明、所在国报刊文章的大意、听懂电台广播、能做跟业务相关的笔译和口译。语言课程的针对性很强。因为学员们在学习时已经知道自己要被派驻的地方和担任的职务,所以语言部对他们常常是量身定制教学内容。

如上所说,学员每天除了完成五个小时的课堂学习外,还要到语言实验室里进行规定的两到三小时自习、复习或完成作业。实验室里有各种多媒体设备。学员可以做视听练习,自我录音。实验室里有专职老师值班,学员如有问题可随时去咨询。学员们在实验室里也可用各种软件和应用程序辅助学习。学员常用的软件是品思乐(Pimsleur)和罗塞塔石碑(Rosetta Stone)。品思乐是一位叫保罗·品思乐(Paul Pimsleur)的美国人开发出来的语言课程和语言教学法。品思乐毕业于哥伦比亚大学,获博士学位,后在加州大学洛杉矶分校和其他高校工作过。品思乐教学法主要是供学生自学的一种听说教学法。学生自始至终无需用纸笔及教材,可以在汽车里、卧室或其他任何地方收听录音并作答。每一节课约30分钟,每天一课。品思乐博士认为这是最佳的学习时长。超过30分钟之后,头脑便无法接受新的内容。关于罗塞塔石碑软件,我先说说"罗塞塔石碑"是什么意思吧。去过英国大英博物馆埃及馆的人一定会在法老王的雕像群中看到过一块黑色的花岗岩,这就是罗塞塔石碑,史上最著名的语言学文物。这块源自公元前196年的石碑上分别以三种不同文字刻着埃及托勒密五世的一份诏书。这三种不同的文字分别是埃及草书、埃及象形文字和希腊文。诏书之所以用三种语言雕刻是因为托勒密五世治下的埃及同时使用三种语言。那么

"罗塞塔"出自何处呢?"罗塞塔"其实是尼罗河三角洲的一个地方。拿破仑在1798—1801年发动埃及战争时,法国士兵在此挖工事,于地下发现了这块石碑。"罗塞塔石碑"现在成为一个很受外语学习者欢迎的软件名称。联合国在相当长一段时间里跟罗塞塔石碑公司签有协议,让联合国在世界各驻地的工作人员使用此软件学习联合国的官方语言。罗塞塔石碑软件用的是一种沉浸式方法,即用目标语教目标语,例如在教中文的时候用的是中文。跟品思乐课程只强调听说不同的是,罗塞塔石碑课程对听说读写都给予同等重视。

跟普通高校的学生不同,外交学院的学员们学习动力很强,也不需要老师费力调动,因为他们都迫切希望能早日提高语言能力,以便顺利上岗。在语言培训过程中,学员们心里都有一个明确的目标,就是要通过结业考试,否则就不能外派。结业考试有一定的难度。口试部分要求学员要就某个话题做口头报告。这些话题包括美国的外交政策、政治制度、军事、教育、经济等。学员还要用所学的语言采访一位说此语言的本族人,然后把采访内容翻译成英语。学员在采访时需要运用各种技巧把控采访的话题方向。因为稍有不慎,被采访人便会采取主动,打开话匣子,说出大量作为采访人的学员听不懂的生词。因为中文的特点,外交学院的中文课程不强调学员写,课上也不教写汉字。所以学员不必手写汉字。但学员需要看懂一定量的汉字。结业考试里也有阅读部分。有的学者认为学生不会写汉字就无法认汉字,外交学院的做法也许给不想教学生写汉字或不想在教学中强调写汉字的项目提供一个可行的范例。

外语教学和外语测试在不同的地方、不同的机构遵循不同的大纲标准。美国的高校一般采用的是美国外语教学委员会(American Council for the Teaching of Foreign Language)制定的标准,联合国采用的是欧洲语言框架,而外交学院则有自己的标准。外交学院的标准叫"跨部门语言圆桌会议"(Interagency Language Roundtable)标准。"跨部门"里的"部门"指的是美国联邦政府的相关部门,意思跟中国的"各部委"差不多。此语言圆桌会议旨在协调联邦"各部委"跟外语相关的教学、培训、测试、技术应用、合作交流等活动。圆桌会议制定的外语水平标准分五级:一级最低,五级最高。学员具体要达到什么标准则要根据所学的语言和学员将要担任的职务而定。对学员的一般要求是三级。三级又叫专业水平,具体要求是:能听懂专业领域里交谈的主要内容,能基本理解谈话中的暗示和感情色彩,能以正常速度阅读并基本理解熟悉的话题和真实的书面材料,能掌握足够的语法结构和词汇并准确地使用,能够卓有成效地参与社交和专业话题的交谈。显而易见,三级水平的语言能力要求已经不低。外交学院根据对母语为英语的学员的难度,把所培训的语言分为四类,并说明学员达到各类语言第三级所需要的时间:

第一类的语言均为欧洲语言,包括丹麦语、荷兰语、法语、意大利语、挪威语、葡萄牙语、罗马尼亚语、西班牙语、瑞典语。这类语言需要24—30个星期、600—750小时。

第二类语言有德语、印度尼西亚语、马来语、斯瓦西里语、海地克里奥尔语。这类语言需要36个星期、900个小时。

第三类语言最多,有47个,包括孟加拉语、保加利亚语、缅甸语、捷克语、芬兰语、希腊语、希伯来语、印地语、蒙古语、波兰语、俄语、越南语。这类语言需要44个星期、1 100个小时。

第四类语言也是最难的语言,包括中文、日语、韩语、阿拉伯语。这类语言需要88个星期、2 200个小时。外交学院还特别说明,第四类语言的第二年需在目的语国学习。

学中文的学员在一年内无法达到三级,一般要学两年后才能达到。只学一年课程的学员结业时只能达到二级水平。二级是具备有限的在工作中运用所学语言的水平，能应付日常的社交需求和有限的业务需求。

除了语言课以外，学员每周还要上一门国别研究课。课程一般聘请华盛顿当地一所大学的一位教授来用英文授课。授课的内容包括派驻国的地理、历史、文化、宗教等内容。

如有读者下次再去美领馆面签，你就知道面前说中文的签证官是在哪儿学中文的了。你也许可以鉴别一下他们的中文是否学到家了。

费希平的故事

联合国的语言部每年都会在学期的开学前举办一次开放日,目的是让更多的联合国工作人员和外交人员知道、了解我们的语言课程,最终的目的是让他们来上我们的课。开放日那天六个语言组的负责人和老师都会带着自己语言的宣传册、课程表和教材在秘书处大楼的大厅摆摊设位。这也是我们宣传语言项目、"招揽顾客"的手段之一。

2015年深秋的一天,语言部照例在秘书处大楼的大厅举办开放日。那天我也去值班。从大门入内的工作人员往往会到我们陈列宣传材料的桌子前驻足观看,询问课程情况。不少工作人员对学门外语有兴趣,但是并没有特别的理由一定要学某一门语言。我们常常利用这个机会宣传学中文的好处和必要性,也常常利用这个机会为我们组争取学员。上午10点时分一位西装革履、年龄70岁左右的男士来到我们的桌前。他彬彬有礼,颇有一番绅士风度。我当时甚至在想他会不会是一位副秘书长。看到他在浏览我们的宣传材料,我以为他可能在考虑是否要注册我们的课程,于是打算展开一番"攻势",说服他来上中文课。可没想到他说联合国的六种官方语言他都会说。随后他便开始用中文跟我聊起来。果然,他说的是一口标准的中文,甚至还带着一点儿"京腔"。他告诉我他是联合国的英文同声翻译,多年前跟我们学过中文。他因为要赶着去办公室,我们就没有深聊。离开时,他告诉我他叫 Kibbe Fitzpatrick,中文名字是费希平。原以为只是一面之交,以后不会再有来往,谁知这竟是一段日久天长的友情开端。

语言开放日的第二天我便接到费希平的一封邮件。我还纳闷他怎么会有我的邮箱。原来我们的宣传材料上有语言组负责人的姓名和邮箱。他日前拿了份材料,就按上面的邮箱给我发了邮件。他在这封邮件里只问了我一个问题:我是不是《初级中文》(*Beginners Chinese*)和《中级中文》(*Intermediate Chinese*)两书的作者。我回信说正是。他大喜过望,说多年前他买过我的《初级中文》,很喜欢。当时他还跟自己说如果此作者再出新教材的话,他一定还会买。果不出所料,我的《中级中文》出版后他立即买了一本。有趣的是,他有两处住宅:一处在纽约,一处在佛罗里达州,我的《初级中文》他买了两本,一本放在纽约的住处,一本放在佛罗里达的住处。

建立联系后,他就开始发来一封封洋洋万言的邮件,谈他的经历,特别是他学语言的经历。这下好像是打开闸门一样,他几乎每天都给我发好几页的邮件。因为邮件太长,我常常当天没有时间读完,往往打印下来在上下班回家的路上看。而他几乎在每封邮件的结尾都道歉说写得太长并说以后会注意。但下封邮件常常是写得更长。其实我并不介意,我从他洋洋万言的邮件中总能获得新的启示,甚至灵感。我后来把他给我发的邮件全都打印出来,几乎有一本书的篇幅。我多次鼓励他把他学外语和当同传的经历写成一本书,但他一直没动心。这也是我决定写这本书的动因之一。那我就在下面说一说费希平的故事吧。

先来说说 Kibbe Fitzpatrick 的中文名字。他是先有中文的姓,后有中文的名的,其间的跨度是 20 年。他在第一次上中文课的时候,老师给他起了"费"这个姓。他很是喜欢"费"这个字。我起先以为这可能是因为哈佛大学汉学家 John Fairbank 的中文名是费正清,但他告诉我不是这个原因。他说"费"跟"爱"有关。原因是 Philadelphia 在中文里是"费城",在希腊语里是 Philos delphios。希腊语里 Philos delphios 这两个词的意思是"爱兄弟",Philadelphia 在希腊语里的意思也就是"具有兄弟情谊的城市"。由此他把"费"和"爱"联系在一起了。Philadelphia 里的第一个音节 phi 的发音跟他的姓的第一个音节 Fitzpatrick 里的 fi 完全一样。既然 Philadelphia 被翻译成中文的"费城",那么他的姓也就自然而然的应该是"费"了。有意思的是他的中文老师在第一次上课时只给他起了"费"这个中文姓,但没给他起中文名字。老师和同学在班上一直叫他"费"。直到 20 年后,他在联合国的中国同事们才着手帮他挑选中文名字。他们琢磨了很久,发现很难在中文里找到发音接近 Kibbe 的字,最后建议用"希平",他对"费希平"这个名字非常满意,因为它的意思是"费希望得到和平"。

我在联合国的大厅见到费希平的时候觉得他差不多 70 岁光景,但他告诉我他刚刚过完 80 岁的生日。那么今年他也就是 85 岁了。他每天游泳跑步,所以保养得很好。费希平 1962 年入职联合国,担任英语同传。他出生在纽约。当时母亲请了一位法国保姆来照顾他和大他两岁的姐姐。他母亲当时患病,这位法国保姆就担当起母亲的责任。他从小在家说的是法语,所以法语是他的第一语言。四岁时开始学英语。所以法语和英语都可以说是他的第一语言。在他通晓的外语中,西班牙语最为流利。他的同传工作是把法语或西班牙语翻译成英语。费希平在联合国工作了 30 年,于 1995 年退休,当年他 60 岁。联合国的口译处常常人手不够,特别是在联大开幕期间。每当人手短缺的时候就会外聘译员。外聘译员时,口译处首选的就是联合国的退休同传。这些退休人员有长期在联合国担任同传的丰富经验,无需培训就可上岗。所以费希平在退休后的 20 年里一直被联合国返聘,前前后后在联合国担任同传已有 57 载。

费希平的中学是美国康涅狄格州的肯特学校(Kent School)。肯特是一所名闻遐迩的寄宿学校。中学毕业后他被耶鲁大学录取,主修罗曼语言。肯特学校有一本名为《肯特季刊》(Kent Quarterly)的刊物。2005 年该期刊的编辑得知这位杰出校友多次去过中国并会说中文,便请他写一篇介绍中国的文章。他本来是要谢绝的,因为他觉得给一帮对美国以外的世界毫无兴趣的美国人写没有什么意义。后来经不住编辑多次约稿,遂写了一篇题为《中国随感》("Musings on China")的两万字文章。看来要他写短文很困难。编辑看到稿件后觉得太长,经过双方反复协商,最后把文章减为 5 000 字分两期发表。编辑说这在他们期刊的历史上还是第一次。费希平后来把这两份期刊寄给我。我看到文章里有相当篇幅是谈中文的,觉得对我们的学员很有帮助,就把他的文章收入我当时主编的一份联合国中文组电子通讯发给全体学员了。

费希平是一位非常勤学好学的人。他在邮件中还用过"活到老学到老"这句中文俗语。他的确是这样身体力行的典范。他说他在纽约和佛罗里达两处居所有 7 000 多本书,大部分跟语言有关。他会十种语言(法语、英语、拉丁语、西班牙语、意大利语、德语、日语、俄语、中文、葡萄牙语),在刚刚过去的 80 岁生日时他送给自己一样礼物,这就是开始学现代希腊语。他给我写过一封很长的邮件,详细介绍了他学每一种语言的起因和经历,如果不是因为篇幅的原因,我真想跟读者分享一下。我也鼓励他把这些经历和故事编写成书,发表出来。

费希平在跟我的通信中谈的大多是语言和语言学习的问题,一部分跟中文有关,一部分跟英语有关。我现在纽约大学翻译专业教的一门课是"汉英对比",费希平的不少观点对我的启发也很大,我在课上也援引了不少他谈到过的例子。

比起英语来,费希平更喜欢谈的是中文。中文虽然从联合国一成立起就是官方语言之一,但是费希平在1972年之前在联合国里从来没听任何人说过一句中文。当时在联合国代表中国的是台湾政府,他们的代表在发言时用的都是英文。自己对自己的语言如此不重视,怎么能指望其他人尊重你的语言呢?中国1972年重返联合国,联合国的会场和大厅都出现了中国的声音。在这种情况下,费希平抱着好奇的心理报了中文课。但他在联合国学中文的经历并不愉快。他学了十几年觉得没有什么长进。他觉得老师虽然很热心,也的确想让学生学好,但是没有掌握教西方人的要领,因而不奏效。1985年他决定不再上联合国的中文课而请私教。因为跟私教学的时候他可以随时跟老师沟通,并且可以让老师以适合他的方式教他。此外他也开启了一趟趟的中国之旅。他第一次去中国时是只身一人前往的,前后待了六个星期。这六个星期对他来说是个极大的挑战,因为他周围没有人会说英语,他不得不强迫自己说中文。也许他比较标准的中文就是这样逼出来的吧。

对很多西方人来说,中文是一座不可逾越的长城。事实上能够掌握中文的人也确实是凤毛麟角。一个中国人,如果英语说得很流利,人们不会大惊小怪。但是一个西方人如果会说流利的中文马上就成为新闻。例如,有一年媒体报道特朗普的外孙女会说中文，央视驻联合国的记者就来找我，让我协助找到外孙女的中文老师。后来终于找到了，不过只是一个还未毕业的中国留学生。假设一个中国名人的孩子会说流利的英语，大概不会有任何西方媒体去采访她。费希平认为如果教学得当的话，西方人是能领略到中文之美的。在他的眼中，中文之美表现在两个方面：一是语法简单，二是语言简练、效率高。他说在他学十种语言的经历中，学中文最美妙。中文给了他另一个心灵，打开了另一扇窗子。他一直也在致力于让其他西方人体会到他美妙的学习经历。

他在跟我的通信中反复强调中文课初学阶段的重要性。他说对大多数西方学生来说，跟中文的初次接触一般都不是一个轻松愉快的经历。中文里没有一个音素跟英文的音素发音一样，中文的声调要迫使你改变发音习惯，中文的文字如同天书或图画。刚开始时，学生会受到巨大的震动。在此阶段，学生就像是需要呵护和哺育的婴儿，而能提供呵护和哺育的唯有他们的老师。在初始阶段，老师一定要慢来，不要操之过急，不要赶人为规定的进度。老师要不断地跟学生交流，问他们哪儿有困难，哪儿需要得到特别的指导。在教学内容上，老师一定要重视学生的发音，因为学生一旦发音不准，老师又不及时纠正的话，以后就会给学生带来终身"伤残"。掌握正确的发音一是要多练，老师要多纠正，此外学生也要多听，哪怕是听不懂的话。同时，他也认为在初学阶段老师不宜教学生太多的汉字。他根据自己的经验说学生如果能学会 60 个左右的汉字就能组成大量的词。他虽然不是中文老师，也不是语言教学的专家，但他的这一建议跟西方不少汉学家的看法是一致的。中文不是拼音文字，学生在学中文时其实是要同时学两门语言：一门是口语，一门是汉字。这一点是我们中国人意识不到的。如果在初学阶段让学生在说话和写字上下同样的功夫会给他们带来太大的压力和负担。很多学生在开学后不久就退课,一个主要的原因就是承受不了这么大的压力和负担。

费希平在给我的一封邮件中说,中文老师有两项重任:一、要使学生对学中文产生兴趣和热情,调动自己的学习积极性,增强对中文的喜爱,甚至让学生和中文发展一种"恋爱"关系;二、要运用各种可利用的办法优化学生的学习机会,让他们实际有效地、愉快地学中文。我很赞同他的观点。我一贯认为对于学生来说,学外语时首先要对所学的语言有一种挚爱,否则不可能学好;对于老师来说,首要的任务是把课上得有意思,让学生对所学的内容感兴趣。

费希平说关于学中文的问题他思考了50年,他还说了这句话:"I often say to myself: this great and fascinating and seductive language can be taught—it can be learned by us!"(我常常对自己说,这门美妙迷人的语言是可以传授的,我们是可以学会的!)。我希望能有更多的中文学生看到他的这句话并受他的感染而学会中文,学好中文。

关于英文,费希平有更多的感想。

首先,世界上说英语的人越来越多。现在说英语的非本族人(15亿)已经远远超过本族人(不到4亿)。在联合国内亦如此。但事出有因,费希平认为这并不是一件好事。在联合国里越来越多说英语的人指的是各国驻联合国代表团的代表(我们在联合国一般称"代表"),而不是联合国的工作人员。联合国的工作人员必须具有一定的英语水平才能入职,因为英语是联合国的工作语言。按联合国的规定,代表发言时必须用联合国的六种官方语言之一,否则联合国不负责翻译。如果某国的代表一定要用自己的语言发言,他就要自带译员。一般都是带英文译员,然后联合国其他五种语言的同传根据他们自带译员的英语翻译再转译成其他语言。为节省自带译员的开支,现在很多国家的代表虽不是英语母语使用者也用英语发言。这种情况还情有可原,但令费希平感到震惊(他的原话是"we were in for the shock of our lives")的是现在有些代表来自联合国六种官方语言所在的国家,但他们却弃自己的语言不用,而用英语发言,如非洲法语国家的代表现在全都用英语发言。同属罗曼语系的罗马尼亚和意大利代表原先都用法语发言的,但现在也都说起英语来。他感到最最吃惊的是瑞士的代表。瑞士有四种官方语言,其中有法语,但没有英语。但瑞士的代表来联合国时居然也用英语发言。他的震惊接踵而至,接着比利时的代表也用英语发言,而他们的官方语言明明是法语。

费希平对英语的现状持悲观的看法,他觉得英语的质量江河日下。他说英语是欧洲语言里演化得最简单的语言,已经失去了印欧语系里大多数语言所有的屈折变化,特别是名词变格和动词变位,在语言类型上越来越接近中文,成为一种分析型语言。但唯其如此,他认为英语是最容易学坏的语言。这是因为不像法语、西班牙语和德语,英语开始时很容易学。很多学习者学了皮毛后便不求上进,用蹩脚的英语到处跟人交流。英语本族语者很能包容非本族语者,往往也能听懂蹩脚英语,无形中助长或认可了不标准的英语。具有讽刺意味的是,世界上大部分国家都有制定自己语言规范的机构,如中国有国家语言文字工作委员会,法国有法兰西学院,西班牙有皇家西班牙语学院,唯独英语国家没有这样的监管部门。造成的后果是不规范、不标准的英语到处泛滥。就连联合国的同声传译也常常听不懂一些代表的英文发言。

除了谈语言以外,费希平最为感慨的是美国人对外面的世界所知甚少,也不好奇。对很多美国人来说,这个星球上有两个世界:一个是美国,一个是其他所有地方。他给我讲过这样一个故事。有一天,在佛罗里达他所住的城市,他独自一人在一个餐馆吃午餐。旁边一张桌子坐着两位阔太太,一个看上去有60多岁,一个看上去有70多岁。他便转身跟她们搭讪,问能否问她们一个问题。两妇人说当然。于是费希平就问了这样一个问题:你们觉得普通的美国人对中国的了解是甚多还是甚少。两人一下子怔住了。费又问她们是否知道中国的首都在哪儿。这时妇人A转过去问妇人B:"你去过中国吧?"妇人B回答说:"去过,但我不喜欢。"费问道:"为什么?"妇人B回答说:"在中国每个人都在说中文。我一个字也不懂。不过我后来学会了一句话。"费欣喜地问:"你能说一下吗?"妇人B说:"不记得了。我什么也不记得了。我不记得首都在哪儿,但我肯定去过的。"费希平在感叹之余也设法尽自己微薄之力打开一些美国人封闭的世界。

费希平现在还跟我保持着密切的邮件来往,我们对语言的共同兴趣把我们紧紧地联系在一起。我还保留着他下面的两封邮件:

邮件一

What a happy coincidence it was when I bumped into you in the UN lobby. I had no idea how much I missed Chinese and to what extent my Chinese memories had faded into the background. Now I know, and I have your warm response to thank…

(我那天在联合国大厅与你不期相遇,这真是一个无比快乐的邂逅。你不知道我是多怀念我的中文,你不知道我对中国的记忆在多大程度上已经淡去。现在我知道了,谢谢你的热情回复……)

邮件二

What a serendipitous event, meeting you that day in the lobby of the UN. I think I had bid a sad farewell to my Chinese experience, telling friends I probably would never go back to China. Also I had just started my 10th language, modern Greek, which was a huge "distraction". Then came your compliment about my Chinese, which I guess had started to die on the vine. And now my "old" and beloved friend, the Chinese language, has returned.

（那天在联合国大厅见到你,是多么美妙的邂逅!我以为我跟中文的缘分已经尽了。我跟我的朋友们说我可能永远不会回中国了。我刚刚开始学现代希腊语,这是我的第10个语言。这对我来说是一个莫大的"分心"。就在这个时候我听到你称赞我的中文。我原以为我的中文已经枯死。可是现在,我的老友、我亲爱的中文又回来了。)

汉字叔叔的故事

大约是 10 年前,美国的中文教学界流传着一个动人的故事,说的是一个美国人倾注全部家产,花了近 20 年的时间建成一个汉字字源网站,上面可以查到数千汉字的字源、结构和英文注释。随后我在 2011 年 11 月 15 日英文版的《中国日报》上看到一篇题为"A Character Among Characters"的报道介绍这位人士,才知道他叫 Richard Sears,他给自己起的中文名字是斯睿德。《中国日报》的标题巧妙地运用了意思双关的 character 一词。character 的一个意思是"人物",另一个意思是"汉字",放在一起就是"汉字中的人物"。文章介绍了他建的汉字字源网站 http://chineseetymology.org。带着好奇的心理我去浏览了一下,觉得的确是个创举。很多外国人说中文难,难就难在汉字上。汉字是中国人独有的书写方式,所以掌握起来确实要花很多时间和气力。从事中文教学的老师都有共同的体会,想让外国学生学会汉字和掌握汉字就是要让他们领略到汉字的美。很多汉字都有自己的故事,但如何讲好这些故事并不是一件容易的事。在海外从事中文教学的老师大多不是国内中文专业毕业的,缺乏汉语文字学的专业训练,很多人对汉字的字源并不是很熟悉。斯睿德的网站成为他们了解汉字故事的重要资源。在此网站上输入一个汉字就可得知它的全部"底细":造字法(象形、指事、会意、形声、假借、转注)、字形分解、字体(甲骨文、金文、小篆、隶书、楷书、行书、草书)、发音、词义、使用频率等。

对于中文老师和他们的学生来说这无异于一个福音。我当时在联合国每月为中文项目的老师和学员编写一份通讯,通讯里有一栏目是学习资源。我在2012年的一期通讯里还专门介绍了斯睿德和他的网站。不少学员看后跟我说这个网站对他们学习汉字帮助很大。此后我也不时听到关于斯睿德的一些故事,但是没想到的是多年后我在家乡南京跟他不期而遇。

我是2018年底在南京跟他邂逅的,当时他已是网红人物,而且被"改名换姓",以"汉字叔叔"的中文名字闻名于世了。此后我也就用"汉字叔叔"称他,久而久之,有时甚至记不起他的英文名字了。跟汉字叔叔见面的时候正逢圣诞节。我刚刚从纽约回到国内,似乎还沉浸于美国圣诞节的气氛里。见到汉字叔叔时我不由地想到此时美国无处不有的圣诞老人。汉字叔叔真有几分像圣诞老人。后来在跟他交往的过程中,还看到他在不少场合惟妙惟肖地装扮成圣诞老人的照片。

当时是南京一家名为"视网么"的高科技公司邀请汉字叔叔加盟,开发运用增强现实(AR)技术的汉字字卡。AR技术的奇妙之处是使用者用手机扫描字卡上的汉字,汉字就能活起来,以动画的形式表现其演化的过程。我认识视网么的总裁,便应他之邀参加了跟汉字叔叔和南京一些学者的一次聚会。跟汉字叔叔相见甚欢,了解了更多他所从事的汉字研究。

2019年夏天我带着联合国赴华中文培训项目来南京大学学习,当时有40位美国的中文老师也在南大进修。得知汉字叔叔当时也在南京,我便邀请他来南大给这批老师做一场关于汉字的讲座。汉字叔叔欣然应允,随即来南大做了一场趣味盎然的精彩讲座。讲座后大家争相和他合影,全然把他当作一个大明星。他在这次讲座中详细地介绍了他的生活经历,我才了解到他有一个和中文难解难分的不凡一生。

汉字叔叔1950年出生于美国俄勒冈州的梅德福小镇。镇上住的都是思想很保守的白人,说的也都是英语。他觉得小镇的生活太单调无聊,19岁便离家出走,去见识外面的大千世界。他搭便车南北闯荡,北边到过加拿大,南边到过墨西哥,美国更是四处都去。在外闯荡近三年,其间断断续续读了一年大学,又想去非洲探险。正要出发时他突发奇想,临时改变计划,买了一张去台湾的单程机票。那时正是1972年,美国总统尼克松刚结束访华的破冰之旅。他去台湾的目的之一是学中文。当时美国跟中国还没有建立外交关系,所以去台湾是学汉语的唯一选择。他在台湾待了近三年,一边教英文谋生,一边学中文。1974年,他娶了一位台湾姑娘为妻,那时他的中文已经很流利了。中国太太更加快了他中文能力的提高。虽然他中国话讲得很流利,但他基本还是"文盲",不会读也不会写。婚后不久,他便携妻子返回美国,继续自己的学业。1978年在波特兰州立大学获物理学士学位。工作几年后又于1985年在田纳西大学获计算机科学硕士学位。之后他去国家实验室做核能物理的研究工作。从台湾回来后他忙于学业和事业,拿不出很多时间学汉字,所以到了1990年,他还是不会读写。那年他下定决心要攻克汉字这个难关。在学习过程中,他意识到汉字非常难记。掌握5 000个汉字和6万个部件的组合方式令人生畏。他觉得学好汉字的唯一途径是要学习汉字的字源。只有在理解汉字背后故事的前提下才能真正学会。当时由于没有一本能充分解释汉字字源的英语书,他便萌生了自己建一个汉字字源网站的念头,一是帮助自己，同时也可以帮助别人理解汉字，学习汉字。

创建汉字字源的网站是个浩大的工程，他虽有此想法，但并没有马上行动。1994年发生的一件事促使他决定马上付诸实施。那年他突发心脏病，从死神手中侥幸逃脱后，他想建网站的事得立刻上马了，否则身体再出状况，这个心愿可能就是终身遗憾了。当时他在硅谷有份收入不错的工作，便把工资的大部分和自己所有的积蓄都投入网站的建设中。决心一下，他做的第一件事就是启程去中国，购买专业书籍，并向国内高校文字学专家请教汉字电脑化的问题。从中国回来后他便雇了一个华裔助理帮忙扫描汉字字形，再将字形一个个地上传网站。他选择的汉字均出自《说文解字》《六书通》《金文编》《续甲骨文编》等经典书目。他的古汉字数据库里共录入10万字形。汉字的字形繁琐复杂，如一个字可能就有16种篆体形式、20种金文形式、81种甲骨文变体形式。这万千字形都得逐一扫描才能传到网上跟大众见面。

经过八年的努力，汉字资源网站于2002年问世。不过结果并不如人意，网站没有引起大众的注意，访问率也很低。此时他已经耗资30万美元，花完了全部积蓄。见到他倾家荡产，一门心思沉湎在汉字里，他太太便跟他离婚，弃他而去。斯睿德此时穷困潦倒，只得卖掉房子搬进单身公寓。他把全部心血倾注在汉字研究上，虽一时没得到大众的认可，他并没有后悔自己的决定。他没有孩子，便把他研究的一个个汉字当成自己的孩子。

又惨淡经营近十年后，转机出现了。2011年两家报纸报道了斯睿德的事迹，他一夜间出名。当年他的网站用户就达到1.3万人，其中多数是外国人。随后有位叫迪新的中国朋友把他的故事发到新浪网上的微博，致使汉字字源的网页访问量激增，一度达到60万。他曾在一个星期内收到近3 000封中国网友的邮件。这些粉丝四处转发他网站的网址，并有很多人开始叫他"汉字叔叔"。这个名字不胫而走，现在已经成为他正式的中文名字了。

汉字叔叔出名后给他的网站带来很多知名度，但是并没有给他带来经济效益。要维护和扩充网站还得有资金支持。他便在网站上呼吁大众捐款，有不少热心人和中文学生被他的热情感动而慷慨解囊。2011年，汉字叔叔收到天津电视台的访华邀请，再一次来到了中国。这次访华之行成了他人生的另一个转折点，他决定留在中国做汉字研究。

到中国后，汉字叔叔很快就成了网红，获得各种荣誉并经常收到各方的邀请做讲座。2012年获得天津卫视颁发的"泊客中国，中国因你而美丽"奖，同年又当选"知识中国"年度人物，2013年作为特邀嘉宾出席第12届汉语桥世界大学生中文比赛开幕式，2017年3月应央视主持人董卿之邀做客《朗读者》节目，当年9月应邀上央视《开学第一课》节目给全中国的小朋友讲汉字故事，2018年11月获第八届"华人榜"星球奖，2020年6月获南京友谊奖。国内有些机构知道我认识汉字叔叔还托我邀请他去做讲座。如我2019年就介绍他去南京金陵图书馆给南京的市民做了一场讲座。

汉字叔叔对汉字的研究跟中国文字学专家和汉语老师的研究不同之处在于，他是从一个学习者的角度来理解每个汉字的故事的。他知道如何能使学中文的外国人理解汉字字源。他认为90%的汉字都是有源可循的，学者们对其中50%汉字的确切字源存有争议，不过大家可以各抒己见。汉字叔叔并不人云亦云，他时常对已有定论的汉字字源提出自己的新解。比如学者们一般都认为"石"字的甲骨文字形所描绘的是山崖下的石块。但汉字叔叔认为石头的形状各种各样，他认为古人在造字时，画了一个足以代表石头的东西,那便是石磬上的石。他也找了一些佐证说明,石磬是由大小不一的三角形的石块组成的,敲击上面的石头,便会发出一种声音来。他认为古字形中的"石"字正是由一块三角形的石头和"口"构成的。"口"在这里表示这是一种可以发出声音的石头。他的见解不一定被文字学专家接受,但汉字叔叔并不怕争议。他说:"如果我所有的想法都必须得到同行的肯定我才能说话的话,我就什么事也做不成了。"

此外汉字叔叔也善于总结汉字构件表意的规律性。我们一般人只知道提手旁是表示手的,但汉字叔叔总结出汉字里十多种表示手的意思的构件,这对学中文的外国学生很有帮助。

2020年1月,江苏省外专局批准汉字叔叔为"中国需要的外国高层次人才",由南京视网么信息科技有限公司正式引入南京市。汉字叔叔将深度参与一项汉字研发项目。该项目计划在他建立的汉字字源数据库的基础上,借助多媒体和现代技术手段继续深化汉字字源演变语料库建设,建立一套汉字释义插画库、常用汉字字形演变动画库、常用汉字组成构件关系图谱,并开发一套面向一般用户的工具集产品,如数据库检索网站、移动端 app 等。

斯睿德今年整整 70 岁了,现在也有孩子开始叫他汉字爷爷了,不过他说他还是喜欢别人叫他汉字叔叔。他说 20 年后他的汉字研究更成熟时,他也到 90 岁了。那时大家再叫他汉字爷爷吧。

汉字叔叔有一次跟我说,中国古代哲人的名都是"子",如孔子、孟子、老子、庄子等。他们说话的时候不用"说",而用"曰",如"孔子曰"或"子曰"。他说他希望有一天他的话也能被人称为"斯子曰"(也许我们已经忘了他原来的中文名字是斯睿德)。汉字叔叔现在也有了一个名为"汉字叔叔"的微信公众